E
F
1
2
3
5
5 Sieges-
6 König Johann-D. C4
7 König August des Starken-Denkm. D3
Schieß-
Dresdner
Stände
Wasserhochbeh.
Sportplätze
Heide
Albert-
Park
Antonstadt
Heide
park
Volksheim
Wasserwerk
Aussichts-Turm
Wolfshügel
Naturtheater
Schloß Albrechtsberg
Lingner Park
Schloß Eckberg
Vogelwiese
Spielplätze
Feldherren-Platz
Johannstadt
Trinitatis
Wald-Park
Blasewitz
Barbarossa Platz
Alt-Striesen
Striesen
Wormser Pl.
Loschwitz
Waldersee-Pl.
Comenius Pl.
Carlowitz Pl.
Sportplatz
GROSSER GARTEN
Pikardie
Zentral-Schulgart.
Christusk.
Gruna
Fürsten Pl.
Stephanien Pl.
Hepke Pl.
Thomask.
Dresdner Heide
Lagekärtchen
Maßstab 1:300 000
Heidenau
Ehlen
F

Franz Kurowski

Bomben über Dresden

Die Klage von Dresden

(Auszug)

„Wer das Weinen verlernt hat, der lernt es wieder beim Untergang Dresdens. Dieser heitere Morgenstern der Jugend hat bisher der Welt geleuchtet. Ich weiß, daß in England und Amerika gute Geister genug vorhanden sind, denen das göttliche Licht der Sixtinischen Madonna nicht fremd war und die von dem Erlöschen dieses Sternes allertiefst schmerzlich getroffen weinen.

Und ich habe den Untergang Dresdens unter den Sodom- und Gomorrha-Höllen der englischen und amerikanischen Flugzeuge persönlich erlebt ... Ich stehe am Ausgangsort des Lebens und beneide alle meine toten Geisteskameraden, denen dieses Erlebnis erspart geblieben ist.“

Von Gerhart Hauptmann, Agnetendorf, 29. März 1945

FRANZ KUROWSKI

BOMBEN ÜBER DRESDEN

Umwelthinweis:
Dieses Buch wurde auf chlorfrei gebleichtem Papier gedruckt.
Die Einschrumpffolie - zum Schutz vor Verschmutzung - ist aus umweltverträglichem und recyclingfähigem PE-Material.

Ungekürzte Lizenzausgabe
der RM Buch und Medien Vertrieb GmbH
und der angeschlossenen Buchgemeinschaften

Einbandgestaltung: Joseph Koó
Fotos: Sächsische Landesbibliothek Dresden und Archiv des Autors

Printed in Slovenia 2003

Buch-Nr. 006177

www.derclub.de
www.donauland.at

INHALTSVERZEICHNIS

VORWORT

Die vor einiger Zeit zum Thema Dresden und Luftkrieg verlautbarten Einzelheiten im In- und Ausland haben eine erschütternde Ahnungslosigkeit aufgedeckt. Sie haben gezeigt, dass ein Werk, wie das vorliegende, geschrieben werden musste, um der Wahrheitsfindung über den Luftkrieg im Allgemeinen und um Dresden im Besonderen zu dienen.

Wenn beispielsweise der Bischof von Coventry, Simon Barrington-Ward, erklärte, dass das Bomber Command „seit Dresden die Moral verdrängte", so beweist dies, dass er nichts über diesen verheerenden Bombenkrieg weiß. Ihm sei ins Gedächtnis zurückgerufen, dass die britische Regierung am 11. Mai 1940 (!) beschloss, der Royal Air Force den Bombenkrieg gegen deutsche Städte im Hinterland freizugeben! Lange vor Coventry.

So geschah es denn auch, wie in diesem Werk anhand der Fakten zweifelsfrei dargestellt werden soll.

Ferner sei ihm anheimgestellt, die amtliche Britische Regierungserklärung vom 18. April 1941 (ebenfalls noch lange vor Dresden) zu studieren. Darin heißt es:

„Bei dem vorangegangenen Luftangriff gegen Berlin handelt es sich nicht um eine Repressalie, sondern um einen Teil der regulären Verfahrensweisen, wie sie die RAF nach den Instruktionen Seiner Majestät Regierung eingeschlagen hat."

Die Regierungserklärung fährt fort: „Diese Politik wird bis zu Beendigung des Krieges mit hoffentlich immer stärkeren Mitteln und Kräften auch dann fortgeführt, wenn keine weiteren Angriffe auf England mehr stattfinden sollten."

Damit ist die Version, dass Hitler England zu immer neuen

vernichtenden Schlägen provoziert habe, ad absurdum geführt.

So wurden denn vom 11. Mai 1940 bis zum 8. Mai 1945 ununterbrochen deutsche Städte bombardiert.

Wie kann ein Rechtsstaat, der vorgab, gegen die „Hitlerdiktatur“ zu kämpfen, die Kinder, Frauen und Greise, die Flüchtlinge und Kriegsgefangenen einfach auslöschen? Waren sie alle Hitlers Stellvertreter? So bleibt es nicht aus, dass viele deutsche und auch britische Stimmen diese Art des Kampfes gegen Hitler als ein „durch nichts zu rechtfertigendes Verbrechen“ bezeichneten. (Siehe: Philipp, Peter: „Tage des Gedenkens“, Die Welt vom 13. 2. 1995.)

Wenn schon zur Bemäntelung dieses Verbrechens ein Hitler-Zitat bemüht wird: „Wir werden ihre Städte ausradieren“ (Josef Nyary in: Die Welt vom 13. 2. 1995), dann sollte man keine Halbwahrheiten auftischen, die schlimmer als Unwahrheiten sind, sondern das ganze Zitat, das lautete:

„Wenn Sie unsere Städte angreifen, dann werden wir ihre Städte ausradieren!“

Warum nicht einmal die Fakten aussprechen? So wie dies ja auch in anderen Publikationen geschah:

„Die Briten haben einer Kriegsführung gehuldigt, die auf das Verbreiten von Schrecken unter der Zivilbevölkerung abzielte. Diese Berechnung war falsch und unmoralisch. Selbst wenn es in Dresden nur 35.000 gewesen sein sollten, wäre dies bedrückend genug.“ (fr. in der FAZ.)

Dass selbst in England Menschen den Mut fanden, gegen diese Mordtaten aufzustehen, zeigt auf, dass Ehre und Gewissen im britischen Volk lebendig waren. So der Provost Howard von Coventry, der Weihnachten 1940 im BBC-Weltprogramm dem Gedanken an jede Art von Rache öffentlich abschwor und dafür in Acht und Bann getan wurde. Oder Bischof Bell von Chichester, der im Oberhaus die „Flächenbombardierungen“ – wie man die Städteverwüstungen nannte – verurteilte und danach in der Versenkung verschwand.

Oder jener unbekannte Überlebende, der an jedem Morgen des 13. Februar eines jeden Jahres für die Opfer von Dresden einen Kranz an der Treppe der Deutschen Botschaft in London niederlegte.

Deutschland hat durch seine höchsten Repräsentanten immer wieder in allen Siegerländern und in den Ländern der deutschen Besatzung um Vergebung für die von Deutschen begangenen Verbrechen gebeten. Dies ehrt sie und entspricht auch den Gedanken vieler Millionen Deutscher, den Autor dieses Werkes eingeschlossen.

Eines jedoch ist für die Siegerstaaten herabwürdigend. Niemand hat dort auch nur einmal um Vergebung oder Verzeihung für die an Deutschen begangenen Verbrechen gebeten. Nicht einmal eine Entschuldigung wurde ausgesprochen, denn „nur Domestiken entschuldigen sich".

Dass trotz allem in Dresden in Zeiten der Trauer der Handschlag ehemaliger Kriegsgegner stattfand, dass General John Shalikashvili, Chef des US-Generalstabes, und Feldmarschall Sir Peter Onge, Chef des Generalstabes der Streitkräfte Großbritanniens, vor der Gedenkstätte zu Ehren der Toten salutierten, dass der Herzog von Kent im Namen der Königin einen Kranz niederlegte und Bischof Simon-Barrington-Ward diesen Tag als „einen der bewegendsten Augenblicke seines Lebens" bezeichnete und anführte:

„Wir brauchen alle Vergebung!" Dies zeigt auf, dass die Bitte um Vergebung, von Seiten der Sieger kommend, zwar unausgesprochen blieb, aber doch durchklang.

„Verbrechen gegen die Menschlichkeit dürfen nicht vergessen werden. Unabhängig davon, wo, wann und durch wen sie begangen wurden."

Diese Worte aus dem Appell von Auschwitz, der auf der Wawelburg in Krakau von Politikern und Friedensnobelpreisträgern erarbeitet wurde, hat auch und vor allem für Dresden seine Gültigkeit. Auch für Dresden gilt: „Wer ein Menschenleben nimmt, der zerstört die Ordnung dieser Welt."

Wer die Spuren von Dresden auslöschen will, wer entgegen der tausendfachen Beweise Dresden verniedlichen will, wer alle jene, die es sich zum Ziele gesetzt haben, den Luftkrieg von seinen Anfängen bis hin zur großen Katastrophe von Dresden darzustellen, durch Diffamierungen und Verbote mundtot machen will, der macht sich ebenfalls schuldig, der löscht noch im Nachhinein die Existenz aller Ermordeten aus und tilgt ihr Gedächtnis und ihre Leiden – bis zum Tod im Feuer – und nimmt ihnen über den Tod hinaus ihre Würde.

Und wenn auch im Randgeschehen um Dresden immer wieder die Aufrechnung mit verkehrten Rollen stattfand, und wer die Zerstörung der Städte im Kriege als „ein deutsches Konzept, das effektiv in Coventry praktiziert wurde" bezeichnet, der zeigt wieder einmal seine völlige Unkenntnis über den Bombenkrieg und seine Eskalation, bis zu den Mordtaten von Dresden.

So viel in Sachen zur Aufrechnung.

Dresden ist – wer wollte dies leugnen – die tragische Rolle zugefallen, zum Symbol für die Massenvernichtung von Frauen, Kindern, Greisen, Flüchtlingen und Kriegsgefangenen zu werden. Dieser Name birgt alles in sich, was an Grauen passieren kann, wenn die Moral über Bord geworfen wird, wenn die blutige Rache alle Handlungen bestimmt.

Für uns alle ist Dresden mehr als nur ein Name. Dresden ist der Ort, an dem die Rache des Siegers, zur besinnungslosen Raserei gesteigert, ihren letzten grausigen Niederschlag fand.

Ersparen Sie mir, an dieser Stelle in das Gezänk um die wirklichen Todeszahlen einzustimmen. Diese weiß niemand.

Im Werk selbst werden einige Thesen der „Rechner" ad absurdum geführt. Dennoch sei an dieser Stelle jene Liste angeführt, die über die Wunden Auskunft gibt, die Dresden geschlagen wurden:

Die Auflistung der Zerstörung und der Toten.

„Der höhere Polizei- und SS-Führer
Der Befehlshaber der Ordnungspolizei:
Dresden, den 22. 3. 1945
Tagesbefehl Nr. 47

I) Um den wilden Gerüchten entgegentreten zu können, folgt nachstehender kurzer Auszug der Schlußaufstellung des Polizeipräsidenten von Dresden über die vier Angriffe des 13., 14., 15. 12. 1945 auf Dresden.

1. Angriff am 13. 2. 1945 um 22.09 bis 22.35 Uhr, etwa 3.000 Spreng- und 400.000 Stabbrandbomben.
2. Angriff am 14. 2. 1945 von 1.22 bis 1.54 Uhr, etwa 4.500 Spreng- und 170.000 Stabbrandbomben.
3. Angriff am 14. 2. 1945 von 12.15 bis 12.25 Uhr, etwa 1.500 Spreng- und 50.000 Stabbrandbomben.
4. Angriff am 15. 2. 1945 von 12.10 bis 12.50 Uhr, etwa 900 Spreng- und 50.000 Stabbrandbomben.

Total vernichtet bzw. schwer beschädigt wurden 13.441 Wohngebäude, das sind 36 Prozent aller Wohngebäude in Dresden. Weiter wurden total vernichtet bzw. so schwer beschädigt, daß sie nicht mehr benutzt werden können:

30 Banken, 31 Waren- und Kaufhäuser, 36 Versicherungsgebäude, 32 größere Hotels, 25 größere Gaststätten, 75 Verwaltungsgebäude, 6 Theater, 18 Lichtspielhäuser, 647 Geschäftshäuser, 2 Museen, 19 Kirchen, 6 Kapellen, 22 Krankenanstalten, 72 Schulen, 5 Konsulate, darunter das spanische und das Schweizer Konsulat. Bis zum 20. 3. 1945 abends wurden 202.041 Tote, überwiegend Frauen und Kinder, geborgen.

Es ist damit zu rechnen, daß die Zahl auf 250.000 ansteigen wird.

Von den Toten konnten nur annähernd 30 % identifiziert werden. Die Ordnungspolizei Dresden (Schutzpolizei) hat 75 Tote.

276 Vermißte, die zum größten Teil zu den Toten gerechnet werden müssen, sind zu verzeichnen.

Da der Abtransport der Toten nicht rechtzeitig und rasch vonstatten gehen konnte, wurden 68.650 Gefallene eingeäschert, die Asche einem Friedhof beigesetzt.

Da die Gerüchte die Wirklichkeit weit übertreffen, kann von den tatsächlichen Zahlen offen Gebrauch gemacht werden. Die Verluste und Schäden sind schwer genug.

Die ganze Schwere dieser Angriffe liegt darin, daß dieser Umfang der Schäden binnen weniger Stunden hervorgerufen wurde.

Für den Befehlshaber der Ordnungspolizei
Der Chef des Stabes, gez. Grosse
Oberst der Schutzpolizei."

(Übermittelt durch Dr. Hermann Kapsch, Mitglied der Österreichischen Historiker-Arbeitsgemeinschaft.)

Über die Bombardierungen von Dresden im Februar 1945 gibt es Unterlagen des SS-Brigadeführers Müller, aus denen an dieser Stelle die Meldung über Dresden an Müller zitiert werden soll:

H.S.S.P.F. — Dresden, den 22. März 1945
110-89-45 gRS — „Geheime Reichssache"

An den SS-Gruppenführer Mueller
RSKA, Berlin

SCHNELLBRIEF

Der folgende Bericht ist zusammengestellt aus Material der Polizei und der Zivilbehörden und wird durch Berichte der Wehrmacht und des Roten Kreuzes vervollständigt.

Der Bericht des Polizeipräsidenten ist in diese Zusammenfassung eingeschlossen und als Anlage beigefügt. – – –

(Siehe Bericht des Polizeipräsidenten im Anschluß hieran.)

„Bis zum Abend des 20. März wurden 202.040 Tote, überwiegend Frauen und Kinder geborgen. Diese Zahl kann sich noch auf 250.000 Tote steigern. – – –

Die Bergung weiterer Opfer wird kontinuierlich fortgesetzt."

In der gewiss unverdächtigen und über jeden Zweifel erhabenen zusammenfassenden Darstellung des Bombenkrieges des Internationalen Roten Kreuzes – Report of the Joint Relief 1941–1946 – wird die Zahl der Toten von Dresden mit 275.000 angegeben.

EINLEITUNG

Chronologie des Bombenkrieges gegen Stadtzentren

Die Geschichte des Bombenkrieges ist reich an Meldungen beider Seiten über Tod und Zerstörung. Sie berichtet von Angriffen vieler Art, dem Einzelangriff gegen ein kriegswichtiges Ziel, dem Massenbombardement gegen Industrieanlagen und dem Flächenbombardement gegen Städte und ihre Bevölkerung, deren Befehlsgebung lautete:

„Ziel hat der Stadtkern zu sein!"

Vom Bombenangriff, ausschließlich gegen die feindliche Truppe im Kriegsgebiet gerichtet, über die Angriffe ohne jede Sicht auf Städte und Anlagen bis hin zum Sichtangriff auf Stadtzentren mit dem Ziele, sie einzuäschern und „die Moral der Bevölkerung zu brechen", gab es alles, was mit Bomben und Bordwaffen erreicht werden konnte.

In diesem Werk soll dargelegt werden, dass Bombenangriffe auf verteidigte Ziele Kampfeinsätze darstellten, die durch die Haager Landkriegsordnung gedeckt waren. Es soll auch über „Vergeltungsschläge" und über „Repressalien" gesprochen werden. Gleichzeitig soll dargelegt werden, wie Freund und Feind aufgrund solcher „rechtmäßigen Angriffe nach dem Kriegsrecht" dazu übergingen, den Bombenkrieg von den militärischen Zielen im Kampfgebiet, oder militärisch wichtige Fabriken im gegnerischen Land, weg auf die Vernichtung der Zivilbevölkerung und ihrer Wohnstätten zu verlegen.

Es besteht kein Zweifel daran, dass nach dem geltenden Völkerrecht beispielsweise eine Repressalie nur zu dem Zweck durchgeführt werden darf, den Gegner von einer rechts- und kriegsrechtswidrigen Handlung abzubringen. Ist dieses Ziel erreicht, hat jede Repressalie ihr Ende gefunden.

Dass dies im Zweiten Weltkrieg nicht so war und wer darüber hinaus den Bombenkrieg gegen die Zivilbevölkerung des Gegnerstaates fortgesetzt und zu beispielloser Vernichtung allen Lebens in dessen Städten weitergeführt hat, wird auch ohne Nennung der Namen aus diesem nach Dokumenten erstellten Werk klar sein.

Was am 3. September 1939 mit dem ersten Flugblattabwurf der „Royal Air Force" begann, mit Hamburg, Berlin und Dresden endete und im Angriff auf die vor Kiel-Feuerschiff liegenden Flüchtlingsdampfer und Rotkreuzschiffe seinen satanischen Höhepunkt erlebte, trägt die Fratze eines teuflischen Krieges gegen die Menschheit, ließ einen aus Phosphorgranaten und Napalm auflodernden Feuerbrand entstehen, der alles bisher Dagewesene übertraf.

Keine Bezugnahme auf den Feind, der dieses ja auch getan habe, ist imstande, die Schande von jenen zu nehmen, die ein Verbrechen mit potenzierten weiteren Verbrechen ahnden wollten.

Wenn man den Nationalsozialismus beseitigen wollte, warum begann man damit bei Frauen, Kindern und Greisen? Was konnte das erbarmungslose Gemetzel gegen Lübeck, Rostock, Wuppertal, Köln, Dortmund, Hamburg, Berlin und Dresden bewirken? Hatte es die deutsche Führung getroffen?

Einäscherungskommandos der 8. USAAF und des Bomber Command der Royal Air Force haben aus deutschen Städten Feuermeere gemacht.

Dass dann jenem britischen Kriegspremier, der die Verantwortung für alles dies zu tragen hatte, auch noch wenige Jahre nach diesen Katastrophen ohne Ende der Karlspreis der Stadt Aachen verliehen wurde, der mit der Erinnerung an das durch Karl dem Großen geschaffene christlich-abendländische Europa verbunden sein soll, das dokumentiert die tatsächliche „Domestikenrolle"

Deutschlands in frappanter Weise; dies, nachdem Aachen mehrfach vom Bomber Command bombardiert worden war und man diese Stadt später auch in die Liste jener Städte aufnahm, die durch Giftgas vernichtet werden sollten.

Befreiung durch Auslöschung

Was man zynisch die „Befreiung Deutschlands" genannt hat, waren in Wirklichkeit Bombenangriffe und Vernichtungsschläge auf deutsche Städte und Menschen. Sie sprechen jeder Form von Humanität, in deren Namen sie begangen wurden, Hohn.

Es besteht kein Zweifel: Beide Seiten der Frontlinie haben sich schwer versündigt, aber ebenso wenig besteht auch nur der leiseste Zweifel daran, dass die USAAF und die RAF alles darangesetzt haben, die „größtmögliche Wirksamkeit" ihrer militärischen Schlagkraft zu erzielen und selbst dann noch mit zermalmender Gewalt zuzuschlagen, als ganz Deutschland schon in Agonie am Boden lag.

Was aber unter der Decke geschah, welche Formen zur Vernichtung Deutschlands in den Gehirnen jener Wissenschaftler und Techniker Gestalt annahmen und von den maßgeblichen Politikern aufgegriffen wurden, das sei hier wenigstens in den Grundzügen dargelegt.

Die westlichen Alliierten hatten in aller Heimlichkeit, und ohne ihren östlichen Verbündeten zu konsultieren, einen Plan ausgearbeitet, der in der Tat einer völligen Vernichtung Deutschlands gleichkam. Top secret und dennoch durchgesickert sind jene Pläne, die an Grauenvollem nicht zu übertreffen sind.

Am 4. Juli 1944 forderten die Generalstabschefs im Auftrage von Winston Churchill vom britischen Planungsstab eine Stellungnahme zur Wünschbarkeit und Durchführbarkeit eines Gaseinsatzes als „Vergeltungsmaßnahmen gegen ausgewählte deutsche Städte".

Der Planungsstab riet am nächsten Tage davon ab, erklärte

aber, dass „in nicht ferner Zeit ein uneingeschränkter Angriff mit allen uns zur Verfügung stehenden Mitteln auf die deutsche Moral entscheidend" sein könne. (Siehe: PRO, Air Force 20/3227.) Churchill wollte diese Entscheidung nicht akzeptieren und richtete bereits am 6. Juli den Stabschefs aus: „Ich wünsche von Ihnen, daß Sie sehr ernsthaft über das Problem nachdenken, Gas einzusetzen. – – –

Ich muß Sie bitten, mich bei der Anwendung von Gas zu unterstützen. Wir können die Städte an der Ruhr und viele andere derart mit Gas überschütten, daß der größte Teil der deutschen Bevölkerung ständige medizinische Betreuung benötigt. – – –

Ich bin der Ansicht, daß es einige Wochen oder Monate dauern kann, bis ich Sie bitten werde, Deutschland mit Giftgas zu durchtränken.

Ich wünsche, daß diese Angelegenheit in der Zwischenzeit von vernünftigen Leuten kaltblütig durchdacht wird, und nicht von diesen psalmensingenden uniformierten Miesmachern, die einem immer ins Gehege kommen." (Siehe: PRO, Premierminister, 3/89.)

In der Sitzung des 8. Juli nahm der Oberbefehlshaber der RAF, Charles Portal, zu diesem Thema Stellung. Er erklärte:

„Mit dem Gaskrieg wird eine neue Eskalationsstufe im Bombenkrieg erreicht, die sich durch den uneingeschränkten Einsatz von völkerrechtswidrigen Massenvernichtungsmitteln auszeichnet." Er schlug vor, im Bombenkrieg nur jede fünfte Bombe mit Giftgas zu füllen, weil dies nicht so sehr auffallen würde.

Wer nun glaubt, dies sei eine erste Regung, eine erste Vorbereitung zum Gaskrieg gewesen, der irrt. Bereits in den 20er Jahren hatte die RAF im Irak einen Gaskrieg betrieben, ohne dass England sich mit dem Irak im Kriegszustand befunden hätte.

Dazu kommen noch die britischen Versuche, deutsche Felder im Jahre 1940 mehrfach durch Phosphorplättchen in der Erntezeit regelrecht abzubrennen. Diese Versuche fanden vom 11. August bis Ende Oktober 1940 insgesamt siebenmal statt. Damit hatte England den ersten Schritt zur „Umweltkriegsführung" getan. Ein weiterer Plan mit dem Codenamen „Bosom-Busen“ sah vor, deutsche Wälder einzuäschern. Auch er wurde ausgeführt. (Siehe: PRO, Air Force 9/135.) Im Sommer 1941 und im April 1942 brannten deutsche Wälder. Erst als sich die Unfälle der Bomber häuften und einige sogar durch Brand abstürzten, wurde von diesem Mittel der Kriegsführung abgesehen.

Nach diesen „Aufgalopp-Einsätzen“ weiterer Terrormittel ging man daran, den Gaskrieg mit Senfgas und Nervengift sowie Phosgen zu planen. Dieses Gift, das bereits im Februar 1916 das erste Mal bei Verdun eingesetzt wurde und ein Lungenödem verursacht, wurde in den USA bestellt und zunächst nach Nordwestafrika gebracht.

Als im Winter 1943 die gewaltige Menge von 600 Tonnen Senfgas und einige Dutzend Tonnen Nervengas aus den USA nach Süditalien befördert werden sollten, wurde diese „Lieferung“ nach Agenten der „Abteilung Ausland II“ der deutschen Abwehr aus den USA gemeldet. Als der Riesenkonvoi Ende November 1943 in Bari eintraf und auf der dortigen Reede ankerte, wurden 88 deutsche Kampfflugzeuge dagegen eingesetzt. Diese versenkten 17 Schiffe und beschädigten weitere 9 schwer. Das Schiff mit dem Giftgas war die vorab gemeldete „John Howard“. Sie wurde dreimal angegriffen und schließlich versenkt. Durch das Auseinanderbrechen des Schiffes wurde alles Senf- und Nervengas frei. Es kam zu einem Desaster, bei dem weit über 1.000 Menschen eines fürchterlichen Todes starben, weil die Geheimhaltung gewahrt bleiben musste und die italienischen Ärzte die eingelieferten Patienten nur gegen Hals- und Lungenentzündung behandelten. Dass die Menschen in Wahrheit durch Giftgas getötet worden sind, und dass dadurch noch viel später Verseuchungen erfolgten, blieb ein Geheimnis, das erst durch das Werk „Diesaster at Bari“ eines englischen Autors enthüllt wurde.

Weitere Planungen der Massenvernichtung

Zurück zu den britischen Planungen des Sommers 1944, die noch bedeutend weiter gingen. Am 26. Juli 1944 lagen die Stellungnahmen der Abteilungen „Biologische und Chemische Kriegsführung" vor. Es wurde vorgeschlagen, im Falle eines Giftgaskrieges Phosgen zu verwenden. 16 Tonnen pro Quadratkilometer über deutsche Städte geworfen, würden unter den Betroffenen eine Todesrate von 5 bis 10 Prozent herbeiführen.

Auch „Lost-Angriffe" seien überaus wirkungsvoll. „Über 60 deutschen Städten eingesetzt, wird es große Verwirrung herbeiführen, die sich in den unmittelbar betroffenen Gebieten zur Panik ausweitet." (Siehe: CAB 80/85).

In einem Anhang zu diesem Dokument wurden vom „Chemical Warfare Service" 60 deutsche Städte genannt, bei denen ein solcher Angriff den „Zusammenbruch der Moral" zur Folge haben sollte, wobei mit „Moral" nichts anderes als Tod und Verderben gemeint war.

Dennoch: Die Experten waren der Überzeugung, dass biologische Kampfmittel viel besser seien. Sie hatten denn auch gleich eines bei der Hand, das auch „höchsten Ansprüchen genügte". Es war das Mittel „N" oder „Braddock", das bereits im Februar 1944 Churchill und auch General Eisenhower von den US-Stellen wärmstens empfohlen worden war. Dazu Lord Cherwell:

„Der ‚N'-Stoff ist eine Waffe von beängstigender Wirksamkeit, beinahe gewaltiger als ‚Tube alloy'" (das Atombombenprojekt). Auf diese Empfehlung hin hatte Churchill am 8. März 1944 500.000 „N"-Bomben bestellt. Das darin enthaltene Kampfmittel ruft Milzbrand hervor. Im Mai 1944 wurden die ersten 5.000 Bomben dieser Art geliefert und erprobt. Bis Februar 1945 sollte die Produktion auf 250.000 Bomben gesteigert werden, und im Sommer dieses Jahres wäre die chemische Industrie der USA in der Lage, jeweils eine Million Bomben in einer Woche zu liefern.

2.000 Bündel zu jeweils 106 dieser Vier-Pfund-Bomben würden das Leben in einer Großstadt von 65 Quadratkilometer Ausdehnung zum Erliegen und 50 Prozent der darin lebenden Menschen auf qualvollste Weise zu Tode bringen.

Zu den genannten Städten, denen dieses Schicksal zugedacht war, gehörten neben Wilhelmshaven, Stuttgart, Frankfurt am Main, Hamburg und Berlin auch Aachen.

Das mögliche Ergebnis einer 15-Tages-Bombardierung durch 1.500 bis 2.000 Bomber mit Senfgas und Phosgen wurde mit 5.600.000 Toten und 12 Millionen Verletzten angegeben.

Dass General Amos Fries, Chef des „US Chemical Warfare Service", die „Kunst der Vervollkommnung giftigster Gasbomben" über alles stellte, sei hiermit am Rande erwähnt.

Die kleine britische Insel Gruinard übrigens, auf der die Versuche mit den „N"-Bomben stattfanden und Milzbrandbomben an Tieren getestet wurden, ist nach einschlägigen Berechnungen auf etwa 500 Jahre verseucht und weder für Menschen noch für Tiere bewohnbar.

Was aus den mit einem solchen Gaskrieg überzogenen Städten geworden wäre, ist nicht schwer auszumalen.

Dass Deutschland dieses Schicksal erspart blieb, ist, wenn auch von dieser ungewollt, der Roten Armee zu verdanken. Sie war die Veranlassung dazu, dass mit ihrer Winteroffensive im Januar 1945 die im Westen stehenden deutschen Panzerdivisionen an die Ostfront und an die ungarische Front verlegt werden mussten. Dadurch wurde der Weg für die Alliierten über den Rhein und nach Westdeutschland hinein frei und die bereits in der letzten Planungsstufe stehende Bombardierung mit chemischen und biologischen Kampfmitteln, also Deutschlands restlose Vernichtung, konnte damit entfallen.

An seine Stelle aber wurde der bedingungslose Bombenkrieg unter dem Codewort „Thunderclap – Donnerschlag" fortgesetzt, mit dem durch einen überwältigenden Schlag der britisch-amerikanischen strategischen Bomberkräfte das Deutsche Oberkommando zur sofortigen Aufgabe gezwungen werden sollte.

Der Planer und Entwickler dieses Schlages, Sidney Bufton, erklärte dazu: „Seine Zerstörungswucht muß sich wie ein Lauffeuer im Lande verbreiten. Seine Verluste und die Erkenntnis, daß dies jeder anderen deutschen Stadt auch passieren könnte, wird die Zivilbevölkerung erkennen lassen, daß nicht nur ihr Eigentum zerstört wird, sondern daß auch ihr Leben bedroht ist."

Bufton plädierte dafür, Berlin mit 2.000 Bombern anzugreifen, die 5.000 Tonnen Bomben, überwiegend Brandbomben und Phosphorkanister, werfen und damit einen bestimmten Wohnteil der Stadt restlos vernichten sollten. „Es wird 90 Prozent verwüstete Häuser und 110.000 Tote geben." (Siehe: Groehler, Olaf: Bombenkrieg gegen Deutschland.)

Als sich dann im August 1944 die Wahrscheinlichkeit abzeichnete, dass die Rote Armee vor ihren westlichen Verbündeten in Berlin einziehen würde und dass dann auch ein größerer als abgesprochener Teil Deutschlands zu russisch besetztem Gebiet werden würde, ging es noch härter zur Sache, um auch den Russen zu zeigen, zu was das Bomber Command in der Lage war.

Bereits am 11. August 1944 begann die Ausspähung der russischen Schwachstellen durch Englands Spionagenetz. Man setzte die ersten „Prioritäten", welche Ziele später in der UdSSR zuerst gebombt werden müssten. Garant dieser neuen Vernichtung, diesmal eines Verbündeten, würde die „Royal Air Force" sein. Damit war klar: Es handelte sich um eine „handgreifliche, endgültige Lektion für das deutsche Volk" – ein von Hitler „errettetes und befreites Volk", das in existenzielle Not gebracht würde, „wird auch in der Nachkriegsperiode von dauerndem Wert sein.

Dies sind Wirkungen, die jederzeit wiederholt werden können." (Siehe: PRO, Air Force 20/3722.)

Nachdem ein solcher Angriff des Kalibers „Donnerschlag" am 27. August fehlgeschlagen war, nahm das Unheil im September seinen Lauf und bis Ende Dezember 1944 hatte das Bomber Command bereits 170.000 Tonnen Bomben auf Deutschland geworfen. Die 8. USAAF brachte es „nur" auf 145.000 Tonnen.

Diese Luftkriegspolitik sollte, so Luftmarschall Arthur William Tedder, zu einer raschen Niederlage Deutschlands beitragen. Thunderclap sollte laut der endgültigen Generalanweisung für den strategischen Luftkrieg vom 1. November 1944 zu den riesigsten Flächenbombardierungen aller Zeiten führen.

Was nun folgte, war der „große Showdown" der Bomberwaffe. Mit den 2.408 Toten von Bochum, den 2.087 Verbrannten in Essen, den 8.494 Opfern von Darmstadt, die sich später auf etwa 10.000 erhöhten, konnten die Alliierten ihre Pläne verwirklichen. (Siehe: Schmidt, Claus: Die Brandnacht. Dokumente zur Zerstörung Darmstadts.)

Heilbronn hatte in der Brandnacht des 4. Dezember 1944 5.092 Opfer zu beklagen. Stralsund wurde im Stadtkern völlig eingeäschert, von ihren 14.300 Wohnungen wurden 11.600 vernichtet. „Nur" 767 Menschen wurden getötet und 478 schwer verletzt.

In dieser Form ging es unaufhaltsam weiter. Seit dem 1. Januar 1945 standen dem Bomber Command 1.859 Viermot-Bomber zur Verfügung, am 1. April waren es gar 2.053. Die 8. USAAF verfügte zur selben Zeit über 2.977 Viermotorige und die 15. USAAF schwang sich von bescheidenen Anfängen auf 1.081 Bomber empor.

Und alle übten „Vergeltung – Vergeltung – Vergeltung!"

Dem großen Initiator des Bombenkrieges, „Bomber Harris", war aber auch das noch immer nicht genug. Er wies bereits am 1. November 1944 darauf hin, dass von 60 ausgesuchten Städten Deutschlands 45 restlos vernichtet seien und dass er zur endgültigen Niederlage Deutschlands nur noch 12 weitere Städte einzuäschern brauche. Es waren dies: Magdeburg, Halle, Leipzig, Dresden, Chemnitz, Breslau, Nürnberg, München, Koblenz, Karlsruhe, Berlin und Hannover.

„Diese Zerstörung der letzten 12 deutschen Städte wird die Niederlage Deutschlands mehr beschleunigen, als alles, was die Armee bisher getan hat und noch tun wird." (Siehe: PRO, Air Force 8/1020.)

So wurde weiter gebombt bis zum letzten Tage des Zweiten Weltkrieges.

Der Höhepunkt aber war Dresden. In einer Vernichtungsorgie ohne jedes Beispiel wurde aus einem historischen Stadtkern mit hunderten der schönsten Gebäude der Welt eine Trümmerlandschaft, in der sich zehn Millionen Kubikmeter Schutt auftürmten. Binnen zweier Tage wurden große Teile der Bevölkerung, der Flüchtlinge aus dem Osten und der Bomben-Evakuierten aus Berlin, Köln und anderswo in einer Gluthölle verbrannt und erstickt. Dresden wurde zum Menetekel einer grenzenlosen Rache, eines bedingungslosen Hasses auf alles, was deutsch war. Jeder wollte an dieser Todesorgie teilhaben, und niemand wollte sie später verantworten. Dresden wurde zum vorweggenommenen Hiroshima.

Für Dresden gibt es keine Entschuldigung. In Bezug auf Dresden blieb die Welt der Sieger ebenso wie der umerzogenen Besiegten stumm, und das ist das Widerwärtigste an diesem Desaster.

Wenn in diesem Werk eine Rekonstruktion des Bombenkrieges allgemein und des Bombenkrieges über Deutschland im Besonderen versucht wird, dann nicht aus Revanchismus oder gar aus dem Bemühen, etwas aufrechnen zu wollen.

Dresden selbst ist eine Abrechnung an den Geist der Vernichtung, an den Krieg in jeder Form; eine Forderung der Ächtung eines jeden Aggressors. Dresden ist ein Mahnmal jener Zehntausender Umgekommener und damit ein Mahnmal gegen den Krieg an sich.

Wie viele Tote Dresden auch gesehen haben mag, ob 35.000 oder 350.000, jede Art des Herumrechnens an dieser Tragödie, die einen Abgrund des Bösartigen aufklaffen lässt, ist eine Missachtung jener Gefallenen, Vermissten und für immer Verkrüppelten. Sie verbietet sich angesichts dieser Tragödie, die von Menschen an Menschen begangen wurde.

TEIL I

AUF DEM WEG INS VERDERBEN

Keine Ächtung des Bombenkrieges gegen die Zivilbevölkerung

Von den ersten Anfängen des Bombenkrieges an stellte sich heraus, dass sich diese Art des „Kämpfens“ zu einem Martyrium für die Menschheit entwickeln würde.

Dennoch: Alle hoch technisierten Staaten der Erde schufen Luftstreitkräfte, um sie einzusetzen. Wo und wie dies geschah und wie aus Einzelangriffen und „Vergeltungsschlägen“ der Luftkrieg zum Flächenbombardement verkam und zum Terrorangriff gegen Städte, Frauen, Kinder und Greise wurde, wird hier dargestellt.

EINE NEUE WAFFE TAUCHT AUF

Erste Entwicklungen

Als der Erste Weltkrieg zu Ende ging, hatte eine neue Waffe bereits ihren „Siegeszug“ angetreten: die Fliegerwaffe. 17 Jahre zuvor, am 14. August 1901, hatte der deutsche Motorenschlosser Gustav Weißkopf, der sich in den USA Whitehead nannte, den ersten Motorflug der Geschichte unternommen. Das Luftfahrzeug „schwerer als Luft“ – das Flugzeug – war geboren. Es bedurfte jedoch eines vierjährigen erbitterten Ringens im Ersten Weltkrieg, um die vorher noch langsam fortschreitende Entwicklung der „Flugmaschinen“ in beängstigendem Tempo zu beschleunigen.

Bereits am 1. April 1915 wurde in Großbritannien die „Royal Air Force“ im Rahmen der Armee und der Marine aufgebaut. Der damalige Generalmajor Hugh Trenchard (später Marshal of the Royal Air Force) führte dieses „Royal Flying Corps“ in Frankreich, war kurze Zeit gar Stabschef der „Royal Air Force“ und erhielt ab Mai 1918 Weisung, unabhängige Luftstreitkräfte aufzubauen, „um Deutschland mit Bomben anzugreifen“. Seine Meinung über den Luftkrieg legte Trenchard in einer Denkschrift dar, die sich eng an jenes des italienischen Fliegergenerals Giulio Douhet anlehnte, der bereits im Ersten Weltkrieg eine umwälzende Theorie über den Luftkrieg vertrat: „Den unabhängigen strategischen Einsatz von Kampfflugzeugen über Feindesland. Einsätze für Armee und Marine lenkten nur von der Hauptaufgabe ab.“

Dieser Maxime folgend, trug General Trenchard mit 100 Kampfflugzeugen der nunmehr selbständigen britischen RAF den Krieg nach Deutschland hinein. Dennoch: Beide Krieg führenden Parteien des Ersten Weltkrieges trafen ein Abkommen, das Luftangriffe nur auf militärische Ziele als erlaubt anerkannte, und auch nur dann, wenn diese militärischen Ziele im Kriegsgebiet lagen. Deutschland war in jenen Monaten des Jahres 1918 nicht Kriegsgebiet, dennoch wurde es von den genannten 100 Kampfflugzeugen angegriffen. Damit hatte England bereits zur Anfangszeit der „Luftwaffe" die ersten Abkommen missachtet.

Diese Entwicklung veranlasste General Douhet im Jahre 1920 zur Erstellung seines Werkes „Luftherrschaft", das im Jahre 1935 auch in deutscher Sprache erschien:

„Der Krieg", so hieß es darin, „ist nunmehr unterschiedslos gegen das gesamte Feindgebiet zu führen, ohne Beschränkung der erlaubten Ziele und Mittel, also auch im Flächen-Gas-Großangriff." (Siehe: Douhet, Giulio: Luftherrschaft.) Der Kernsatz dieses Buches lautet: „Als entscheidender Wehrmachtsteil ist die Luftwaffe einzusetzen, die in selbständigem, zusammengefasstem und rollendem Einsatz das Kriegspotential des Gegners und den Kampfwillen der Bevölkerung zerschmettert." – Womit die erste Direktive für Terrorangriffe gegeben war. Jene Formel Douhets von der „Raumkriegstheorie" wurde später so erfolgreich von der RAF zur Anwendung gebracht, nachdem feststand, dass die deutsche Luftwaffe dem zunächst wenig und später nichts mehr entgegenzusetzen hatte.

Dieser ‚Raumkrieg' „war ein totaler Krieg gegen den gesamten Lebensraum von Front und Heimat, von Streitkräften und Zivilbevölkerung". (Siehe: Kurowski, Franz: Luftkrieg über Deutschland.)

Zur Verteidigung seiner These, die in der Kriegsgeschichte absolut neu und überraschend war, führte Douhet an:

„Der Krieg ist stets unmenschlich. Die Mittel, die in ihm Verwendung finden, werden ausschließlich nach ihrer Wirkung unterschieden. Wer auf Leben und Tod kämpft, der hat das heilige Recht, alle vorhandenen Mittel einzusetzen, um nicht selbst zugrunde zu gehen. Sich in den Untergang des eigenen Volkes schicken, um nicht gegen irgendwelche papierenen Konventionen zu verstoßen, wäre Wahnsinn."

So sah dies auch der britische Autor J. M. Spaight, der in seinem Werk „Bombing vindicated", London 1944, schrieb:

„Die Zivilpersonen schmieden die Waffen zum Hinschlachten unserer Freunde. Sie haben kein Recht auf Unverletzlichkeit und verdienen keine Träne des Mitleids."

Und was war mit dem gültigen Kriegsrecht?

Hätte man nicht spätestens nach Ende des Ersten Weltkrieges erkennen müssen, dass mit den Luftwaffen Instrumente entwickelt wurden, die ganze Völker „ausradieren" konnten?

Kriegsrecht und Luftkrieg

Im Zweiten Weltkrieg waren Luftangriffe auf Ziele im gesamten Kriegsgebiet erlaubt und durch beiderseitige Abkommen als rechtens erklärt worden. Lediglich als Repressalie konnten Luftangriffe gewertet werden, die gegen nichtmilitärische Anlagen geflogen wurden. Eine Repressalie aber wurde völkerrechtlich nur anerkannt, wenn sie mit dem Ziele geführt wurde, den Gegner zur Einstellung einer völkerrechtswidrigen Handlung zu zwingen.

An dieser Sachlage änderte sich nach Ende des Ersten Weltkrieges nichts. Schließlich hatte man ja in Versailles den Krieg überhaupt geächtet.

Nachdem die Pariser Luftfahrtkonferenz am 13. Oktober 1919 nur das zivile Luftrecht verabschiedete, sollte das Luftkriegsrecht vom Völkerbund geklärt werden. Dieser tagte unter Leitung des US-Juristen J. B. Moore seit dem 11. Dezember 1922 bis zum 6. Februar 1923. Der Juristenkommission gehörten Fachleute aus England, Frankreich, Holland, Italien, Japan und den USA an. Im Verlaufe dieser Tagung wurde der Entwurf der „Haager Luftkriegsregeln" ausgearbeitet, der allerdings von keinem der beteiligten Staaten angenommen wurde, womit er nicht geltendes Völkerrecht war. (Es sei daran erinnert, dass Deutschland von dieser wie auch anderen Tagungen ausgeschlossen blieb.)

Allerdings wies die „Liste der Kriegsverbrechen", die von der Kommission des Responsabilitiés am 29. März 1919 dem Obersten Alliierten Rat vorgelegt wurde, die „Bombardierung unverteidigter Städte, sinnlose Verwüstung und Zerstörung, systematischer Terror und Quälerei der Zivilbevölkerung" als Kriegsverbrechen aus. Dies war und blieb die einzige Regelung, die auch während des Zweiten Weltkrieges Bestand hatte.

Als Deutschland im April 1929 der Abrüstungskonferenz des Völkerbundes den Antrag vorlegte, „den Kampfmittelabwurf aus Flugzeugen zu verbieten" und dazu noch forderte, „alle Vorbereitungen zum Luftkrieg zu untersagen", wurde dies schroff abgelehnt. (Siehe: Documents de la Commission prépatoire de Désarmements, Völkerbund.)

Die Abrüstungskommission selbst, die von 1932 bis 1934 in Genf tagte, forderte ein „absolutes Verbot jeden Luftangriffs auf die Zivilbevölkerung und eine Verpflichtung aller Staaten zur völligen Abschaffung des Brandmitteleinsatzes". (Siehe: IKRK-Rec., S. 9).

Es kam auch diesmal zu keiner rechtsgültigen und rechtsverbindlichen Entscheidung, denn in einigen Hauptteilnehmerstaaten – darunter auch England, die USA und Frankreich – war die Frage der Bombenangriffe in der Praxis umgekehrt entschieden worden. Damit sollte sichergestellt werden, dass es genügend starke Kriegsmittel gab, Deutschland, das über keine Luftstreitkräfte verfügen durfte, zu jeder Zeit mit Mitteln des Luftkrieges niederzuhalten.

Es war das Internationale Rote Kreuz, das im Jahre 1929 acht Gelehrte und Wissenschaftler aus aller Welt mit der Erstellung eines Gutachtens über den Luftkrieg beauftragte. Es waren Hammerskjöld – Schweden, MacDonough – England, Royse – USA, Scialoja – Italien, Sibert – Frankreich, Simons – Deutschland, van Eysinga – Holland und Züblin – Schweiz.

Diese stellten in einem einzigartigen Werk des Friedenswillens eine entscheidende Schranke gegen die Entfesselung eines Ausrottungskrieges auf, der damals schon vorausschauend erkannt wurde. Darin kam zum Ausdruck, dass die Luftangriffe nur und ausschließlich auf militärische Ziele erlaubt sein sollten. Außerhalb der Kampfzone dürften keine Luftangriffe geflogen werden.

Keiner der daran beteiligten Staaten handelte indessen nach diesem Manifest für Frieden und Humanität. Die Lehre vom „Totalen Krieg“ oder von F. J. P. Veale in seinem Werk „Der Barbarei entgegen“ als „Angriffe auf Leben und Besitz der Zivilbevölkerung“ bezeichnet wurde, konnte damit aus der Phase der Theorie in jene der Praxis übergehen. Und dies bereits lange vor Beginn des Zweiten Weltkrieges und lange vor dem Entstehen der deutschen Luftwaffe.

Der Luftkrieg zwischen den beiden Weltkriegen

Der Einsatz der alliierten Streitkräfte, also der Entente-Mächte, erfolgte in den 20er Jahren dieses Jahrhunderts, und alle Staaten, die Flugzeuge zur „Befriedung“ von Ländern einsetzten, die sie beherrschten, beachteten nicht einmal die primitivsten minimalen Schutzvorrichtungen.

So wurden die Kabylen im Rif während der Kämpfe in Marokko 1924/25 durch Bombenwürfe und Bordwaffenbeschuss französischer Flugzeuge zur Kapitulation „reifgebombt“, eine Floskel, die sich später im Zweiten Weltkrieg immer öfter wiederholte. Hier wurden auch zum ersten Mal in der Geschichte der Kriegsluftfahrt Bomben mit Langzeitzündern abgeworfen, denen die Menschen in den Dörfern zum Opfer fielen.

Wie hatte Vizeluftmarschall Sir Ellington am 11. November 1925 noch gemeint, als er im Irak und Warziristan die Aufständischen mit solchen unbekannten Kampfmitteln dezimierte:

„Im Kolonialkrieg gegen Eingeborene müssen einfach brutalere Methoden erlaubt sein. Eine unmenschliche Kriegsführung gegen Eingeborene ist nicht unmenschlich." (Siehe: Ellington: Indisches Kriegstagebuch.)

Der Einsatz der italienischen Luftwaffe in Abessinien in den Jahren 1935/36 sah auch Angriffe gegen die Zivilbevölkerung vor, die tatsächlich durchgeführt wurden. Es wurden Spreng- und Brandbomben geworfen, in einigen Fällen kam es sogar zum Abwurf von Gasbomben. Karawanen wurden von italienischen Flugzeugen beschossen, Brunnen und die dort lagernden Menschen und Tiere gebombt und durch Bordwaffenbeschuss vernichtet.

Im Bürgerkrieg in Spanien kam es das erste Mal auch zum Einsatz deutscher Flugzeuge der „Legion Condor" unter Generalmajor Sperrle. Beide Seiten führten Luftschläge, die nicht nur bei den Streitkräften, sondern auch unter der Zivilbevölkerung Verluste herbeiführten.

Auch im Japanisch-Chinesischen Krieg kam es zu Luftangriffen im Bereich von Siedlungsgebieten, vor allem durch japanische Flugzeuge.

Am 15. Juni 1937 appellierte der US-Unterstaatssekretär Cordell Hull vor dem US-Kongress gegen diese Übergriffe.

Er beschwor alle Industrieländer, die Flugzeuge bauten, diese nicht an Nationen zu verkaufen, die sie gegen die Zivilbevölkerung einsetzen würden. Gleichzeitig drückte er das Entsetzen seiner Regierung über diese Angriffe aus und tadelte die Schuldigen. (Siehe: La Protection, 1938, S. 91.)

Am 5. Oktober 1937 wandte sich US-Präsident Roosevelt gegen diese „mitleidslosen und völlig ungerechtfertigten Luftangriffe gegen die Zivilbevölkerung, einschließlich der Frauen und Kinder".

Der Präsident von Mexiko, Lázaro Cardenas, Exgeneral und Kriegsminister seines Landes, richtete seinen „Appell an das öffentiche Gewissen, insbesondere an die Arbeiterschaft der ganzen Welt, jeden Bombenangriff zu verhindern". Er forderte das sofortige Verbot eines jeden Bombenangriffs.

Bei diesen einmütigen Bekenntnissen wollte kein Staatsführer zurückstehen, und der britische Premierminister Chamberlain sagte am 30. Mai und 3. Juni 1938 vor dem Britischen Unterhaus: „Meine Regierung hat dem Verantwortlichen in Burgos [General Franco, d. Verf.] geschrieben und ihm das Entsetzen Großbritanniens über die Bombardierung rotspanischer Städte ausgedrückt."

In einer amerikanischen Note vom 4. Juni 1938 wurde „die Bombardierung offener Städte für barbarisch" erklärt. Und noch 1938 verkündete „La Protection":

„Die Bombardierung irgendeines wichtigen, aber von zahlreicher Bevölkerung bewohnten Ortes verstößt gegen die Regeln des Rechts und der Menschlichkeit."

An die rotspanische Regierung richtete England seine Note, in der es zum Ausdruck brachte, dass England erschüttert und entsetzt sei, dass auch Rotspanien solche Bombenangriffe durchführe.

Gerade zu dieser Zeit aber, da sich in den USA die „Friedensengel" aufschwangen, wurde jener Bomber in den dortigen Flugzeugwerken fertig gestellt, der ausschließlich zu strategischen Luftangriffen und Bombeneinsätzen tief ins Hinterland eines Feindes und dessen Städte konstruiert worden war. Es wurden also jene Waffen gebaut, deren potentieller Einsatz Gegenstand tiefster Erschütterung war.

In England wiederum äußerte sich Stanley Earl Baldwin of Bewdley, der britische Premierminister, bereits am 22. Juni 1932:

„Bomberflotten sollten erlaubt sein. Aber Bombenangriffe auf die Zivilbevölkerung müssen verboten werden."

Winston Churchill schlug seiner Regierung vor, auf der Abrüstungskonferenz in Genf einen formellen Kodex zum Schutze der Zivilbevölkerung und zur Begrenzung der Bomberangriffe auf das Kampfgebiet zu erwirken. (Siehe dazu: F. J. P. Veale, a. a. O.)

Churchill erklärte seit seiner Rede vom Februar 1934 immer wieder, dass Deutschland „die Mittel in die Hände bekommen" könne, „mit denen es das Herz des britischen Empire bedrohen könnte". Er prophezeite sogar, dass „Deutschland im Jahre 1936 unverkennbar und wesentlich stärker in der Luft ist als Großbritannien".

Churchill hatte wohl nicht zuletzt deshalb so stark übertrieben, um seinerseits den Flugzeugbau als einziges Mittel gegen die „deutsche Gefahr“ forcieren zu können.

Am 26. Februar 1935 fiel die „Tarnkappe“, unter der sich der Aufbau der deutschen Luftwaffe bis dahin vollzogen hatte. Auch deutscherseits wurden neue Flugzeugtypen entwickelt, von denen jedoch keiner für strategische Luftkriegsaufgaben geeignet war. Am 1. September 1939 bestand die deutsche Luftwaffe aus vier Luftflotten mit insgesamt sechs Fliegerdivisionen. (Zum Aufbau der deutschen Luftwaffe siehe: Kurowski, Franz: Der Luftkrieg über Deutschland.)

Den vier Luftflotten standen zur Verfügung:

257 Fernaufklärer, 356 Nahaufklärer, 366 Sturzkampfflugzeuge, 40 Schlachtflugzeuge, 408 Zerstörer, 771 Jagdflugzeuge, 1.176 Kampfflugzeuge und 167 Seeflugzeuge.

Die britische Luftrüstung wurde unter Führung des Befehlshabers des Bomber Commands, Air Chief Marshal Sir Edgar Ludlow-Hewitt (seit dem 12. September 1937), mit Schwerpunkt auf dem Bombereinsatz weitergeführt. In einer Denkschrift des Air Staff vom Januar 1938 heißt es darüber:

„Angriffsziele sind:

1. Punktziele, z. B. Elektrizitätswerke.
2. Gruppenziele, z. B. große Räume, in denen zahlreiche Angriffsziele gleicher Bedeutung eng zusammenliegen und nicht mit Bombenzielangriffen mit günstigsten Trefferergebnissen zu bekämpfen sind. Dies sind beispielsweise Großstadtgebiete, Industriestädte, Verteidigungszentren oder Lagerplätze.“

Sir Charles Webster, als Verfasser dieser Denkschrift, erklärte zum Schluss seiner Ausführungen:

„Diese Strategie wird man später Flächenbombardierungen nennen.“ (Siehe: SAO, Bd. 1, S. 118.)

Lord Hugh Trenchard, Marshal of the Royal Air Force, Schöpfer der RAF.

Air Chief Marshal Sir Richard Peirse plante die Flächenbombardements.

Sir Arthur Harris, Chef des Bomber Command, führte die Terrorangriffe durch und wurde nach dem Krieg mit einem Denkmal dafür geehrt.

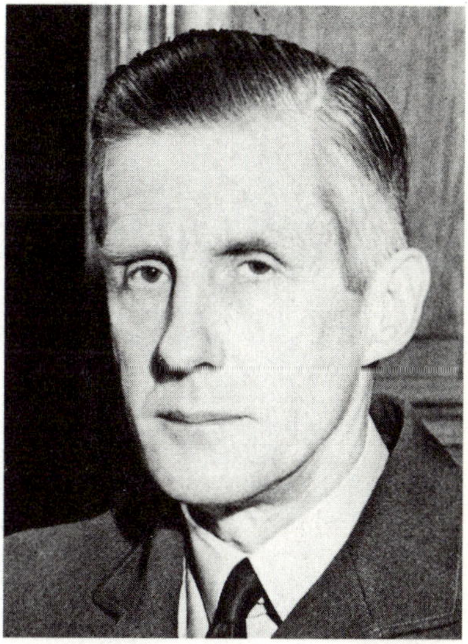

Air Chief Marshal Edgar Ludlow-Hewitt, einem der Stabschefs des Bomber Command, oblagen die Planungen zum Bombenterror.

Air Chief Marshal Sir Charles Portal, Chief of Staff der Royal Air Force.

Air Chief Marshal D. C. T. Bennett.

Von rechts: „Bomber Harris“ in High Wycombe mit seinem Stellvertreter Vice Air Marshal Saundby und Vice Air Marshal Cochrane.

Die von De Havilland gebaute P 51 „Mosquito", der schnellste britische Begleitjäger.

Auch dieser Jäger konnte den Abschuss vieler Bomber nicht verhindern, wie hier zu sehen. Der Bomber rechts wirft seine Bombenlast im Notwurf irgendwohin.

Britische Bomberpiloten schreiben „Grüße“ auf ihre Bomben.

Die Empfänger konnten sie nicht mehr lesen.

General H. H. Arnold, OB der USAAF. Er schloss, wider besseres Wissen, bis Kriegsschluss jeden Angriff der USAAF in Europa auf Wohngebiete aus.

General Carl Spaatz, OB der USAAF, befahl den Terrorangriff auf Dresden der US-Luftstreitkräfte.

Generalmajor James Dolittle führte ihn mit der 8. USAAF aus.

General Ira E. Eaker befehligte die 15. USAAF im Süden Europas.

Die B 24 „Liberator“ befreite ungezählte deutsche Familien von Leben und Wohnung.

Die B 17 „Fortress“ wurde zum Todeswerkzeug für Dresden und viele andere deutsche Städte.

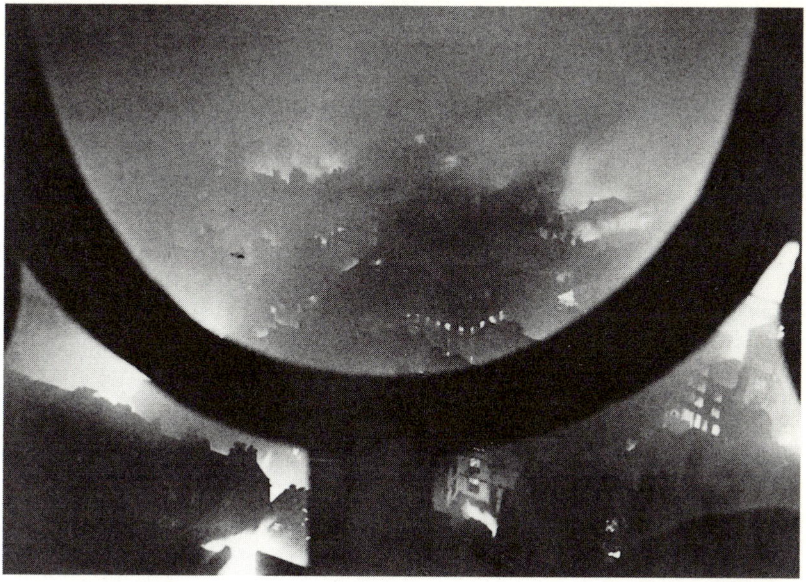

Die Eskalation des Bombenkrieges. Es begann mit der Vergeltung für eine deutsche Stadt, mit dem Bombenangriff des 21. 12. 1940 auf London.

Der deutsche „Blitz" hat in der Fore Street Londons zugeschlagen. „Die Deutschen verwandten zu wenig Brandmunition" (Bomber Harris).

Die „Lancaster“, Englands großer Bomber, unterwegs nach Deutschland.

Die Vickers Wellington Mark II, noch über England.

Schützt die Zivilbevölkerung

Am Vorabend des Zweiten Weltkrieges erklärte Hitler, dass die deutsche Luftwaffe dazu da sei, „die britische und französische Luftwaffe daran zu erinnern, die deutschen Truppen und das Reichsgebiet anzugreifen.

Der Einsatz der Luftwaffe gegen England ist darauf begrenzt, die britischen Nachschublinien über See zu unterbinden, Angriffe auf Rüstungsbetriebe zu fliegen und Truppentransporte nach Frankreich zu verhindern."

Unmittelbar vor Beginn des Krieges wurden die fliegenden Besatzungen der Luftwaffe durch Befehle der höheren Kommandostellen darauf hingewiesen, „daß sie keinerlei Waffenwirkung auf Wohnsiedlungen erzielen dürfen".

Dieses Verbot der Angriffe auf Wohnsiedlungen war bereits in der deutschen Luftwaffen-Dienstvorschrift 64/2 enthalten und jedem Flieger bekannt. Es war übrigens die einzige Dienstvorschrift in allen Luftwaffen der Welt, die diesen Passus enthielt.

Noch am selben Tage ließ sich auch US-Präsident Roosevelt vernehmen. Er richtete einen Appell an die Regierungen von Deutschland, England, Frankreich, Italien und Polen, dass sich alle Staaten auf der Grundlage der Gegenseitigkeit dazu verpflichten sollten, „in keinem Falle und unter keinen Umständen Zivilpersonen oder unbefestigte Orte aus der Luft anzugreifen". (Siehe: State Department Bull 1939/181).

Hitler sagte am 2. September 1939 als Antwort darauf:

„Der Gedanke, außerhalb militärischer Operationen Luftangriffe auf nichtmilitärische Objekte zu unterlassen, entspricht ganz meiner Absicht und wurde schon immer von mir unterstützt.

Ich stimme dem Vorschlag einer öffentlichen Erklärung der beteiligten Regierungen bedingungslos zu. Ich teile mit, dass ich bereits öffentlich bekannt gegeben habe, dass den deutschen Luftstreitkräften die Beschränkung ihrer Angriffe auf militärische Objekte befohlen wurde. Die Aufrechterhaltung dieses Befehls hängt von der gegenseitigen Beachtung dieser Regeln ab."

England und Frankreich verpflichteten sich am 2. September 1939, einen Tag vor Kriegsbeginn, in einer gleich lautenden Erklärung, „die Feindseligkeiten mit dem festen Willen zu führen, die Zivilbevölkerung zu schonen und die Denkmäler der menschlichen Zivilisation möglichst zu bewahren“. (Siehe: Révue Internationale de la Croix-Rouge.)

Alle diese Erklärungen wurden von Papst Pius XII. am 15. September 1939 in einer Ansprache mit Befriedigung und „in der Hoffnung“ erwähnt, „dass dementsprechend der Zivilbevölkerung in allen Krieg führenden Ländern der Schrecken des Krieges erspart bleibe“.

Zur selben Zeit flogen in den USA bereits zwei verschiedene Versionen von Langstreckenbombern mit Reichweiten von 8.000 (!) Kilometern, die einzig zum Zweck eines operativen Bombenkrieges entwickelt worden waren. Es waren die B-17-Fortress und die B-24-Liberator.

Das US General Headquarters Air Force hatte vom US-Senat Weisung erhalten: „Angriffselemente zu schaffen, die strategische Bombenangriffe durchführen können.“

SCHALL UND RAUCH

Die beiden „Terrorangriffe" der deutschen Luftwaffe 1939 und 1940

Als die deutschen Truppen am Nachmittag des 8. September 1939 den Stadtrand von Warschau erreichten und General von Reichenau befahl, die polnische Hauptstadt im Handstreich zu nehmen, schlug den angreifenden Soldaten der 4. PD, unter GenMaj. Reinhardt, starkes Abwehrfeuer entgegen. Aus der Vorstadt Praga schossen polnische Batterien vom ostwärtigen Weichselufer aus in jene Stadtteile ihrer eigenen Hauptstadt hinein, die bereits von deutschen Truppen genommen worden waren, ohne Rücksicht auf die dort lebenden Zivilisten.

In den nächsten Tagen zeigte es sich, dass Warschau nicht nur stark befestigt war, sondern auch über ebenso starke Truppen verfügte. Am 13. September erhielt GenMaj. von Richthofen, Fliegerführer z. b. V., Weisung, einen Angriff gegen den feindbesetzten Nordwestteil von Warschau zu fliegen. Es wurden 183 Maschinen eingesetzt, die das Feindfeuer zum Erliegen brachten. In diesem Teil der Stadt brachen daraufhin Brände aus.

Am 16. September wurde der Befehlshaber in Warschau durch Flugblattabwurf zur Kapitulation aufgefordert. Dieser lehnte es allerdings ab, auch nur einen deutschen Parlamentär zu empfangen. Alle polnischen höheren Stäbe rechneten fest damit, dass England und Frankreich ihren Bündnisverpflichtungen nachkommen würden, denn schließlich hatten sie beide „zu Polens Schutz" am 3. September Deutschland den Krieg erklärt und mussten nun doch aktiv werden.

Am 17. September befahl Hermann Göring einen weiteren Angriff auf Warschau. In seinem Befehl dazu hieß es:

„Es sind in erster Linie zu zerstören: Versorgungseinrichtungen, Kasernen, Munitionslager, das Woywodschaftsgebäude, die Zitadelle, das Kriegsministerium, das Generalinspektorat, die hauptsächlichen Verkehrszentren und die erkannten Artilleriestellungen."

Am Morgen des 17. September, kurz vor Ablauf der Frist des gesetzten Ultimatums, baten die Warschauer Behörden das OKW über Funk, den Angriff nicht durchzuführen und das Eintreffen eines Parlamentärs abzuwarten, der entsandt werden sollte. Der geplante Großangriff wurde gestoppt. Der Parlamentär traf jedoch nicht ein. Diese Meldung aus der Warschauer Zentrale war eine Ente, um den Verbündeten noch einmal Zeit zu gewähren, ihrerseits gegen Deutschland vorzugehen.

In den nächsten Tagen starteten immer wieder bis zu zwölf Flugzeuge zu Flugblattaktionen über Warschau. Die polnische Bevölkerung wurde darauf aufmerksam gemacht, dass Bombenangriffe folgen würden, und die polnische Führung darauf hingewiesen, dass sie selbst bei Fortsetzung des sinnlosen Widerstandes für die daraus entstehenden Verluste verantwortlich sei. Diese reagierte jedoch nicht.

Am Morgen des 25. September starteten etwa 400 deutsche Flugzeuge zum Angriff auf Warschau und warfen in zwei Einsätzen 486 Tonnen Sprengbomben und 72 Tonnen Brandbomben. Auch die Zivilbevölkerung erlitt schwere Verluste, die in verschiedener Höhe angegeben wurden. Sie schwanken von 700 bis 1.800 Toten.

Der zweite deutsche Luftangriff, der das Odium eines „Terrorangriffs" erhielt, war jener des 14. Mai 1940 auf Rotterdam und genau auf jene Teile, die von der niederländischen Armee verteidigt wurden. Auch hier wurden die Truppen des Gegners zur Kapitulation mehrfach aufgefordert. Auch hier gab es Spitzfindigkeiten und Ränkespiele der Verteidiger mit dem Ziel, so lange wie möglich zu halten. Entscheidend für den deutschen Entschluss zum Angriff auf Rotterdam war die Tatsache, dass der Kommandant der Stadt am Morgen des 14. Mai eine Übergabe-Aufforderung abgelehnt hatte. Als die neu gesetzte Frist abgelaufen war, kam ein niederländischer Parlamentär zur Rotterdamer Straßenbrücke und wies im Namen von Oberst Scharroo darauf hin, dass das Ultimatum keine Unterschrift trüge. General Schmidt, der den Parlamentär empfangen hatte, unterschrieb die Urkunde und gab abermals eine Frist zur Waffenruhe. Gleichzeitig gab er einen Funkspruch auf, der die bereits alarmierten Kampfflugzeuge auf ihren Plätzen festhalten sollte.

Dieser kam nicht durch, so dass das KG 54 unter Oberst Lackner bereits gestartet war. Als die Kampfflugzeuge über dem Gefechtsfeld erschienen, versuchten General Schmidt, KommGen. des XXXIX. AK, und General Student, Befehlshaber der Fallschirmtruppe, die in Holland eingesetzt war und Rotterdam zum Großteil in Besitz genommen hatte, die Einheiten durch Leuchtpistolenabschüsse zu stoppen. Doch die rechte Angriffsgruppe hatte das Ziel schon erreicht und warf ihre Bomben. Die linke Angriffsgruppe aber, die zeitlich etwas zurücklag, konnte noch rechtzeitig gestoppt werden. Oberstleutnant Höhne, der diese zweite Gruppe führte, befahl: „Abdrehen!“ Doch die Führungskette mit drei Maschinen warf bereits; alle anderen nicht mehr.

Von den 100 Maschinen des KG 54 hatten 57 geworfen. Es fielen 97 Tonnen Bomben, ausschließlich Sprengbomben. Dennoch brannte die Altstadt von Rotterdam, in der sich die Holländer verschanzt hatten, nieder. Es gab 850 Tote und starke Wohnraumverluste.

Um 17.00 Uhr erschien der Stadtkommandant, Oberst Scharroo, an der Wilhelmsbrücke und bot die Kapitulation der Stadt an. Das Unheil aber war bereits geschehen.

Von J. M. Spaight wurde Deutschland die Verantwortung zugeschoben, denn er schreibt in seinem Buche „Air Power and War

Rights": „Ohne Zweifel trägt Deutschland die Verantwortung für den Luftterror, über den es sich später beklagte."

Wie sahen diese beiden Angriffe aus der Sicht des Völkerrechts aus?

Die deutschen Fallschirmjäger wurden von niederländischen Truppen im Stadtzentrum gestoppt. Die Holländer leisteten an der Maasbrücke starken Widerstand. Damit entfiel (ebenso wie für Warschau, wie ergänzend bemerkt werden soll) der Artikel 25 der Haager Landkriegsordnung, denn Rotterdam wurde mit dem verbissenen holländischen Widerstand zu einer verteidigten Stadt und konnte auch mit der Luftwaffe bekämpft werden.

Wenden wir uns der britischen Seite zu, die als einzige in Westeuropa, nach der Niederwerfung Frankreichs in wenigen Wochen, den Kampf gegen Deutschland aufnahm und fortsetzen musste.

Das Bomber Command flog am 3., 8. und 14. Dezember 1939 Angriffe gegen Deutschland. Bereits am 4. September war der erste Angriff der RAF erfolgt. Am 4. September 1939 wurde der von Brunsbüttel liegende Teil der deutschen Flotte angegriffen. Haupteinsatzgebiet der Luftkämpfe aber waren die Britischen Inseln, und dort standen Jäger-Squadrons im Abwehrkampf. Diese ersten Geplänkel in einer Phase der Unentschlossenheit ging zu Ende, als Luftmarschall Sir Edgar Ludlow-Hewitt als Befehlshaber des Bomber Command abgelöst wurde und ihm Air Marshal Portal nachfolgte, um sodann im Oktober 1940 die Erfolgsleiter weiter emporzusteigen und Chef des Luftwaffengeneralstabes zu werden.

Portals Nachfolger beim Bomber Command wurde Air Marshal Peirse. Etwa zur selben Zeit wurde Professor Lindemann, der spätere Lord Cherwell, Churchills engster Berater in Sachen Luftkrieg. Die Planungen dafür wurden drei Jahre lang in der Hauptsache in Whitehall und in wissenschaftlichen Instituten erarbeitet und theoretisch durchgespielt, ehe die RAF an die Reihe kam. Nach den ersten gegenseitigen Abtastversuchen änderte sich alles, als das Gespann Churchill/Cherwell „ans Ruder kam".

Nunmehr wurde, so Winston Churchill, zur Sache gegangen, zog man die Handschuhe aus. Es begann die zweite Phase des Bombenkrieges der „Royal Air Force“.

Am 15. Mai 1940, fünf Tage nach Antritt Churchills als britischer Kriegspremier, erhielt das Bomber Command vom britischen Kriegskabinett die Erlaubnis, „Bombenangriffe ostwärts des Rheins zu fliegen“, und noch in dieser Nacht flogen 99 Kampfflugzeuge einen Angriff auf Ölraffinerien und Eisenbahnanlagen im Ruhrgebiet. Dies wird in der SAO (Strategie Air Offensive against Germany) Bd. I, S. 144, wie folgt dargestellt:

„So begann die strategische Luftoffensive des Bomber Command gegen Deutschland. Viele Jahre war nun das Bomber Command das einzige gegen das Herz des Gegners zur Verfügung stehende Mittel.

Diese Angriffe hörten nicht auf, bis Deutschland, fast genau fünf Jahre später, vor den in das Land eindringenden Armeen der großen Verbündeten kapitulierte, nachdem viele seiner Großstädte in Trümmer gelegt, die Verkehrslinien unterbrochen, die Ölversorgung erschöpft und die Industrie in ein Chaos gestürzt war. Wahrscheinlich sind diese Luftangriffe die längste und erschöpfendste Operation gewesen, die es jemals gegeben hat.“

Zu dieser Zeit bestand das Bomber Command aus 43 Bomberstaffeln. Sechs weitere kämpften noch in Frankreich, einige zusätzliche waren dem „Coastal Command“ unterstellt. Bei jeweils zehn Maschinen pro Staffel waren dies 600 Bomber. Andere Quellen nennen jedoch 16 Bomber je Staffel, was eine Gesamtzahl von 960 Bombern ergeben würde.

Zu diesem Zeitabschnitt schrieb Fuller beispielsweise (in: Der Zweite Weltkrieg 1939–1945, S. 472):

„Seit Churchill Premierminister war, setzte er die Douhet-Theorie des strategischen Bombers in Kraft, weil sie zu seiner Vernichtungspolitik paßte.“

Veale wiederum formulierte es anders, aber mit demselben Resultat:

„Als Churchill an die Macht kam, gehörte es zu seinen ersten

Entscheidungen, den Bombenkrieg auf das Nicht-Kampfgebiet auszudehnen.“ (Siehe: Veale: Der Barbarei entgegen, S. 151.)

Damit ging also England als erster Beteiligter zu einem Luftkrieg über, der nicht in Beziehung zu Erdoperationen stand. „Diese neue Luftkriegsführung setzte den Schlußpunkt hinter der Epoche der zivilisierten Kriegsführung.“ (Siehe Veale, a. a. O.)

Der Angriff auf „deutsche Bahnanlagen“ war – da ein Zielwurf bei Nacht noch unmöglich war und „die Bomben dahin fielen, wo sie per Zufall hingeweht wurden“ (Sgt. Hugh W. Howell, Bombenschütze in einer Vickers Wellington) – bereits die erste Verletzung der Grundregeln zivilisierter Luftkriegsführung, nach welcher sich – das sei ins Bewusstsein zurückgerufen – „Feindseligkeiten nur und ausschließlich gegen die kämpfenden Truppen des Gegners richten dürfen“.

Dieser Übergang vom Sicht- zum Bombenblindwurf führte dann auch in letzter Konsequenz zum unterschiedslosen totalen Luftkrieg. Das bedeutete, dass nunmehr nur noch Kampfmittel wie Brandbomben, Phosphorkanister, Napalm und schließlich auch die Atombomben eingesetzt wurden, mit dem ausschließlichen Ziel, die Bevölkerung und ihre Wohnstätten zu vernichten, womit England als erster Staat seine feierliche Verpflichtung zur Eindämmung des Luftkrieges vom 2. September 1939 offiziell aufgekündigt hatte.

Die britische Presse unterstützte dies, indem sie immer wieder auf die „Zerstörung von Warschau und Rotterdam“ hinwies. Was es tatsächlich damit auf sich hatte, wurde bereits dargelegt.

Als also nunmehr die „Royal Air Force“ ihre „militärischen Ziele im Bereich von Städten und Siedlungen“ zu bombardieren begann, war es den deutschen Fliegern weiterhin verboten, Bomben über englischem Gebiet abzuwerfen. Die deutsche Führung hoffte immer noch, den Luftkrieg begrenzen zu können.

Die Einsätze der RAF, und hier des Bomber Command, seien im Folgenden an einigen Beispielen skizziert.

In der Nacht zum 11. Mai 1940 bereits kam es zu Bombenabwürfen in den Räumen Dortmund, Geldern, Goch, Aldekerk,

Rees und Wesel. 24 Stunden darauf wurde der erste größere Bombenangriff gegen Straßen, Nachrichtenanlagen und Bahnstrecken bei Mönchengladbach geflogen. Es gab die ersten Toten unter der Zivilbevölkerung (und das war 48 Stunden vor Rotterdam, um dies einmal zu präzisieren). An diesem und dem folgenden Angriff am Abend des 12. Mai flogen auch französische Flieger mit jeweils vier Maschinen mit.

Die ersten Piloten – Flight Lieutenant Garland und Sergeant Gray – wurden dabei abgeschossen und erhielten postum das Victoria Cross.

Der Beschluss des 15. Mai ließ dann das Bomber Command auch über den Rhein fliegen.

Nachdem am 10. Juni 1940 Mussolini im Namen Italiens England und Frankreich den Krieg erklärt hatte, wurde Genua in der Nacht zum 17. Juni von Wellington der 99. Staffel angegriffen. Auch hier wurden die ersten Zivilisten getötet. Turin stand als nächste Stadt auf dem Programm.

Am 18. Juni erfolgte dann ein Nachtangriff auf Hamburg und Bremen. Nachdem am 22. Juni 1940 im Walde von Compiègne der Waffenstillstand zwischen Frankreich und Deutschland unterzeichnet wurde, war die gesamte Kanal- und Atlantikküste in deutscher Hand. Es gab also eine Absprungbasis für deutsche Kampfflugzeuge. Doch zunächst unternahm das Bomber Command einen Angriff gegen den Kieler Hafen und das dort liegende deutsche Schlachtschiff „Scharnhorst“. Die „Scharnhorst“ wurde nicht getroffen, dafür fielen die Bomben in die Stadt. Es gab etwa dreißig Tote und über hundert Verletzte. 24 Stunden später griffen 16 Whitley-Bomber die Eisenbahnanlagen von Hamm an.

Auch jetzt noch unterbreitete Hitler anlässlich der Ernennung verschiedener hoch ausgezeichneter Generale zu Generalfeldmarschällen am 19. Juli 1940 in seiner Reichstagsrede ein Friedensangebot, in dem er ausführte:

„Ich sehe keinen Grund, der zur Fortsetzung des Kampfes zwingen könnte. Ich bedaure die Opfer, die er fordern wird. Die

Fortführung der Kämpfe wird mit der vollständigen Zertrümmerung eines der beiden Kämpfenden enden.

Mister Churchill mag glauben, dass dies Deutschland ist. Ich weiß, es wird England sein."

Hitler wurde durch die Erwiderung des britischen Außenministers, Lord Halifax, klargemacht, dass er keinen Frieden mit England haben konnte:

„Hitlers einzige Argumente waren Drohungen, aber in Großbritannien herrscht ein Geist unerbitterlicher Entschlossenheit. Wir werden nicht aufhören zu kämpfen."

Die Luftschlacht über England, die von verschiedenen Seiten ausführlich dargelegt wurde, sei hier ausgeklammert, um direkt zum Thema „Luftkrieg und seine Eskalation zum Luftterror" zu gelangen. In dieser Sache befahl Hitler am 1. August 1940 die Führerweisung Nr. 17 und darin den „verstärkten See- und Luftkrieg gegen England. Churchill wiederum war bereits bald nach der Übernahme seines neuen Amtes zu der Überzeugung gekommen, daß es eine wichtige und wirksame Aufgabe des Bomber Command sei, in jedem möglichen Maßstab Deutsche ihrer Häuser zu berauben und sie zu töten." (Siehe: Verrier, Anthony: Bomberoffensive gegen Deutschland 1939–1945.)

Churchill hat den Luftkrieg dieser Art insgesamt gebilligt und bereits im September 1940 geäußert, dass „nur das Bomber Command den Krieg gewinnen" könne. In dieser Ansicht wurde er von seiner „grauen Eminenz", Lord Cherwell, beraten und bestärkt. Selbst wenn der „Director of Plans" am 7. September 1939 geäußert hatte, dass „der wahllose Angriff gegen die deutsche Zivilbevölkerung niemals Teil unserer Politik werden darf" und man es sich sehr gut überlegen müsse, wenn man einen Luftkrieg gegen die feindliche Industrie beginnen will, gingen die Bombardements in Deutschland weiter und steigerten sich von Monat zu Monat. Ab Oktober 1940 ging auch die Zeit des vorsichtigen Herantastens an die Hauptaufgabe zu Ende. Nachdem Berlin in der Nacht zum 8. Juni von einem französischen Marineaufklärer des Typs Farman 223 angegriffen und mit Bomben belegt worden war und dann in der Nacht zum 22. Juni ein neuer schwächerer Angriff folgte, erlebte Berlin im August siebenmal Fliegeralarm, wobei viermal Bomben geworfen wurden. Hitler, der der Luftwaffe Befehl gegeben hatte, London nicht anzugreifen, sondern nur Angriffe gegen Werften und Hafenanlagen zu fliegen, befahl deshalb am 3. September 1940 einen Zielwechsel.

Nach dem wiederholten Verbot im August wurde nunmehr ganz überraschend auch der Angriff auf Londons Industrie befohlen. Hitler sagte: „Ich bin dafür, den Engländern zu zeigen, was es heißt, Berlin anzugreifen." Und am 4. September, nach drei weiteren Angriffen auf Berlin, erklärte er: „Wenn sie unsere Städte angreifen, werden wir ihre Städte ausradieren!"

So starteten am Abend des 5. September um 21.00 Uhr eigens für diesen Angriff gegen London – den ersten überhaupt – ausgesuchte Staffeln der Kampfgeschwader 2, 3, 26 und 53. Angriffsziele waren in der Hauptsache Dockanlagen und Ziele im Hafengebiet, wie beispielsweise Ölbehälter und Verladeeinrichtungen. Wenn auch London nicht schwer getroffen wurde, so war dies doch die Antwort auf die britischen Bombenangriffe gegen Berlin, das bis dahin ebenfalls kaum in Mitleidenschaft gezogen wurde.

Am 7. September aber begann die zweite große Phase der Luftschlacht über England. Vorausgegangen war in diesem Zusammenhang ein Treffen von Reichsmarschall Göring mit den Feldmarschällen Kesselring und Sperrle in Den Hag. Hier hatte Kesselring ausgeführt, dass keine Chancen bestünden, die britische Jägerwaffe am Boden zu zerstören, sondern dass man sie in der Luft zum Kampf stellen müsse.

Am Nachmittag des 7. September 1940 wurden die ersten Bombergruppen mobilisiert. Der Start setzte sich bis in die Abendstunden hinein fort. Insgesamt starteten 300 Kampfflugzeuge zu insgesamt 625 Einsätzen von ihren Absprungplätzen an der Küste, die meisten also zweimal. Dazu gab es insgesamt 648 Jäger- und Zerstörereinsätze. Ziel aller Kampfflugzeuge waren die Hafenanlagen und Docks von London. Jetzt hatte der große „Schlag gegen London“ begonnen, der 65 Tage lang fortgesetzt wurde. Damit nahm auch Hitler Abschied von dem bis dahin eingeschlagenen Weg, nur militärische Ziele anzugreifen, womit auch er Verluste unter der Zivilbevölkerung in Kauf nahm.

Die Spirale Angriff und Vergeltung rotierte!

Insgesamt warfen die deutschen Kampfflugzeuge vom 7. bis zum 30. September 1940 bei insgesamt 4.405 Beteiligungen 5.361 Tonnen Bomben. Darüber hinaus wurden 7.499 Brandschüttkästen abgeworfen. Ihr großes Desaster erlebte die deutsche Luftwaffe bei ihrem Angriff am 15. September 1940. Nicht weniger als 24 englische Jägerstaffeln standen abwehrbereit, als die erste deutsche Angriffswelle mit 148 Bomben und Kampfflugzeugen, von mehreren Jägerstaffeln begleitet, das Zielgebiet erreichte. Von allen Seiten stürzten sich Spitfires und Hurricanes auf den Feind. Von dieser ersten Bomber- und Jägerwelle wurden 56 Flugzeuge abgeschossen. Dieser Tag ging in die britischen Annalen als „Battle-of-Britain-Day“ ein, der in England noch heute gefeiert wird.

Auch die zweite deutsche Angriffswelle erlitt Verluste, wenn auch nicht in dieser Höhe.

Nunmehr befahl die deutsche Luftwaffenführung den Übergang vom Tag- zum Nachtangriff, womit man sich auch hier den Methoden des britischen Bomber Command annäherte. Als deutscherseits Ende Oktober 1940 Zwischenbilanz gezogen wurde, hatte die Luftschlacht über England 1.733 deutsche Flugzeuge gekostet. Dieser Zahl standen 915 abgeschossene britische Flugzeuge gegenüber. Bei den insgesamt 783 Luftangriffen auf England wurde London 333-mal angegriffen.

Das Bomber Command hatte 601 Angriffe auf deutsches Reichsgebiet geflogen.

Insgesamt waren bei der britischen Bevölkerung in diesen Angriffen 15.000 Tote und 21.000 Verletzte zu beklagen.

Britischerseits waren bei den Angriffen des Bomber Command ebenfalls viele Tote zu beklagen. Die genau Zahl steht nicht fest. Der Wehrmachtsbericht meldete am 29. August 1940:

„Britische Flugzeuge griffen in der Nacht planmäßig Wohnviertel der Reichshauptstadt an. Durch Brand- und Sprengbomben wurden zahlreiche Zivilpersonen getötet und verletzt und an Wohnhäusern Dachstuhlbrände und Schäden verursacht.“

Der britische Angriff des 7. September traf die Christuskirche in Neukölln. Auch das unmittelbar neben der Kirche gelegene Bethesda-Krankenhaus wurde von Brandbomben getroffen. In der Nacht zum 10. September traf es das Brandenburger Tor, das Reichstagsgebäude, die Akademie der Künste, das Hedwigs-Krankenhaus, ein Altersheim und das Wohnviertel.

Das Bomber Command hatte am 21. September 1940 folgende Direktive erlassen:

„Zielangriffe sollen stets in einem dicht bebauten Wohngebiet mit dem Schwerpunkt möglichst große Materialzerstörung durchgeführt werden, die dem Gegner die Wucht und Macht unserer Bomberstreitkräfte vor Augen führen.“

Beim Angriff in der Nacht zum 24. September wurden so viele Wohnhäuser in Moabit, das Charlottenburger Schloss und andere Gebäude getroffen. 22 Zivilisten starben, etwa 130 wurden verletzt.

Nach Berlin wurde im September auch Hamburg, Bremen und Bielefeld angegriffen. Die Krankenanstalt Bethel bei Bielefeld wurde schwer getroffen, ebenso die Arbeitersiedlung Pfaffengrund bei Heidelberg, die in der Nacht zum 19. September Ziel alliierter Bomber war. Als dann in der Nacht zum 20. September westdeutsche Städte angegriffen wurden, plante man auch deutscherseits weitere Vergeltungsschläge. Die englische Stadt Cambridge sollte als Vergeltung für Angriffe gegen Heidelberg bombardiert werden.

In der Nacht zum 15. November 1940 warfen insgesamt 449 deutsche Kampfflugzeuge 503 Tonnen Bomben und 881 Brandschüttkästen auf Industrieziele in Conventry. 21 Flugzeugwerke und andere Zulieferbetriebe für die Flugzeugindustrie wurden getroffen. Durch Fehlwürfe wurde bei diesem als Vergeltungsschlag für den britischen Angriff auf München ausgegebenen Angriff auch die Kathedrale von Coventry vernichtet.*

Zu diesem deutschen Angriff Alastair Revie:

„Es war ein gefühlloser, brutaler Angriff. Das Herz der Stadt, einschließlich der schönen Kathedrale, wurde dem Erdboden gleichgemacht. 380 Einwohner wurden getötet und 800 verletzt, zum Teil sehr schwer. Es war ohne Bedeutung, dass Lord ‚Haw-Haw' [Spitzname des englischen Nachrichtensprechers des Großdeutschen Rundfunks, d. Verf.] in glatten Worten erklärte, dass 12 Flugzeugwerke und neun andere Industrieobjekte Treffer erhalten hätten."

Zu Recht empört, verlangte die britische Öffentlichkeit Vergeltung, und die Regierung entsprach dem Willen des Volkes. Innerhalb von 24 Stunden erging ein Befehl an das Bomber Command, dass in Zukunft bei Bombenangriffen auf das Zentrum der feindlichen Stadt zu zielen sei.

Die englische Antwort auf Coventry sollte die Stadt Mannheim werden. Auf diese deutsche Stadt erfolgte die Repressalie der Repressalien.

Die 134 britischen Bomber warfen 89 Tonnen Spreng- und 14.000 Brandbomben. Es gab 23 Tote und 80 Verletzte unter der Zivilbevölkerung. Zehn der angreifenden Bomber wurden abgeschossen. Dieser Angriff wurde in den beiden folgenden Nächten mit schwächeren Kräften auf Mannheim wiederholt, um noch eine zweite und dritte Vergeltung üben zu können. Die Auswertung der Zielfotos zeigte dem Bomber Command, dass diese Angriffe ihre Ziele verfehlt hatten, denn: Anstelle der Stadtmitte, und damit des Zentrums des Lebens in Mannheim, lagen die Treffer „nur in den Außenbereichen, wo sie wenig Schaden anrichteten".

Am 21. November 1941 gab das Oberkommando der Wehr-

* Die Engländer waren übrigens durch die Entschlüsselung der deutschen Geheimcodes vom Angriff unterrichtet. Churchill verbot jedoch die Evakuierung der Stadt, womit er die Bevölkerung bewusst aufs Spiel setzte. Jedenfalls hatte England mit Coventry endlich sein propagandistisches Vorführstück gegen die Deutschen.

macht bekannt, dass Birmingham als Vergeltung für die Angriffe gegen Hamburg, Bremen und Kiel angeflogen worden sei.

Auf diese Art und Weise schaukelte sich der beiderseitige Bombenkrieg hoch.

Beim Bomber Command nahm Air Marshal Sir Charles Portal seinen Abschied. An seine Stelle trat Air Marshal Sir Richard Peirse. Sir Richard Portal wurde Stabschef der Royal Air Force.

Der letzte Oktoberangriff auf Berlin dauerte viereinhalb Stunden. Was nun die britischen Angriffe auf Berlin am 7. Oktober und auf Essen am 7. November 1940 anlangte, so erklärte man im Brustton der Überzeugung, dass ganz bestimmte Ziele angegriffen und sogar getroffen worden seien. Dies aber war plump gelogen, und die Besatzungen gaben auch unumwunden zu, dass sie oftmals ihr Zielgebiet nicht finden, geschweige denn die angegebenen Angriffsziele treffen konnten. (Siehe: Verrier, Anthony: a. a. O.)

In Wirklichkeit war seit geraumer Zeit den Bomberbesatzungen des Bomber Command mit auf den Weg gegeben worden:

„Das Ziel ist das Stadtzentrum!“

Dazu hieß es im Butt-Report: „Die meisten Besatzungen sind froh, wenn ihre Bomben im Umkreis von 5 (!) Meilen zum Angriffsziel fallen.“

Der Angriff des Bomber Command gegen Hamburg in der Nacht zum 17. November 1940 mit 127 Maschinen zerstörte eine große Anzahl von Wohnhäusern.

Wie der Angriff deutscher Kampfflugzeuge des Typs He 111 in dieser Zeit gegen England geführt wurde und dass tatsächlich genaue Zielwürfe stattfanden, wird nicht nur von Revie bestätigt:

„Daß die Treffer der britischen Bomber-Piloten so weit verstreut und außerhalb des Zieles lagen, war doppelt ärgerlich, weil die deutschen Angriffe auf London und Coventry soviel mehr Genauigkeit bewiesen hatten.“

In dem Werk „Luftwaffe am Feind“ schildert der Autor die deutschen Angriffe dieser Zeit und stellt anhand der Flugblätter der beteiligten Kampfflugzeuge, der Lichtbildauswertungen der

Aufklärer und Meldungen in der britischen Presse fest, dass alle angepeilten kriegswichtigen Ziele wie Werften, Docks und Hebewerke, um nur einige zu nennen, sicher getroffen wurden. Allerdings warfen die deutschen He-111-Besatzungen auch nicht aus 4.000 bis 6.000 Meter Höhe, sondern gingen so tief hinunter, dass das Ziel mit bloßem Auge erkannt werden konnte.

Mit Coventry war die Zahl der Toten in Großbritannien von den vorher jeweils 10 bis 25 Getöteten auf ein Zwanzigfaches gestiegen. Dies schrie förmlich nach Rache und die Stabschefs erklärten am 31. Dezember 1940:

Das Ziel der Bomberoffensive sei es nunmehr, „die Kriegsindustrie und Wirtschaft des Feindes progressiv zu zerstören und zu desorganisieren und seine Kampfmoral soweit zu unterminieren, daß seine Fähigkeit, bewaffneten Widerstand zu leisten, entscheidend geschwächt wird.“ (Siehe: SAO, Bd. I, S. 378.)

Dazwischen aber lagen von Mai 1940 bis Dezember 1942 Bombenangriffe des Bomber Command in Fülle, die in diesem Werk lediglich am Rande abgehandelt werden können, weil sie dessen Rahmen sprengen würden. (Es sei verwiesen auf: Kurowski, Franz: Luftkrieg über Deutschland.)

Dennoch sei an dieser Stelle in knappster Skizzierung der Verlauf des Bombenkrieges in diesen beiden entscheidenden Jahren umrissen.

Mit dem Großangriff auf London in der Nacht zum 11. Mai 1941, der von 507 Bombern geflogen wurde, die 711 Tonnen Sprengbomben und 2.393 Brandschüttkästen warfen, ging die Luftschlacht über England zu Ende. Die Zahl der Toten betrug erstmals über 1.000 und ist mit genau 1.212 in den britischen Annalen verzeichnet.

Auf beiden Seiten hatte diese Schlacht hohe Opfer gefordert. Nachdem aber GFM Sperrle am 21. Mai 1941 das Kommando im Westen übernahm, wurden ihm Zug um Zug von den 44 Kampfgruppen, die bisher gegen England gestartet waren, 40 fortgenommen und nach dem Osten in Marsch gesetzt. Vier Kampfgruppen mit jeweils einer Hand voll Flugzeugen sollten den Bombenkrieg fortsetzen, was sich allerdings nur in einigen weiteren Nadelstichen auswirkte und die Bevölkerung Großbritanniens aufatmen ließ.

Von nun an war die deutsche Luftwaffe in Russland gebunden. Hitler hatte diesen Feldzug gegen die Sowjetunion auf fünf Monate angelegt. Es sollten vier bittere Jahre werden, die den Untergang der deutschen Luftwaffe herbeiführten.

Gleichzeitig damit wuchs das Bomber Command der RAF zügig weiter. Churchill wollte seinem russischen Verbündeten zeigen, dass „England seinen Teil an der Zerschlagung von Nazi-Deutschland beitragen“ würde. In einer neuen Direktive an das Bomber Command wurde ausgesprochen, was bereits bewährte Praxis war:

„Alles muß nun darauf ausgerichtet werden, den Feind selbst, einschließlich seiner Zivilbevölkerung, zu treffen.

Die deutsche Rüstungsindustrie muß in ihrer Wurzel ausgerottet werden. Die Wirtschaft, die sie stützt, die Moral, die sie aufrecht erhält, der Nachschub, der sie nährt, und die Hoffnung auf den Endsieg, die sie inspiriert, müssen mit aller Kraft angegriffen werden.“

Damit waren die bereits begonnenen Flächenbombardierungen auch von oberster Stelle abgesegnet worden.

Britischerseits wurden die Vorbereitungen zu schwersten Schlägen getroffen, wozu der schnellstmögliche Einsatz der in der Erprobung befindlichen schweren Bomber und der Einsatz der ersten Luftminen von 2.000 kg Gewicht gehörte. Mit der „Short Stirling“ flog in der Nacht zum 11. Februar 1941 auch der erste viermotorige Bomber der Kriegsentwicklung. Die ersten Stirlings warfen bezeichnenderweise ihre jeweils 16.500 Pfund Bomben auf Vorratslager in Rotterdam. Dabei gab es einige hundert Tote und Verletzte, ohne dass es Briten oder gar Niederländer aufgeregt hätte, obwohl doch dieser Angriff eindeutig gegen Zivilisten gerichtet war und nicht – wie seinerzeit der deutsche Bombenangriff auf Feindstellungen im Raume Rotterdam – gegen eine kämpfende Truppe.

Ein weiterer Bombertyp, die Lancaster, das wohl bedeutendste Bombenflugzeug, flog zum ersten Mal in der Nacht zum 25. Februar 1941 einen Angriff auf Brest.

Hinzu kam die Handley Page Halifax, der dritte der viermotorigen Bomber des Bomber Command. Von jeweils zehn gegen Berlin eingesetzten Bombern waren von dem Zeitpunkt des ersten Einsatzes an immer vier Halifax dabei. Auch sie flogen ihren ersten Einsatz nicht gegen Deutschland, sondern auf Le Havre in Frankreich, um erst zwei Nächte darauf gegen Hamburg zu fliegen.

So nimmt es nicht wunder (spätere Angriffe dieser Art auf das Gebiet des verbündeten Frankreich bestätigen dies nur), dass allein die Zahl der von ihren Alliierten in Frankreich durch Bombenangriffe getöteten Menschen nur um etwa 1.000 Menschen niedriger lag als die Opferzahlen, die die deutsche Luftwaffe in England verursachte.

Alexander McKee lieferte dafür in seinem Werk „Dresden 1945“ einige Beispiele, die mehr als nur nachdenklich stimmen.

„Ich hatte keine Ahnung, was das Bomber Command in Deutschland oder anderswo tat und hätte es nicht geglaubt, würde man es mir gesagt haben. Erst als ich in einem Armeefahrzeug über Straßen rumpelte, die inmitten der Trümmerhaufen von Caen in der Normandie planiert worden waren, sah ich die Wirklichkeit. Ich sah, was Angriffe schwerer Bomber einer Stadt antun konnten, die von Frauen und Kindern unserer Freunde bewohnt war. Drei Deutsche waren getötet worden und 5.000 Franzosen, das sagte man uns.

Kurz danach in Lisieux wieder die gleichen Szenen und in noch höherem Maße: 90 Prozent Zerstörung anstelle von 80 Prozent in Caen. Dazu noch unzählige Brandschäden. In der Mitte der Stadt die rotbraunen Reste eines abgeschossenen britischen Bombers. Es war in diesem Augenblick schwer (obgleich ich Engländer bin), für die Besatzung Mitleid zu empfinden. Hier hielten wir an, und ich sprach mit einigen Opfern und schrieb in mein Notizheft:

Lisieux und Caen sind Beispiele mangelhafter Wendigkeit der viermotorigen schweren Bomber. Sie können keine Straße blockieren oder eine Stadt zerstören.

Es wundert mich nicht, dass unsere Truppen auf ihrem Marsch zwischen Caen und Lisieux von französischen Zivilisten beschossen wurden. Vielen Franzosen fiel es schwer, von einem Volk befreit zu werden, das sich – wie sein Vorgehen zeigt – auf den Massenmord an seinen Freunden zu spezialisieren schien.“

Zurück zu den Jahren 1941/42 und seinen Aktivitäten, die sich deutscherseits auf sporadische Bombenangriffe kleiner Einheiten gegen Ziele in Südengland erstreckten, während britischerseits die Revanche und Rache, oder wie immer dies auch bezeichnet werden mag, sich mehr und mehr ungeschützt Bahn brechen konnte. Von nun an waren dies keine Vergeltungsflüge mehr, sondern ein Vernichtungskrieg gegen Deutschland und seine Bevölkerung.

Nachdem im September 1941 – zwei Jahre nach Beginn des Zweiten Weltkrieges – vom „Air Staff“ bekannt gegeben wurde, dass in diesen beiden Jahren die RAF 35.000 Tonnen Bomben geworfen und bei diesen Angriffen 1.300 Flugzeuge verloren habe, konnte Winston Churchill am 10. November 1941 im Mansion House in seinem Tätigkeitsbericht betonen:

„Nun haben wir eine Luftwaffe, die zumindest nach Zahl und Größe der deutschen Luftwaffe entspricht, von der Qualität gar nicht zu reden.“ Dies wurde zwei Tage nach jenem Angriff der 390 britischen Flugzeuge gegen Berlin, Köln, Mannheim und das Ruhrgebiet gesagt, von dem 37 Maschinen nicht zurückkehrten.

„Bomber Harris“ kommt!

Alles dies sollte sich mit Ankunft des neuen Chefs des Bomber Command, Marshal Arthur T. Harris, grundlegend ändern. Als er in der Nähe von High Wycombe in Buckingshamshire am 22. Februar 1942 seinen Gefechtsstand bezog, um von Sir Richard Peirse den Befehl über das Bomber Command zu übernehmen, „kam der richtige Mann zur rechten Zeit". (Siehe: Revie, Alastair: a. a. O.)

Im Vertrauen auf die Rückendeckung, die er von Churchill zugesichert erhielt, begann Harris seine neue Bomberoffensive. Er führte damit der Welt vor, dass der „Britische Löwe" nicht nur Flügel, sondern auch Pranken zum Zuschlagen hatte. Und zugeschlagen wurde im März und April 1942 in Lübeck, wo von 234 Wellington- und Stirling-Bombern der erste „Area Bombing-Angriff" (Flächenbombardierung) durchgeführt wurde. 304 Tonnen Bomben wurden geworfen, und die Innenstadt wurde besonders durch Brandbomben total verwüstet. 1.425 Gebäude wurden völlig zerstört, 1.976 schwer beschädigt. Es gab 320 Tote und 785 Verletzte unter der Zivilbevölkerung. Zwölf Feindbomber konnten abgeschossen werden.

Nach Köln, mit 313 Tonnen Bomben belegt, folgte der 168-Bomber-Angriff des 9. April gegen Hamburg mit 250 Tonnen, und in der Nacht zum 11. April warfen 185 Bomber 227 Tonnen auf Essen. Zwei Nächte später wurde der Essen-Angriff wiederholt und von den 178 Bombern, die die Stadt erreichten, 269 Tonnen Bomben geworfen.

Am 14. April befahl Hitler als Vergeltung des britischen Luftangriffs auf Lübeck der Luftwaffe, „neben der Bekämpfung von Hafen- und Industrieanlagen im Rahmen einer Vergeltungsaktion Terrorangriffe gegen britische Städte (außer London) zu fliegen".

Noch vorher jedoch griff das Bomber Command in zwei aufeinander folgenden Nächten zum 15. und 16. April Dortmund an. 215 Bomber erreichten dieses Ziel und warfen 278 Tonnen Bomben. Die RAF verlor bei diesen beiden Angriffen 15 Flugzeuge.

Der Vergeltungsangriff wurde dann von 25 (!) deutschen Kampfflugzeugen (mehr standen nicht zur Verfügung, weil das Gros der Kampffliegerwaffe in Russland eingesetzt war) in der Nacht zum 25. April durchgeführt. Das Ziel war Exeter. Die Stadt erlitt schwere Beschädigungen, 80 Menschen verloren ihr Leben, es gab 55 Verletzte.

Das Bomber Command reagierte in vier aufeinander folgenden Angriffen am Abend des 24. April bis zum 26. April. Insgesamt warfen 468 britische Bomber 442 Tonnen Bomben und 305 Tonnen Brandbomben auf Wohnviertel in Rostock. 60 Prozent der bebauten Altstadtfläche brannte aus, 2.004 Tote und 89 Schwerverletzte waren zu beklagen. Die RAF verlor bei diesem Angriff zwölf Maschinen.

Damit war der Ablauf der Bombardierungen im April beendet. Am 30. Mai 1942 steigerte sich Air Marshal Harris noch einmal:

Von 52 Flugplätzen in England starteten gleichzeitig 1.046 britische Bomber zum Großangriff auf Köln. Von ihnen erreichten 868 das Ziel und warfen 1.459 Tonnen Bomben auf die Innenstadt, 970 Tonnen (!) davon waren Brandbomben.

Dieser Angriff forderte 474 Tote und über 5.000 Verletzte. Es waren 45.000 Obdachlose zu beklagen. 3.300 Gebäude wurden vernichtet, 9.510 schwer beschädigt. Das Bomber Command verlor 40 Maschinen, 45 weitere wurden angeschossen, davon wiederum mussten zwölf bruchlanden.

„In dieser Nacht“, so Alastair Revie, „wurde mit der größten Luftkriegsoperation der Geschichte des Bombenkrieges der totale Krieg über die Bevölkerung von Köln gebracht.“

Erfreut meldete die Besatzung, dass sie das Feuermeer auf dem Heimflug noch 250 Kilometer weit hätten sehen können. – Churchill gratulierte allen Beteiligten zum großen Sieg des Krieges.

„Bomber Harris“ hatte sich nun seinen Spitznamen endgültig verdient. Er schreibt in seinem Werk „Bomber-Offensive“:

„Endlich war die ausschlaggebende Waffe des Krieges zum Einsatz gekommen!“

Bis Juni musste Deutschland genauso viele Bombenschäden hinnehmen wie bisher England. Churchill versprach der Welt, „Europa aus der Luft zu pulverisieren“. (Siehe: Alastair Revie: a. a. O.) Das Luftfahrtministerium plante nunmehr die Auslöschung der 50 größten Städte Deutschlands. Am 28. Juni 1942 – nach der Bombardierung der Städte: Essen, Duisburg, Oberhausen und Bremen – erstellte Luftmarschall Harris auf Anregung von Churchill eine

Denkschrift für das Kriegskabinett, in welcher er die Rolle des Bomber Command bei den Kämpfen an den verschiedenen Fronten darlegte. Diese Angriffe waren ganz nach dem Geschmack von Lord Cherwell, ebenso wie Harris' Äußerung:

„Machen wir Schluß mit dem Krieg, indem wir den Deutschen die Seele aus dem Leib schlagen."

Lord Cherwell pflichtete Bomber Harris mit folgenden Worten bei:

„Bis wir den Stand erreicht haben, daß wir jede Bombe wissenschaftlich werfen können, wollen wir Ströme von Bombern hinüberschicken und Schicklgrubers Häuser flachlegen und seine Arbeiter demoralisieren."

Diese Wünsche konnte und wollte Luftmarschall Harris erfüllen. Nach der erfolgreichen Operation „Millennium" – dem ersten 1000 Bomber-Angriff auf Köln – ging es weiter mit Höchstzahlen an Bombern und Bomben (dabei immer mehr Brandbomben, die sich zur Einäscherung besser eigneten). In einer Aktennotiz bemerkte der Chef des britischen Luftwaffenstabes, Sir Charles Portal:

„Ich hoffe, es ist klar, daß die Angriffspunkte die Wohngebiete sind und nicht z. B. Docks oder Fabriken, selbst wenn diese im Anhang zu Angriffsbefehlen besonders vermerkt sind. Das muß jeder Besatzung klargemacht werden, falls es noch nicht verstanden wurde."

Über Radio Luxemburg ließ Reichspropagandaminister Dr. Joseph Goebbels verkünden:

„Mister Churchill wird eingeladen, seine Angriffe mit der größten für ihn möglichen Wucht fortzuführen. Die Zeit wird beweisen, wer diese Art von Kriegsführung länger durchstehen kann."

Der Juli 1942 zeigte, dass eines der Ziele des Bomber Command erreicht war. Die deutsche Luftwaffe musste einige Jägerverbände aus dem Osten nach dem Westen verlegen. Dadurch wurde die Front des russischen Verbündeten, der nach Hilfe rief, entlastet.

Am 15. August 1942 wurde britischerseits die „Pathfinder

Force“ aufgestellt. Dieser ständig wachsende Verband wurde zunächst der 3. Bomber Group unterstellt. Seine Befehle erhielt er jedoch direkt vom Bomber Command. Diese „Special Group“ erhielt später die Bezeichnung 8. Bomber Group. Sie erhielt bevorzugt alle neuen Funkleitgeräte, wie die Gee-Geräte, die H2S- und Oboe-Geräte. Damit war sie optimal für die Durchführung ihrer Spezialaufgaben gerüstet.

Die Generalprobe der „Pathfinder Group“ fand am 19. August 1942 statt. Die Pathfinder führten als „Zeremonienmeister“ Angriffsaufgaben gegen Schiffswerften im Raume Flensburg aus und wurden deshalb von nun an zur wichtigsten Hilfswaffe des Bomber Command. Auch sie werden im Einsatz über Dresden immer wieder genannt werden müssen.

In einer gemeinsamen Veröffentlichung der amerikanisch-britischen Direktive über Operationen von Kampfflugzeugen bei Tage vom 8. September 1942, kamen auch die US-Luftstreitkräfte in Europa ins Spiel:

Diese Direktive stellte sicher, dass der Einsatz der 8. USAAF unter dem Schutz des britischen „Fighter Command“ geflogen werden konnte.

In den Monaten Juli und August 1942 trafen die ersten Verbände der 8. USAAF in England ein. Ihr Oberbefehlshaber wurde General Carl A. Spaatz. Mit den Amerikanern kam der neue US-Bomber „B-17 Fortress“ nach Europa, von dem bis zum Jahre 1942 in den USA 2.615 hergestellt worden waren. Die Gesamtzahl der US-Bomber-Fertigung in diesem Jahr belief sich auf 12.769 Maschinen.

Von diesen Bombern waren bereits 2.615 des Typs B-17 Fortress. Diese gigantische Produktionszahl an modernsten schweren Bombern gab – neben der Tatsache, dass das Gros der deutschen Luftwaffe in Russland eingesetzt werden musste, also gegen britische Flüge nach Deutschland keine Gegenwehr aus der Luft und keine Maschinen für die Führung des Bombenkrieges mehr zur Verfügung standen – für die Entwicklung im Luftkrieg zu Ungunsten Deutschlands den Ausschlag.

Zwar kamen neben dem Standard-Kampfflugzeug He 111 noch Maschinen der Typen Do 217 und Ju 88 zum Einsatz, aber einen der B-17 vergleichbaren deutschen Bomber gab es nicht. Die FW 200 „Condor“, die ab 1941 zu Fernaufklärereinsätzen startete, war ein umgebautes Verkehrsflugzeug und konnte lediglich im Kampf gegen feindliche Schiffe eingesetzt werden. Die He 177 war als „Antwort auf die viermotorigen Bomber“ gedacht, aber sie erwies sich als Fehlkalkulation und wurde wegen der oftmals auftretenden Motorbrände auch ironisch „Reichsfeuerzeug“ genannt.

Der erste Einsatz von zwölf B 17 und damit der 8. USAAF in Europa fand am 17. August 1942 als Tagesangriff auf das Eisenbahnzentrum Rouen statt. Diese zwölf Bomber wurden von 40 Spitfires geleitet und geschützt.

Als das Jahr 1942 zu Ende ging, hatte die Deutsche Wehrmacht mit Stalingrad und wenige Monate darauf mit „Tunisgrad“ schwere Verluste hinnehmen müssen. Die 6. Armee war zerschlagen, und in Afrika ging am 12. Mai 1943 die Heeresgruppe Afrika unter.

Bis dahin hatte das Bomber Command im Oktober Osnabrück, Kiel, Köln, Genua (wo es 39 Tote und Verletzte unter der Zivilbevölkerung gab), Mailand (mit 48 Toten und 254 Verletzten) angegriffen.

Im November waren nacheinander Genua, Hamburg, wieder Genua, Turin, Stuttgart, Turin die Opfer britischer Bomber, während der Dezember mit einem britischen Luftangriff auf Frankfurt/Main begann. Mannheim, Turin, Essen, Lorient (Tagesangriff der 8. USAAF) folgten.

Auf die italienischen Städte, die genannt wurden, fielen die ersten 4-Tonnen-Bomben und richteten schwere Verwüstungen und Verluste unter der Zivilbevölkerung an. „Dadurch sollte dem schwankenden italienischen Volk die Realität des Krieges demonstriert“ werden. (Siehe: Revie, Alastair: a. a. O.)

Das Jahr 1943 wurde dann – mit den steigenden Zahlen der zur Verfügung stehenden Viermot-Bomber, die das Bomber Command täglich stärker machten – „zu einem Jahr der Erfolge, was die strategische Luftoffensive anging, aber auch ein Jahr der Zermürbung der Deutschen.

Auf der Konferenz zu Casablanca wurde von den beteiligten westlichen Alliierten die Frage der strategischen Luftoffensive in den Mittelpunkt gestellt, wobei noch nicht klar war, wer dabei die Führung übernehmen sollte, zumal sich die US-Führung immer noch darauf versteifte, nur Tagesangriffe zu fliegen und ausschließlich militärische Ziele anzugreifen.

Die deutsche Jagdfliegerwaffe, die in vielen Eingaben darum kämpfte, dass Tag- und vor allem Nachtjäger 1943 in starken Verbänden im Westen Deutschlands zur Abwehr der einfliegenden Bomberströme stationiert werden sollten, konnte sich nicht durchsetzen. Erst im Jahre 1944 – also viel zu spät – setzte diese Bewegung mit Macht ein. Wäre diese Umstellung und Neudislozierung bereits im Frühjahr 1943 erfolgt, hätte möglicherweise die strategische Bomberoffensive der Westalliierten abgewehrt werden können. Aber dies sind alles Spekulationen, die nicht weiter genährt werden sollen. Worauf es an dieser Stelle ankommt, ist die Darstellung der kontinuierlich sich steigernden Bombenangriffe auf Deutschland und das Hinarbeiten des Bomber Command auf die Bekämpfung auch der Ziele im Osten des Reiches.

Dennoch wurde die deutsche Luftwaffe in diesem Jahr aus ihrer offensiven Kampfführung in die rein defensive Verteidigungsaufgaben eingewiesen.

Am 1. Januar 1943 standen dem Bomber Command 839 einsatzbereite Bomber zur Verfügung, von diesen waren mehr als die Hälfte viermotorige Maschinen, davon wiederum 274 Lancaster.

Die „Pathfinder Force“ wurde am 13. Januar 1943 vergrößert und nun aus ihren Verbänden die 8. Bomber Group aufgestellt.

Immer häufiger wurden ab Januar 1943 die 1,8-kg-Brandbomben eingesetzt, die die deutschen Städte einäscherten und mehr Verluste anrichteten als die größten Sprengbomben.

Trotz allem war die Zahl der jeweils im Januar 1943 eingesetzten Bomber vergleichsweise noch gering. Erst am 13./14. Februar warfen 422 britische Flugzeuge – 466 waren gestartet – 1.103 Tonnen Bomben auf Lorient. Dieser Angriff wurde in der Nacht zum 17. Februar wiederholt. Palermo, Mailand, Neapel waren die italienischen Ziele dieser Wochen. In Deutschland wurden Köln und Nürnberg angegriffen. Hamburg erlebte in der Nacht zum 4. März mit 344 von 417 gestarteten Flugzeugen wieder einen Großangriff. Wenige Tage zuvor hatten 250 von 302 gestarteten Bombern Berlin angegriffen und 610 Tonnen Bomben geworfen. Es waren 711 Tote zu beklagen, 1.570 Verletzte kamen hinzu.

Der Angriff gegen Essen in der Nacht zum 6. März sah eine noch größere Anzahl von Feindbombern am Werk. 369 von 412 Bombern kamen zum Abwurf. 482 Tote, 1.440 Verletzte, 3.018 zerstörte und 2.166 schwer beschädigte Häuser waren das Fazit. Nur 14 Bomber konnten abgeschossen werden.

In dieser nüchternen Darstellung reiner Fakten könnte unbegrenzt fortgefahren werden. Allein im März 1943 wurden 8.000 Tonnen Bomben auf Deutschland geworfen.

Es ging nach den Worten von „Bomber Harris“ darum, „die wichtigsten Städte an der Ruhr zu vernichten“. Harris bemerkte über die ihm nach Casablanca erteilten Direktiven, die im Januar 1943 festlegten, dass die amerikanische Luftwaffe bei Tage Präzisionsangriffe fliegen solle, während das Bomber Command auf Flächenbombardements bei Nacht festgelegt wurde.

„Damit erhielt ich eine sehr weitgehende Entscheidungsfreiheit, ich konnte praktisch jede deutsche Industriestadt angreifen, die mehr als 100.000 Einwohner hatte. Das wichtigste Angriffsziel blieb aber das Ruhrgebiet. Hier befand sich das bedeutendste Industriegebiet Deutschlands, und aus diesem Grunde war es auch schon vorher für Angriffe ausgewählt worden, durch welche die Moral der Bevölkerung erschüttert werden sollte. Die neuen Anweisungen änderten nichts daran.“ (Siehe: Harris, Arthur: a. a. O.)

Mit dem Angriff gegen Essen in der Nacht zum 6. März 1943 war der Beginn der strategischen Luftoffensive gegeben worden. Luftmarschall Harris griff die Ziele weiterhin so an, wie er dies immer getan hatte, ohne Schnörkel, direkt auf die Zentren der Städte gezielt.

Vom März bis Juli 1943 setzt das Bomber Command alle Kraft daran, das Ruhrgebiet zu vernichten. In 43 größeren Einsätzen wurden Aachen, Krefeld, Duisburg, Oberhausen, Bochum, Dortmund, Gelsenkirchen, Essen, Mühlheim, Wuppertal, Düsseldorf, Köln und Münster angegriffen. Stets waren zwischen 300 und 700 Maschinen im Einsatz. Der stärkste Verband griff mit 826 Maschinen Dortmund an.

Während der Luftschlacht über der Ruhr wurden 18.406 Einsätze geflogen, 872 Maschinen gingen verloren, weitere 2.136 wurden beschädigt.

Die Massenvernichtungsaktion des Unternehmens Gomorrha

Zwischen dem 24. Juli und dem 2. August 1943 wurde Hamburg angegriffen. Hier setzte Luftmarschall Harris alles daran, Deutschland und seiner Obersten Führung klarzumachen, dass es ihm möglich war, jede deutsche Stadt durch Bomben und Feuer zu verwüsten:

„Der Angriff war in der Tat eine Massenvernichtungsaktion.“ (Siehe: Verrier, Anthony: a. a. O.)

Hamburg wurde durch mehrere Angriffswellen dem Erdboden gleichgemacht. Der erste Angriff erfolgte mit 740 Flugzeugen der RAF, die 2.300 Tonnen Bomben warfen. Der zweite Angriff wurde von der 8. USAAF am Tage des 25. Juli geflogen. 122 B 17 griffen an, um die Löscharbeiten zu stören. Das war der erste bewusste Terrorangriff der 8. USAAF auf Deutschland, wenn auch einige Vertreter der US-Luftwaffenführung bis Kriegsende die Lüge verbreiteten, dass die US-Luftwaffe über Deutschland nur kriegswichtige Ziele angegriffen habe.

In der Nacht zum 28. Juli waren wieder 739 Flugzeuge am

Werk, um 2.312 Tonnen Spreng- und Brandbomben zu werfen.

Am 26. Juli stießen 54 B 17 auf den Stadtteil Wilhelmsburg herunter und zerstörten dort das Häusergeviert.

Die Nacht zum 30. Juli sah neuerlich 726 Bomber auf dem Plan, die 2.277 Tonnen Spreng- und Brandbomben warfen.

Das Ergebnis, wie es in deutschen Publikationen beschrieben wurde, lautete: 30.482 (identifizierte und registrierte) Tote. 277.330 Wohnungen zerstört, 580 Industriebetriebe teilzerstört, 2.632 gewerbliche Betriebe in der Stadt vernichtet, 80 Anlagen der Wehrmacht, 24 Krankenhäuser, 277 Schulen und 58 Kirchen in Schutt und Asche gelegt.

Die wirkliche Zahl der Todesopfer dürfte bei 45.000 bis 48.000 gelegen haben, wie auch Alexander McKee in seinem Werk „Dresden 1945“ darlegt. Insgesamt wurden im Verlaufe des Zweiten Weltkrieges in Hamburg 55.000 Menschen durch den Bombenterror getötet. Das waren etwa 5.000 Menschen weniger. als während des gesamten Zweiten Weltkrieges durch deutsche Angriffe auf England insgesamt getötet wurden. Dies sei lediglich als Beispiel zur Intensität der beiderseitigen Bombenangriffe genannt.

Wenig vorher hatte Rom, die später von GFM Albert Kesselring zur offenen Stadt erklärte Regierungsmetropole Italiens, einen Luftangriff der Allierrten über sich ergehen lassen müssen, der durch 270 britische und US-Bomber geflogen wurde und 166 Tote sowie 1.659 Verletzte forderte.

Die Verbände der 8. USAAF und des Bomber Command verloren über Hamburg nur 59 Maschinen von insgesamt 2.318 beteiligten.

Dieser Angriff auf Hamburg schien „eine Methode zu sein, den Krieg zu beenden, denn hier ergab sich die Chance, das Hinschlachten der Bevölkerung, die Verwüstung der Städte und die Vernichtung der Industrie den ganzen Herbst hindurch fortzusetzen. Nichts ist eindrucksvoller als die Art und Weise, in der diese Steigerung erzielt wurde.“ (Siehe: Verrier, Anthony: a. a. O.)

Wohlgemerkt: Es handelte sich nicht um eine Ungeziefer-Vernichtungsaktion, sondern um das „Hinschlachten der Bevölkerung Deutschlands".

„Bomber Harris" setzte diese Angriffe fort, und im November 1943 begann er seine Angriffsserie gegen Berlin, die am 3. Februar 1945 mit dem größten Schlag gegen die Reichshauptstadt zwar nicht ihr Ende, aber einen für unerreichbar gehaltenen Höhepunkt erzielte und 25.000 Menschen das Leben kostete.

Berlin sollte am Heiligabend 1943 das Ziel eines 1000-Bomber-Angriffs werden. Dies wurde durch Bischof George Bell verhindert. Dennoch flogen 338 Maschinen nach Berlin, warfen als „Weihnachtsbotschaft" 1.288 Tonnen Bomben, verloren 15 Maschinen durch Abschüsse der Nachtjagd und der Flak. Berlin war Luftmarschall Harris' erklärtes Ziel. Bereits am 3. November 1943 hatte er in seiner Denkschrift an den Kriegspremier geschrieben:

„Wir können Berlin von einem Ende bis zum anderen zerstören, wenn wir die USAAF daran beteiligen. Uns wird das 400 bis 500 Flugzeuge kosten. Für Deutschland wird es einen verlorenen Krieg bedeuten." (Siehe: SAO, Bd. II, S. 9.)

Harris sollte, was die Verluste anlangte, Recht behalten, denn von November 1943 bis März 1944 verlor das Bomber Command über Berlin 523 Flugzeuge. Die erhoffte Demoralisierung der deutschen Bevölkerung durch diese Terrorangriffe blieb allerdings aus.

Luftmarschall Harris hatte die „Direktive von Casablanca", „Vorsorge zu treffen, dass auch wichtige politische Objekte, wie z. B. Berlin, anzugreifen seien", wörtlich genommen. Nach Ende der Schlacht um Berlin fasste Harris das Ergebnis derselben zusammen:

„ Die Stärke der deutschen Abwehr hätte mit der Zeit einen Punkt erreicht, an dem Bombenangriffe bei Nacht mit den vorhandenen Methoden und schweren Kampfflugzeugen so verlustreich geworden wären, daß die Angriffe auf die Dauer nicht aufrechterhalten werden konnten." (Siehe: SAO, Bd. II, S. 125.)

Dass die deutsche Nachtjagd zu Beginn des Jahres 1944 ihren Höhepunkt erreichte, sei an zwei Beispielen von vielen dargelegt.

Beim Angriff des Bomber Command in der Nacht zum 25. Februar 1944 griffen 662 britische Flugzeuge Schweinfurt an und warfen 2.152 Tonnen Bomben. 33 dieser angreifenden Bomber wurden überwiegend von der Nachtjagd abgeschossen. Die dortigen Kugellager-Fabriken waren nicht getroffen worden. Das Bomber Command balancierte am Abgrund. Es hatte vom 18. November 1943 bis zum 31. März 1944 1.047 Bomber verloren. Darüber hinaus waren 1.682 Bomber beschädigt worden.

Damit standen im März 1944 nur noch 974 Bomber zur Verfügung. „Das Bomber Command hatte sich also binnen vier Monaten beinahe selbst ausgelöscht“, schrieb Revie, „denn fast alle Staffeln hatten die Masse ihrer ausgebildeten Piloten verloren.“

Danach kam jener Brandangriff auf Nürnberg. Am 30. März 1944 waren 795 Maschinen des Bomber Command gestartet. Sie trugen 1.069 Tonnen Sprengbomben und 1.391 Tonnen Brandbomben, um die Stadt der Reichsparteitage einzuäschern. In einem gnadenlosen Ringen konnten von diesen 710 Bombern, die Nürnberg erreichten und ihre Bomben abwarfen, 95 überwiegend durch Nachtjäger abgeschossen werden. Zwölf weitere gingen bei der Landung in England zu Bruch, und weitere 59 Bomber wiesen derart schwere Schäden auf, dass sie aus dem „Verkehr gezogen“ werden mussten.

Das waren 20,8 Prozent totale Ausfälle und 11,8 Prozent Personalverluste. Dieser schwarze Freitag des Bomber Command unterstrich, dass die Effizienz der deutschen Nachtjäger erheblich gestiegen war.

Die 10.000 Mann Verluste an fliegendem Personal, welche das Bomber Command zu beklagen hatte, zwang „Bomber Harris“ dazu, die ursprüngliche Planung der Vernichtung von sechs weiteren deutschen Großstädten zunächst zurückzustellen.

So wurde der April 1944 ein Monat der 8. USAAF, die mit Tagesangriffen das Zerstörungswerk fortsetzen sollten.

Ziel waren die Werke der synthetischen Treibstoff-Erzeugung. Am 12. April griff die 8. USAAF Stettin an, Schweinfurt folgte am 14. April, und am 16. April flogen etwa 1.000 US-Flugzeuge über

Bayern hinweg und bombardierten die dortigen Flugplätze. Im Raume Augsburg griff das Zerstörergeschwader 76 die Bomber an und verlor durch den US-Begleitschutz von den angreifenden 43 Me 110 26 Maschinen.

Im Süden und Südosten Deutschlands und der angrenzenden Länder war es die 15. USAAF, die Ploesti, Belgrad, Sofia und andere Städte angriff. Am 18. April flogen starke US-Verbände gegen Cuxhaven, Oranienburg und Rathenow und warfen 4.000 Tonnen Bomben. 40 Bomber wurden abgeschossen.

Der schwere US-Luftangriff auf Rouen am 24. April forderte 400 Tote und 700 Verletzte unter der französischen Bevölkerung.

Im Mai 1944 wurden dann die Treibstoffwerke angegriffen. Zunächst kam das rumänische Erdölzentrum Ploesti an die Reihe, wo 25.000 Tonnen Treibstoff vernichtet wurden. Am 5. Mai wurde Berlin durch 500 B 17 angegriffen, während 300 B 24 auf Braunschweig angesetzt waren.

Die US-Angriffe des 12. Mai auf die Leuna-Werke in Merseburg, auf Tröglitz, Böhlau und Brüx waren erfolgreich, diese Anlagen wurden zwischen 50 und 100 Prozent zerstört. 46 Bomber bezahlten den Angriff mit ihrem Abschuss.

Pölitz wurde am 29. Mai angegriffen. Das Hydrierwerk fiel für zwei Monate aus.

Die Hydrierwerke in Ostermoor wurden am 20. Juni von 1.500 US-Bombern, die von über 1.000 Jägern begleitet und gesichert wurden, angegriffen. Gleichzeitig wandten sich Teile dieser Luftarmada den Treibstoffwerken in und bei Hamburg, Pölitz, Misburg, Fallersleben und Magdeburg zu. Deutsche Jäger und Flak schossen 50 Bomber und fünf Jäger ab. 468 weitere Bomber kehrten mit zum Teil schweren Beschädigungen zum Einsatzhorst zurück. Es war das ZG 76, unter Major Kowalewski, das im Raume Pölitz bei Stettin bei zwei eigenen Verlusten 15 B 17 abschoss.

Im Juni wurden die Angriffe mit 2.500 Bombern und Jägern der 8. USAAF am 21. Juni auf Eisenbahnziele in und bei Berlin und auf das Berliner Regierungsviertel weitergeführt. 2.000 Tonnen Bomben fielen, 44 Bomber wurden abgeschossen.

Die alliierte Invasion in der Seinebucht hatte am 6. Juni 1944 begonnen. Dieser Abschnitt des Zweiten Weltkrieges ist von Hrowe H. Saunders in seinem Buch „Der verratene Sieg“ dargestellt worden. Deshalb sei an dieser Stelle nur Folgendes nachzutragen: Als am 21. Mai 1944 etwa 5.000 US-Jäger und Bomber das Eisenbahnnetz und die Transportwege in Frankreich angriffen, um die Invasion vorzubereiten, war dieser Angriff Gegenstand langer vorhergehender Gespräche zwischen Winston Churchill und General Eisenhower. Churchill befürchtete, dass der Abwurf von geplanten 66.000 Tonnen Bomben unter der französischen Bevölkerung etwa 80.000 Tote fordern würde. Er schrieb an General Eisenhower:

„Das Kabinett hat sich heute ablehnend über die Absicht geäußert, so zahlreiche Bahnknotenpunkte in Frankreich zu bombardieren, da es Zehntausende an Zivilisten – Männer, Frauen und Kinder – Leben oder Gesundheit kosten wird.“ (Siehe: Churchill-Memoiren, Bd. 5,2, S. 224–248.)

Eisenhower erwiderte auf die Bedenken des britischen Premiers: „Sowohl ich, als auch meine militärischen Berater sind zu der Überzeugung gekommen, daß die Bombardierung dieser Knotenpunkte unsere Erfolgsaussichten in der entscheidenden Schlacht erhöhen.“

An Präsident Roosevelt telegrafierte Churchill: „Als dieses Projekt erörtert wurde, sprach man von 80.000 Toten, darunter 20.000 Tote unter der Zivilbevölkerung.“

Aber auch dieser zeigte sich wenig beeindruckt:

„So bedauerlich die der Zivilbevölkerung erwachsenden Opfer sind, bin ich doch nicht willens, den Aktionen der verantwortlichen Befehlshaber Fesseln anzulegen, die geeignet sein könnten, den alliierten Invasionsstreitkräften größere Verluste zu verursachen.“

Damit war die Sache entschieden, und es zeigte sich wieder einmal mehr, dass das, was deutschen Truppen als Kriegsverbrechen angelastet wurde, für die US-Truppen und auch für Großbritannien selbstverständlich ausgeübter Brauch war, ohne dass moralische Skrupel ernsthaft erwogen worden wären.

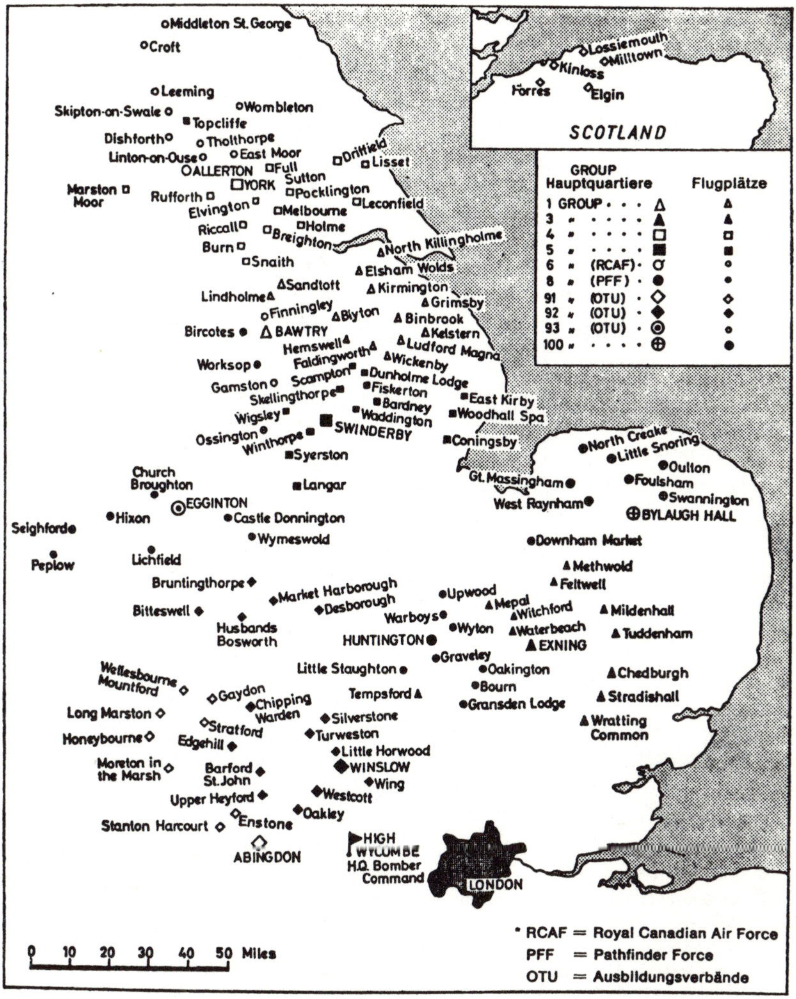

Dislokation des Bomber Command, ab September 1944. Von diesen Startplätzen und Kommandoständen wurden die Terrorangriffe gegen Deutschland geführt und gestartet.

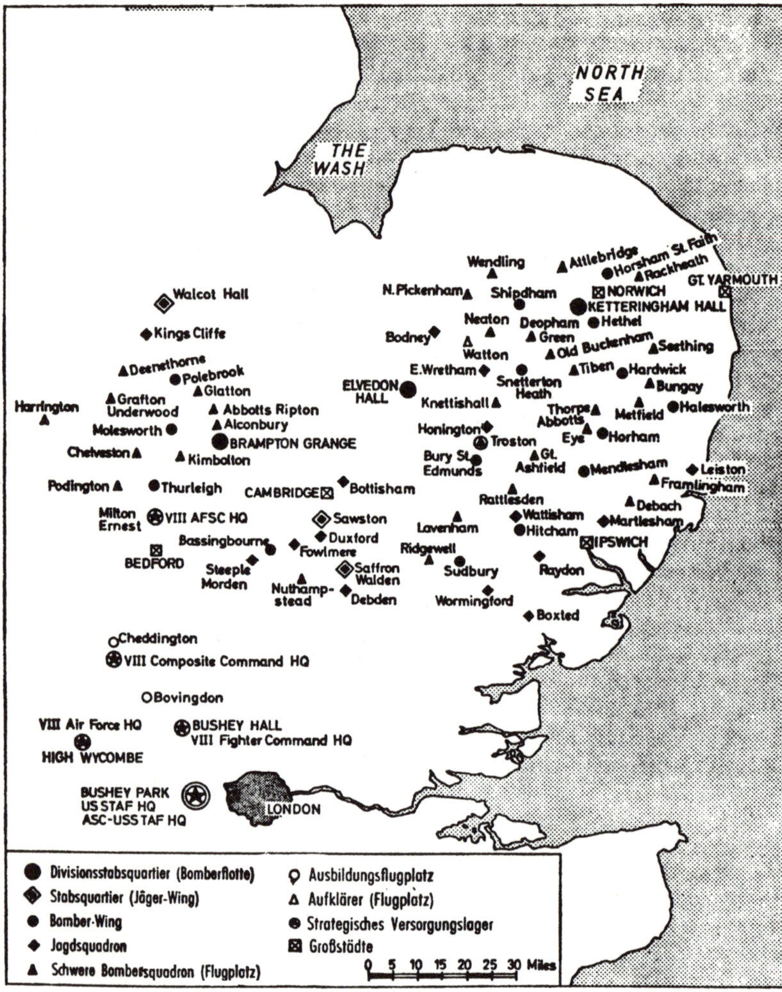

Die Einsatzhäfen der 8. USAAF seit Beginn der Invasion in Frankreich.

Die Handley Page, einer der ersten Zweimot-Bomber Englands.

Die Short Stirling.

Zwei DO 17 am 7. 9. 1940 über Silvertown.

Deutscher Angriff auf das Öltanklager von Newhaven am 7. 8. 1940.

Totale Vernichtung eines Hamburger Stadtteils im Unternehmen „Gomorrha“.

Straße in Islington. Auch hier ein verheerender Anblick.

Air Chief Marshal Edgar C. T. Dowding, Befehlshaber der britischen Jägerwaffe, die sich den deutschen Bombern entgegenwarf.

Auch er konnte die Zerstörungen – wie hier in Birkenhead – nicht verhindern.

Dresden brennt. Aufgenommen am 16. 2. 1945, 13.30 Uhr. Über die Elbe hinweg.

Die Ruine des Neuen Rathauses. (SLD/P)

Eine Wohnhausruine inmitten der Trümmer.

Die Liliengasse – eine Trümmerwüste.

Die Angriffe in Frankreich wurden also fortgesetzt. So warfen am 18. Juli 1944 etwa 2.000 Flugzeuge 7.700 Tonnen Bomben auf Caen-Colombelles in der Normandie. Unter der französischen Bevölkerung entstanden hohe Verluste. Es wurden über 2.000 Tote und 1.300 Verletzte gezählt. Die große alliierte Offensive westlich von St-Lô wurde durch alliierte Bomberverbände mit dem Abwurf von 3.400 Tonnen Bomben am 25. Juli eingeleitet. Wieder gab es unter der Zivilbevölkerung vierstellige Todeszahlen.

Jeder Leser dieser Zeilen wird aufmerksam und sich fragen, welche Art von Einäugigkeit und Messen mit zweierlei Ellen angewandt wurde, um Deutschland als Verbrechernation anzuklagen, weil es 60.000 Engländer getötet hatte und sich selbst als Biedermann zu bezeichnen, der 59.000 seiner vermeintlichen Freunde vom Leben zum Tode befördert hatte. Gesühnt wurden diese gravierenden Verlustzahlen in keiner Weise, nicht einmal gesprochen wurde nach dem Kriege mehr von ihnen.

Lassen wir an dieser Stelle nach der sporadischen Darstellung alliierter Bonbenangriffe auf Deutschland, Italien und Frankreich die deutsche Seite für diesen Zeitraum zu Wort kommen, da der Gegner dazu übergegangen war, in jedem Monat zwischen 20.000 und 40.000 Tonnen Bomben zu werfen.

Deutsche Luftwaffe über England

Neben den deutschen Tag- und Nachtjägern, die sich in einem Opfergang ohnegleichen der alliierten Bombenarmada entgegenwarfen, waren auch die Kampfflieger nicht untätig gewesen, wenngleich sie in keiner Weise auch nur annähernd so effektiv „wirken" konnten wie der Gegner.

Am späten Abend des 21. Januar 1944 starteten zum ersten Male nach langer Zeit wieder kampfstarke deutsche Bomberverbände zum Angriff gegen England. Das IX. Fliegerkorps, unter Oberst Peltz, griff mit 447 Flugzeugen in zwei Wellen London an. In der Nacht zum 30. Januar wurde dieser Angriff mit 285

Bombereinsätzen wiederholt. In beiden Angriffen wurden insgesamt 310 Tonnen Spreng- und 715 Tonnen Brandbomben abgeworfen, die schwere Schäden anrichteten. Aber auch die deutschen Angreifer wurden stark dezimiert, denn 57 deutsche He-111-Kampfflugzeuge wurden vernichtet. Dieser Aderlass war zu hoch, als dass er einen weiteren Angriff in dieser hohen Beteiligung zugelassen hätte. So wurden im Anschluss an diesen furiosen Auftakt nur noch eine Reihe weiterer kleiner Einsätze geflogen. Dies also war die deutsche „Luftoffensive" gegen London, die am 21. Januar 1944 begann und am 27. April 1944 endete. Neben London waren auch weitere Städte in Süd- und Mittelengland angegriffen worden.

Von den Briten wurde diese Angriffsserie „Little Blitz" genannt. Zu den Einsätzen deutscher Jäger im Bomberstrom des 30. zum 31. März 1944 ist noch zu bemerken, dass das I. Jagdkorps mit seinen drei Jagddivisionen in der „Verfolgungsnachtjagd mit dem vom Feind ungestörten Bordsuchgerät SN 2 überaus erfolgreich war".

Hull wurde in der Nacht zum 24. April 1944 Angriffsziel des IX. Fliegerkorps; zwei Nächte vorher war London von 125 deutschen Maschinen angegriffen worden.

Bristol folgte in der Nacht zum 24. April. Zwei Nächte darauf wurden Schiffsansammlungen im Hafen von Portsmouth in zwei Wellen erfolglos angegriffen. 60 Kampfflugzeuge warfen in der Nacht zum 28. April Luftminen vor dem Hafen Portsmouth. Zwei weitere Angriffe auf diesen Hafen, die starke Brände auslösten, folgten. Im Mai wurden diese sporadischen Angriffe fortgesetzt und auch die Nachtjäger gegen Feindeinflüge eingesetzt. Oberst Oesau, Kommodore des JG 1, fiel am 11. Mai 1944 im Kampf gegen Lightnings. In der Nacht zum 25. Mai schoss Hptm. Schnaufer, das „Nachtgespenst von St. Trond", binnen 14 Minuten fünf Lancaster ab.

Die Maiangriffe der Bomber gegen England wurden fortgesetzt und der „Angriffsführer England", Oberst Peltz, erhielt am 15. Mai seine Beförderung zum Generalmajor.

Überdies lagen Weymouth, Falmouth, Torquai und London im Fadenkreuz der Kampfflieger. Die deutschen Jagdverbände, einschließlich der Neugründungen des JG 300, „Wilde Sau", und anderer Verbände, schlugen sich mit dem Mut der Verzweiflung, aber im Juli 1944 gab es keinen einzigen Bombenangriff deutscher Kampfflugzeuge gegen England.

Von September bis Dezember 1944 war die deutsche Jägerwaffe täglich in der Luft. Das Kräfteverhältnis war stets etwa 20 zu 1. Die Jagdwaffe verlor jeden Tag zwischen 20 und 60 Flugzeuge. Das große Desaster für die Jäger fand am Sonntag, 26. November 1944, statt. An diesem Tage operierte das I. Jagdkorps mit etwa 550 Maschinen zur Abwehr der Bomber der 8. USAAF. Als die Geschwader angriffen, wurden fünf FW 190 der JG 6 und 1 abgeschossen. Dem JG 301 erging es noch schlimmer. Es startete mit drei Gruppen in Salzwedel, Sachau, Stendal und Solpke und verlor im Kampf gegen die US-Begleitjäger 39 Maschinen. Alle übrigen im Abwehrkampf stehenden Jagdgeschader bezahlten den Einsatz mit insgesamt 83 Verlusten.

Nur elf Mustangs konnten abgeschossen werden. Insgesamt erzielte das I. Jagdkorps im November 1944 155 Abschüsse, musste aber 404 (!) eigene Verluste hinnehmen.

Doch zurück zu den alliierten Bomberverbänden, die sich nunmehr anschickten, Deutschland endgültig in eine Schuttwüste zu verwandeln.

Der Bombenkrieg vom 1. Januar bis 8. Mai 1945

Das Jahr 1945 begann mit dem deutschen Unternehmen „Bodenplatte". Dieser größte Schlag der Luftwaffe gegen feindliche Flugplätze in Südholland, Belgien und Nordfrankreich war ein großer Erfolg der deutschen Jägerwaffe, zugleich aber auch ihr Abgesang. Deutscherseits wurden 479 abgeschossene und am Boden zerstörte feindliche Flugzeuge gemeldet. Die deutschen Geschwader verloren bei diesem Einsatz 277 Maschinen und deren Besatzung, die nicht wieder neu rekrutiert werden konnten. Was nun folgte, waren Einzelaktionen und eine Reihe von Nachtjagdeinsätzen, die den feindlichen Bomberstrom in keiner Weise stoppen, nicht einmal verlangsamen konnten. Das neu aufgestellte Düsen-Jagdgeschwader 7, dessen Maschinen, die neuen Me 262, jedem Flugzeug der Welt an Schnelligkeit überlegen waren, bekämpfte den Feind mit seiner Raketenbewaffnung schon erheblich effizienter. Dutzende feindlicher Bomber wurden bei deren Angriffen auf das Reichsgebiet abgeschossen. Als in der Nacht zum 21. Februar 1945 bei einem Einflug des Bomber Command der Einsatz der Nachtjäger hundertprozentig klappte, konnten spektakuläre Erfolge erzielt werden: Major Schnaufer gelang es am frühen Morgen, zwei und am darauf folgenden Abend weitere sieben Bomber abzuschießen. Neben ihm war Hptm. Hager mit acht Abschüssen binnen 17 Minuten erfolgreich. Hptm. Rökker konnte sechs Maschinen abschießen, und Ofw. Bahr brachte es auf sieben Luftsiege. Damit konnten an diesem Tage vier Nachtjäger insgesamt 30 Abschüsse verbuchen.

Am späten Abend des 3. März aber geschah etwas Außergewöhnliches. Zum ersten Mal seit vielen Monaten startete ein Verband deutscher Störflugzeuge wieder gegen England. Er warf Bomben auf die Midlands, auf Ost- und Nordengland. In der folgenden Nacht gelang es insgesamt 100 Nachtjägern – eine bis dahin nicht erreichte Zahl –, einen Bomberverband zu stellen, der die Treibstoffwerke Kamen, nahe Dortmund, angriff. Sie flogen dicht hinter dem Verband her und schossen über dem Kanal und über Südengland 19 dieser Bomber ab, ohne selbst eine einzige Maschine zu verlieren.

Als am Morgen des 18. März 1945 die 8. USAAF zu ihrem schwersten Luftangriff gegen Berlin startete und um 11.00 Uhr die Randgebiete der Reichshauptstadt überflog, galt es, diese 305 B 17 und 916 B 24, die von 14 Jagdgruppen geschützt wurden, zu stoppen. Die neu aufgestellte III./JG 7, unter Major Sinner, startete rechtzeitig zur Abwehr in Brandenburg-Briest. 38 Me 262 – noch nie vorher war eine so große Anzahl dieser Düsenjäger gleichzeitig gestartet – stellten sich den anfliegenden Gegnern. Sie waren mit den neuen Raketenrosten versehen, aus denen jede Maschine insgesamt 24 Raketen verschießen konnte. Zwar versuchten die US-Jäger des Geleitschutzes die Me 262 zu stoppen, aber diese ließen die schnellen P 51 „Mosquitos" „einfach in der Luft stehen". Insgesamt wurden 25 Bomber und fünf Begleitjäger abgeschossen. Neben den JG 7 war auch der bereits vorher aufgestellte Jagdverband 44, unter Adolf Galland und in den letzten Tagen unter Heinz Bär, am Abwehrkampf beteiligt. Auch er konnte das Kriegsgeschehen nicht beeinflussen. In den letzten Tagen des Krieges wurden diese Me 262 nach Salzburg geflogen und beim Herannahen des Gegners gesprengt.

Doch zurück zu den Einsätzen der 8. USAAF und des Bomber Command von Januar bis zum 13. Februar 1944.

Die letzten Massenvernichtungsaktionen

Im „Quarterly Review" des Bomber Command war bis Dezember 1944 deutlich zu lesen, dass der Befehl, „in erster Linie Transportziele anzugreifen", nur als ein bequemer Vorwand für die Wiederaufnahme der Flächenangriffe angesehen wurde. Dr. Noble Frankland berichtete darüber:

„Die Offensive der Flächenbombardierungen breitete sich über ganz Deutschland aus. In der letzten vernichtenden Schlacht über der Ruhr zwischen Anfang Oktober bis Ende 1944 wurden etwa 14.254 Einsätze geflogen und 60.830 Tonnen Bomben geworfen (mehr als die deutsche Luftwaffe im gesamten Krieg über Großbritannien abwarf). Nur 136 Kampfflugzeuge kehrten nicht zurück." (Siehe: Frankland Noble: The Bombing Offensive against Germany, London 1965.)

Obwohl das Bomber Command nunmehr den Luftraum über Deutschland fast ganz beherrschte, weitete man die strategische

Bomberoffensive „zu einer Übung im Massentöten“ aus. (Siehe: Verrier, Antony: a. a. O.)

Das Bomber Command verfügte zum Jahreswechsel 1944/45 über 1.500 Bomber, mit denen Angriffe auf wirkliche Kriegsziele nicht nur möglich gewesen wären, sondern auch unbedingt durchschlagenden Erfolg gehabt hätten. Stattdessen wurde der Angriff auf unverteidigte Städte mit aller Wucht fortgesetzt.

Am 12. Januar 1945 gaben Vertreter des 8. USAAF und der RAF (und hier des Bomberkommandos), Spaatz und Bottomley, jene Direktive aus, die den tatsächlichen Ereignissen Hohn sprach. Es hieß dort:

„Der wichtigste Auftrag der strategischen Luftstreitkräfte bleibt es, die militärische, industrielle und wirtschaftliche Struktur Deutschlands progressiv zu zerstören.“ (CC, Band III, S. 721.)

Trotz dieser umgrenzten Aufgabe, die eigentlich das Flächenbombardement auf deutsche Städte hätte ausschließen müssen, wurde nun auch von amerikanischer Seite offen (und nicht mehr verdeckt, wie vorher oftmals geschehen) durch General Spaatz das Flächenbombardement durchgeführt.

Offiziell erfolgte dies durch Portal, der, wie bereits erwähnt, in die neue Position als Koordinator der anglo-amerikanischen Luftoffensive aufgestiegen war und sich nunmehr auch gegenüber dem Verbündeten USA militärisch durchsetzen konnte. Portal war zu der Entscheidung gekommen, dass nunmehr die Zeit gekommen sei, „zu einem direkten Angriff gegen die Moral des deutschen Volkes anzutreten“. (Siehe: SAO, Bd. III., S. 52–54.) Damit hatte er den Grundsätzen von Luftmarschall Harris zugestimmt und die Rückkehr zu Flächenangriffen auch in dieser Kriegsphase befürwortet.

Auch die im November 1944 vom „Air Staff“ herausgegebene Direktive, in der Angriffe auf Transportziele und die deutsche Ölversorgung standen, änderten nichts an „Bomber Harris’“ Plänen, die Städte Magdeburg, Leipzig, Chemnitz, Dresden, Breslau, Posen, Halle, Erfurt, Gotha, Weimar, Eisenach und Berlin zu zerstören, sie dem Erdboden gleichzumachen.

Als dann die 8. USAAF ihre Angriffsziele gegen Anlagen der Ölindustrie und Verkehrszentren durchgeführt hatte, dachte Spaatz an ein neues Unternehmen, das sich in Anlage und Durchführung nicht mehr von jenen des Bomber Command unterschied.

Harris hatte bereits in einem Brief vom 12. Dezember 1944 all jene „Köpfe von Whitehall" angegriffen, die in dutzenden Denkschriften Bombenangriffe gegen Kugellagerfabriken, Stahlanlagen und ähnlichen Objekten vorschlugen. Harris war der Meinung, dass dies alles „unausgegorenes Zeug" sei und nur seine Ansicht der Sachlage die richtige und die entscheidende sei. Darauf erwiderte Sir Portal: „Wenn Sie dieser Ansicht sind, werden Sie nicht in der Lage sein, mit ganzem Herzen an die Angriffe gegen die Ölversorgungsanlagen zu gehen."

Das hatte „Bomber Harris" allerdings auch nicht vor.

Noch einmal wurde am 3. Januar 1945 der Versuch unternommen, Luftmarschall Harris umzustimmen. Der Chef des Air Stabes, Portal, schrieb seinem Oberbefehlshaber des Bomber Command einen Brief, in dem er Harris vorwarf, er habe nicht genug getan, um Schweinfurt und seine Kugellagerfirma zu zerstören. Er schloss mit den Worten:

„Eine allgemeine Offensive der Flächenangriffe jetzt, da die deutsche Luftwaffe praktisch aufgehört hat zu existieren, ist reine Zeitverschwendung."

Doch Harris war nicht zu überzeugen, was Air Marshal Portal am 20. Januar zu einem einlenkenden Brief veranlasste: „Es hat keinen Sinn für mich, zu verlangen, was augenscheinlich unerreichbar ist. Wir müssen bis zum Ende des Krieges warten, um zu sehen, wer recht gehabt hat. Ich hoffe aber aufrichtig, daß Sie bis dahin die Verbände führen werden, die so viel geleistet haben, den Feind zu schlagen, und die für Sie und für die Luftstreitkräfte Ruhm und Verdienst erworben haben."

Damit hatte sich Luftmarschall Harris durchgesetzt. Das Flächenbomben ging weiter. Weiter ging auch das Massensterben in Deutschland, um nunmehr einem einsamen Höhepunkt – Dresden – entgegenzusteuern, von dem selbst die Bewohner der fürchterlich getroffenen Stadt Hamburg sagten, dass er das Schlimmste sei, was sie gehört hätten.

Am 1. Januar 1945 wurde der Dortmund-Ems-Kanal angegriffen, in der folgenden Nacht der Mittellandkanal schwer beschädigt. Am 1. und 2. November 1945 waren die Rheinbrücken bei Koblenz, Neuwied und Remagen Ziele der 8. USAAF, die versuchten, mit 569 Bombern die Brücken in den Fluss zu stürzen, womit der Rückzug der deutschen Truppen über den Rhein verhindert werden sollte. Dieser Angriff schlug jedoch fehl.

Der Großangriff auf Nürnberg und Ludwigshafen in der Nacht zum 3. Januar forderte besonders in Nürnberg hohe Opfer. Dort wurden 2.067 Tonnen Bomben geworfen. Aber auch auf Ludwigshafen fielen 1.221 Tonnen.

Der 3. Januar sah Angriffe auf Bahnanlagen in Westdeutschland. Vor allem jene im Raume Fulda und Aschaffenburg wurden schwer getroffen.

In der Nacht zum 5. Januar war wieder französisches Gebiet Ziel des Angriffs des Bomber Command. 1.652 Tonnen Bomben wurden auf Royan geworfen, um die deutscherseits noch gehaltene Festung „Gironde Nord" zu zermürben.

Hannover war in der Nacht zum 6. Januar Ziel von etwa 670 Bombern, die 2.365 Tonnen Bomben warfen.

Hanau folgte am 7. Januar nach, und am selben Tage griff die 8. USAAF Hamm und Rastatt an.

Der Angriff in der Nacht zum 8. Januar auf München sah weiterhin schwere Verwüstungen. Immerhin fielen dort 2.175 Tonnen Bomben.

Die Treibstoffwerke in Pölitz wurden in der Nacht zum 14. Januar mit 813 Tonnen Bomben belegt. Das Hauptwerk wurde verfehlt. Es traten keine größeren Schäden ein.

In der folgenden Nacht wurden die Leuna-Werke mit 2.181 Tonnen Bomben belegt, und in der Nacht zum 17. Januar waren Magdeburg, Brüx, Zeitz und Wanne-Eickel Ziel der insgesamt eingesetzten 893 Bomber. Ob Paderborn (am 17. Januar) oder Magdeburg und Kaiserslautern am 18. Januar und Kiel am 22. Januar: Alle Angriffe hatten die Vernichtung Deutschlands zum Ziel. Die Angriffe in der Nacht zum 29. Januar auf Stuttgart und Berlin galten wieder bevorzugt der Flächenbombardierung, und am 31. Januar 1945 wurde das Treibstoffwerk Moosbierbaum bei Wien von der 15. USAAF angegriffen.

Der 3. Februar 1945 sah wiederum die 8. USAAF am Werk. Diesmal mit einem wirklichen Terrorangriff auf Berlin, zu dem 937 Bomber und 613 Jäger als Geleitschutz antraten. 26 B 17 und acht Jäger wurden durch Flak und Jäger abgeschossen. Die Berliner Bevölkerung hatte 2.600 Tote zu beklagen. Die Zahl der Verletzten belief sich auf etwa 10.000

Magdeburg war dann wieder Ziel der 8. USAAF, die mit 400 B 24 „Eisenbahnanlagen“ angriffen.

In der Nacht zum 5. Februar wurde Bonn von 238 Bombern heimgesucht.

Die Treibstoffwerke in Regensburg waren am 5. Februar Ziel von 589 US-Bombern. Britische Bombenangriffe auf Kleve und Goch in der Nacht zum 8. Februar forderten wieder Hunderte Tote aus der Zivilbevölkerung. Als letzter Angriff vor jenem vierfachen Terrorschlag gegen Dresden ist der Angriff von 837 US-Bombern der 15. USAAF auf Wien zu nennen.

Das Bomber Command und die 8. USAAF formierten in diesen Stunden alle Kräfte zu einem entscheidenden Schlag, mit dem eine deutsche Stadt vom Erdboden vertilgt werden sollte. Diese Stadt hieß Dresden! Sie war ungeschützt. Es gab keine Flak, und die Luftwaffe war auch nicht zur Stelle, als das Unheil einsetzte, dem die britische Bomberführung den Namen „Thunderclap – Donnerschlag“ gab.

TEIL II

DRESDEN, DAS DEUTSCHE HIROSHIMA

Wer wie der Autor in den Fünfzigerjahren in Dresden war, der hat jene Schuttberge von über 10 Millionen Kubikmetern nicht mehr gesehen. Was er sah, waren leere Plätze, das ausgebrannte Schloss und die Schlosskirche. Die Straßen endeten oft im Nichts. Der Sandstein in der Frauenkirche war unter der unvorstellbaren Hitze einfach zerbröselt. Ich sah jenes Bild in der Kreuzkirche, das als einziges nicht von dem wütenden Brand zerstört worden war.

Ich stand auf dem Altmarkt, wo etwa 9.000 zerstückelte, nicht zu identifizierende Leichen verbrannt worden waren.

Dann hörte ich die Geschichte einiger Überlebender und mir kamen die Worte von Gerhart Hauptmann und eines namenlosen Dresdeners in den Sinn:

„Wer das Weinen verlernt hat, der lernt es wieder beim Untergang Dresdens.“

„Und danach kamen die Russen, und das war das Schlimmste. Sie befreiten uns – wie wir dies bezeichneten – von allem.“

DIE HÖLLE FIEL VOM HIMMEL

Letzte Vorbereitungen

Vice Luftmarschall Bottomley, Vertreter des Stabschefs der Royal Air Force, Luftmarschall Portal, war neben dem Unterstaatssekretär für Luftfahrt und dem Oberbefehlshaber der US-Bomberstreitkräfte in Europa, General Spaatz, vom Ende des Jahres 1944 bis zur Konferenz von Jalta im Februar 1945 damit befasst, in verschiedenen Denkschriften an der weiteren und endgültigen Vernichtung Deutschlands mitzuwirken.

Noch vor Beginn der Konferenz zu Jalta sollten Fakten geschaffen werden, womit Winston Churchill sein großes Gegenüber, Marschall Stalin, beeindrucken konnte. Doch unmittelbar vor Yalta versagten Portal und Sinclair ihre Gefolgschaft, so dass Churchill energisch von allen Beteiligten eine eindeutige Antwort auf seine Fragen haben wollte, ob nun Berlin und die genannten großen Städte in Mitteldeutschland als Ziele für die nächste Zeit festgelegt werden konnten.

Churchills Worte fielen nun doch auf fruchtbaren Boden, und am 27. Januar 1945 forderte Portals Stellvertreter, Vice Luftmarschall Bottomley, den Oberbefehlshaber des Bomber Command auf, einen großen Angriff gegen Berlin und weitere dementsprechende gegen Dresden, Leipzig und Chemnitz fliegen zu lassen.

Die Angriffe konnten also beginnen. Am 3. Februar war Berlin an der Reihe und erlebte zum vielfach wiederholten Male eine Bombenhölle.

Am 12. Februar 1945 aber stand nur noch ein einziger Name auf der Zielliste: Dresden.

General Spaatz geriet in dieser Zeit bei seinem Bemühen, sich von Portal und Tedder unabhängig zu machen, unausweichlich in das Fahrwasser des Oberbefehlshabers des Bomber Command, Harris. Er fügte sich nunmehr in die massierten Flächenbombardierungen Deutschlands ein (an denen er mit der 8. USAAF allerdings schon mehrfach teilgenommen hatte, auch wenn von US-Seiten andere Ziele vorgeschoben worden waren). Damit war auch die 8. USAAF in die „Übungen zur Massentötung deutscher Frauen und Kinder“ einbezogen worden, obgleich General Arnold, der Oberbefehlshaber der US-Luftstreitkräfte, immer noch beteuerte, dass sich US-Flieger nicht an Flächenbombardierungen beteiligen würden und diese Behauptung auch noch nach Dresden aufrechterhielt. Tatsache ist, dass dazu beiden Chefs der Bomberflotten mit der in Malta konzipierten Doktrin der Flächenbombardierungen Vollmacht gegeben wurde. So führte der Weg des Verderbens für Deutschlands Städte von Luftmarschall Peirse, dem Initiator, direkt über Harris zu Spaatz und dessen Vollstreckern hin.

Eines sollte aber hier noch vor der Darstellung der Vernichtung Dresdens festgestellt werden. Dresden und die anderen mitteldeutschen Städte, die im Jahre 1945 aus der Luft angegriffen wurden, wurden nicht zerstört, um den russischen Vorstoß nach Berlin, in die deutsche Hauptstadt, zu unterstützen. Die UdSSR hatte weder mit Großbritannien noch mit den USA im Endkampf um Deutschland strategisch oder gar politisch zusammengearbeitet. Dafür verfolgten sie zu unterschiedliche politische Pläne. Außerdem blieben die als Ziele beim Angriff gegen Dresden strategisch wichtigen Bahnanlagen weitgehend verschont, womit in dieser Hinsicht keine Hilfe für die Rote Armee mit der Bombardierung Dresdens verbunden war. Der Nachschub rollte nach wie vor über Dresden zur Front.

Als die Deutsche Wehrmacht am 1. Januar 1945 noch nicht kapituliert hatte, wie es auch vom US-Generalstabschef George C. Marshall längst angekündigt worden war, sondern das deutsche Heer in den Ardennen vielmehr zum erfolgreichen Befreiungsschlag angesetzt hatte, war das Kriegsende weiter denn je in die Ferne gerückt. Panzergeneral George S. Patton erklärte in seinem KTB: „Wir können den Krieg immer noch verlieren.“

Nunmehr sanktionierte auch General of the Army (Generalfeldmarschall) Marshall die neue Offensive der Flächenbombardierungen voll. (Erhielt er dafür wohl am 30. März 1953 in Oslo den Friedensnobelpreis?)

Entgegen der britischen Version des sowjetischen Wunsches nach einer rücksichtslosen Bombardierung Dresdens und anderer Städte in der späteren sowjetischen Besatzungszone, verstieß dieser Angriff auf Dresden sogar gegen einen am 8. Februar in Jalta von der UdSSR eingebrachten und allgemein akzeptierten Vorschlag, den Luftmarschall Chudjakow so formulierte:

„Für Operationen britischer und amerikanischer Fliegerkräfte jenseits der von unserem Generalstabschef, General A. I. Antonow, eingereichten Begrenzungslinie, die dem bestehenden Frontverlauf folgt, ist eine vorherige Information und die Zustimmung des sowjetischen Generalstabes Voraussetzung.“ (Siehe: Foreign Relations of the United States: The Conference of Malta und Yalta, Washington 1955.)

In ihrer Sitzung am 9. Februar 1945 aber beschlossen die „Combined Chiefs of Staff“ nachträglich, diese Klausel doch nicht zu akzeptieren. Man wolle den Russen lediglich etwa 24 Stunden vorher mitteilen, dass eine weitere Stadt bombadiert werden sollte. Der sowjetische Generalstab wurde von der Bombardierung Dresdens überrascht und erteilte seine Zustimmung dazu nicht.

Der Startschuss fällt

Als Luftmarschall Harris in seinem Hauptquartier High Wycombe am Morgen des 13. Februar 1945 die Besprechung der Führer und Chefs des Bomber Command eröffnete, erhielt er zu Beginn die neuesten Meldungen der beiden Chefmeteorologen.

Er las sie durch. Dann zögerte er einige Sekunden, ehe er seinem Stab verkündete:

„Gentlemen, heute Nacht werden wir Dresden angreifen! Ich selbst kenne zwar keinen besonderen Grund, der zur Auswahl dieser Stadt geführt hat, aber der Angriff wurde mir von oberster Stelle mit größter Dringlichkeit befohlen."

Er reichte die Wettermeldung an seinen Stellvertreter, Luftmarschall Sir Robert Saundby, weiter, der wenige Tage vorher erst von diesem Ziel erfahren hatte und von Harris gebeten worden war, festzustellen, warum gerade diese Stadt plötzlich so wichtig geworden sei. Saundby musste melden, dass die gesamte Abwehrabteilung, in der alles Wissenswerte über die anzugreifenden Ziele gespeichert war, nichts über Dresden wusste. Er konnte nur melden:

„Die Stadt ist nicht als Truppensammelplatz ausgewiesen. Bekannt ist nur, dass sie mit hunderttausenden Flüchtlingen aus dem Osten belegt ist."

Luftmarschall Harris zeigte den Befehlshabern an der großen Karte den Weg, den die Bomberflotten nehmen sollten, und gab bekannt, welche Täuschungs- und Entlastungsangriffe geflogen werden würden.

Um 10.00 Uhr war die Sitzung beendet und fünf Minuten darauf gingen die Befehle an die 1., 3., 5. und 6. Bomber Group hinaus, die Einsatzbereitschaft aller Lancaster-Verbände herzustellen. Eine Stunde darauf wurde Vollzug gemeldet. Nun standen 697 viermotorige Lancaster-Bomber bereit.

Angriffszeit sollte gegen 22.00 Uhr sein und den ersten Angriff der 5. Bomber Group fliegen, die von Vice Luftmarschall Constantine, der den Verband erst im Januar von Vice Luftmarschall Chochrane übernommen hatte, geführt wurde. Dieser Bomberverband hatte die größten Erfahrungen im Verbrenner deutscher Städte. Er hatte seit Anfang 1944 eine Reihe „erfolgreicher" Angriffe gegen Deutschland geflogen und rühmte sich auch der Einäscherung von Darmstadt, wo er in der Nacht zum 12. September 1944 mit 234 Bombern 869 Tonnen Bomben ins Stadtzentrum ge-

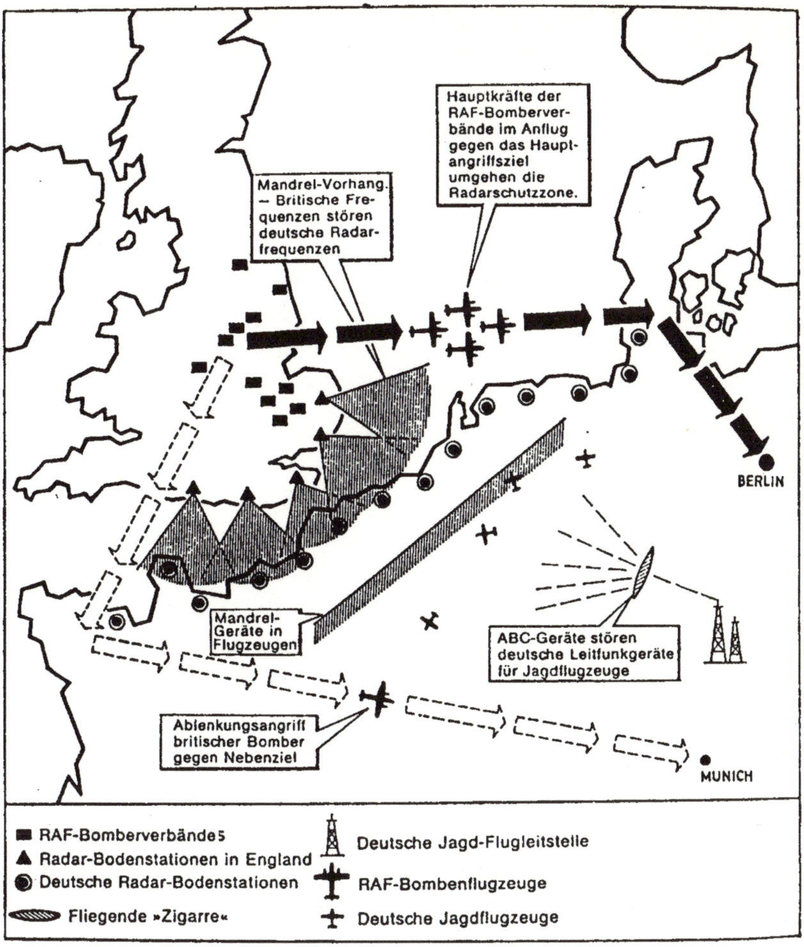

Die RAF-Bomberverbände: Dislokation und Täuschungsmanöver

worfen hatte und 12.000 Tote sowie 7.700 Obdachlose zurückließ. Damit hatte sich die 5. Bomber Group auch zum Vernichtungsschlag gegen Dresden qualifiziert.

Um dieses Ziel zu erreichen, wurde das Stadion des Dresdener

Sport-Clubs als Markierungspunkt für die Bombenwürfe benannt. Von dem gut zu erkennenden Stadionoval im Ostragehege aus sollten die angreifenden Bomber ihre Bombenwürfe fächerförmig nach außen – eine an die andere anschließend – verlegen und damit die in dem Operationskreis eingeschlossene Altstadt Dresden dem Erdboden gleichmachen.

Die Entfernung von den Startplätzen in Süd- und Südostengland nach Dresden betrug in der Luftlinie etwa 2.000 Kilometer. Die vorgegebenen Flugrouten würden einschließlich der befohlenen Ausweichbewegungen um die Flakzentren in Deutschland herum auf dem Hinflug 1.300 Kilometer und während des Rückfluges 1.400 Kilometer betragen. Dies bedeutete, dass die Lancaster-Bomber zwischen neun und zehn Stunden insgesamt unterwegs sein würden. Daraus resultierte wiederum, dass für den Flug je Maschine etwa 10.000 Liter Treibstoff getankt werden mussten. Hinzu kam je Lancaster eine Bombenlast von 7.000 Pfund, was etwa 3.178 Kilogramm entsprach. Die Besatzungen tankten also für jede Maschine etwa 2.700 Gallonen (eine Gallone ist 4,546 Liter) Treibstoff. Wegen dieses erhöhten Treibstoffbedarfs konnten „nur" gut die Hälfte Bomben geladen werden als für den kurzen Flug ins Ruhrgebiet. Hinzu kamen also etwa acht 500-Pfund-Sprengbomben der Kategorie „High Capacity" (HC), dünnwandige Minenbomben mit gewaltiger Sprengwirkung, oder solche des Typs „Medium Capacity" (MC) mit dicker Stahlwandung und damit noch größerer Durchschlagskraft.

Da eine starke Luftabwehr befürchtet wurde, hatte Luftmarschall Harris gleichzeitig zum Angriff auf Dresden einen zweiten Großangriff mit 368 Halifax-Bombern gegen die Hydrierwerke von Böhlau befohlen. Damit sollten vor allem die deutschen Nachtjäger vom Hauptangriff abgelenkt werden. Eine Reihe weiterer Scheinangriffe gegen Magdeburg, Nürnberg und Dortmund waren ebenfalls fest eingeplant worden. Hinzu kam der Einsatz der 100. Bomber Group, einem Sonderverband, dessen Ziel es war, die Daten und Messgeräte der deutschen Abwehrstellen lahm zu legen, indem sie zwischen 20.05 und 21.10 Uhr ihre

„Mandrel Screens“ fliegen würden. Diese bestanden, vereinfacht ausgedrückt, in jeweils von zwei Maschinen geflogenen Schleifenbewegungen mit gleichzeitiger Aussendung von Funksignalen, die eine Radarerfassung des Bomberstroms durch die deutschen Warngeräte verhinderte. Diese „elektronische Sichtblende“ war bereits erprobt und garantierte einen von den deutschen Radarstationen unbemerkten Anflug der Bomberkräfte ans Ziel.

Aus dem HQ des Bomber Command in High Wycombe waren die Einsatzbefehle zu den Hauptquartieren des Bomber Command hinausgegangen. Dort wurden sie den versammelten Staffelkapitänen und Gruppenkommandeuren vorgetragen, die wiederum ihren einzelnen Einheiten die Befehle gaben.

Im HQ der 5. Bomber Group in Swinderby hatte Vice Luftmarschall Constantine den Weg seines Verbandes, der die erste Welle bildete, genau umrissen. Er entließ seine Offiziere mit den Worten:

„Ihr wisst das Ziel und ihr kennt eure Arbeit, tut sie!“

Die 4. Bomber Group unter dem Kommando von Vice Luftmarschall Carr, der diesen Verband im großen Revirement Mitte Januar von Vice Luftmarschall Whitley übernommen hatte, wurde ebenso eingewiesen. Vice Luftmarschall McEwen von der „Royal Canadian Air Force“ gab seinen Offizieren keine detaillierten Erklärungen ab, weil er die offizielle Version von der „Wichtigkeit Dresdens“ als Truppensammelplatz und Verkehrsknotenpunkt nicht glaubte. Er wollte später nicht als Lügner dastehen.

Die Staffelkapitäne erfuhren von ihren Gruppenkommandanten ihre speziellen Aufgaben und nahmen dankbar zur Kenntnis, dass die deutschen Flakmassierungen um Köln und im Ruhrgebiet umflogen werden würden.

Die internen Weisungen für die beiden Masterbomber waren von anderer Art als jene Berichte, die den Bomberbesatzungen mit auf den Weg gegeben wurden. Die beiden Leitmaschinen – für jede Welle eine – wurden von erfahrenen Offizieren geflogen, die diese Art des Luftkrieges kannten und wussten, worauf es ankam.

Die erste Maschine, eine hochmoderne Mosquito, war für die 5. Bomber Group bestimmt. Sie wurde von Wing Commander (Gruppenkommandeur) Maurice Smith geflogen.

Die zur Einweisung der zweiten Welle bestimmte Maschine stand unter dem Kommando von Squadron Leader (Staffelkapitän) Peter de Wesselow. Er hatte die 1., 3., 6. und 8. Bomber Group ins Ziel zu bringen.

Beiden wurde vorher in der Unterweisung gesagt, dass man „den Russen die Schlagkraft des Bomber Command beweisen wolle". Das berichtete Wesselow, während Smith noch folgende Ergänzung lieferte:

„Diese völlige Zerrissenheit einer bislang heilgebliebenen Stadt dieser Größe und Art wird eine bedeutende Wirkung auf die Russen haben." (Siehe: McKee, Alexander: a. a. O.)

Die Planung: Vernichtung der Altstadt

Aus Nordwesten nach Dresden anfliegend, sollte der Ausgangspunkt für das Bombardement der Altstadt folgendermaßen gefunden und von dort das Werk des Verderbens begonnen werden. Die Zielmarkierer und die Beleuchter sollten über dem Stadion des Dresdner Sport-Clubs ihre Markierungen setzen. In einem Kreisausschnitt sollte im gesamten Gebiet zwischen den beiden Süd- und Nordschenkeln des Ausschnittes, die je 2,9 Kilometer lang waren und zu beiden Seiten eines Halbkreises ausliefen, alles vernichtet werden, was dort an Wohnhäusern und anderen Bauwerken stand. Von der linken oberen Flanke, dem Stadion im Ostragehege beginnend, zog sich die südliche Linie über den Wettiner Platz zum Güterbahnhof hinunter. Dort unten begann der Kriegsbogenausschnitt, der, von Süd nach Nord verlaufend, über den Plauenschen Platz zum Ferdinandplatz und zum Georgsplatz bis zum Schlageterplatz, von wo aus noch ostwärts der Elbe, von den Schiffsanlegestellen aus, die Begrenzung zum jenseitigen Westufer des Flusses zum Carola-Platz führt und von dort aus, dem Verlauf des Westufers der Elbe folgend, am Rathaus vorbei, über den Neustädter Markt zum Japanischen Garten und dem Japanischen Palais weitergehen würde. Von dort, noch vor der Marienbrücke, wurde die Elbe wieder nach Osten überquert und der Sportplatz im Ostragehege erreicht.

Alle in diesem Ziel-Viertelkreis stehenden Gebäude der Stadt waren damit der Vernichtung preisgegeben. Zuerst die Wohnhäuser mit ihren Hunderttausenden Einwohnern, sodann der Zwinger, das Opernhaus, das Taschenberg Palais, die Kreuzkirche, das Rathaus, die Kunstakademie und das Theater. In der Mitte des Zielgebietes lag der Schlossturm.

Als sich die Besatzungen der beteiligten Verbände am Nachmittag des 13. Februar zu einer letzten Einweisung versammelten, lautete die ihnen gegebene Unterweisung:

„Dresden ist die siebtgrößte Stadt Deutschlands. Sie ist darüber hinaus die größte bebaute und bislang noch nicht bombardierte Fläche in Deutschland.

In der Mitte des Winters mit westwärts strömenden Flüchtlingen und Reservetruppen überfüllt [es gab in Dresden, von einer Pioniereinheit abgesehen, die dort stationiert war, weder Truppen noch Reserveverbände auf dem Wege zur Ostfront, d. Verf.] sind Unterkünfte nunmehr sehr begehrt, nicht nur um Arbeiter, Flüchtlinge, Bombengeschädigte und Truppen unterzubringen, sondern auch, um aus anderen Gebieten verlagerten Ministerien Quartiere zu verschaffen. [Auch dies ist eine Fehlinformation ersten Grades, nur dazu bestimmt, die Bomberbesatzungen zu motivieren, d. Verf.] Dresden hat sich heute zu einem Industriezentrum von hervorragender Bedeutung entwickelt. Die Stadt verfügt über ein umfangreiches Netz an Telefon- und Eisenbahnverbindungen und ist von großer Bedeutung für die Kontrolle der Verteidigung jenes Abschnittes der Ostfront, der durch Sowjetmarschall Konjew bedroht wird.

Die Ziele dieses Angriffs bestehen darin, den Gegner an einer Stelle zu treffen, wo er es am meisten spürt, hinter einer sich bereits in Auflösung befindlichen Front, und auf diese Weise gleichzeitig auch den Russen zu demonstrieren – wenn sie die Stadt erreicht haben werden – was das Bomber Command anrichten kann." (Siehe: Hastings, Max: Bomber Command, London 1981.)

Die zweite Welle, die Dresden ebenfalls zum Ziel hatte, wurde auf dem Flugplatz Oulton von dem dortigen Informationsoffizier über die angebliche Bedrohung Dresdens aufgeklärt:

„Unser Ziel ist das ganze bebaute Stadtgebiet von Dresden. Falls jemand von Ihnen moralische Skrupel hat, so sei ihm versichert: In Dresden befinden sich nach Informationen des Luftfahrtministeriums außer einer Reihe von Giftgasfabriken noch eine große Anzahl Munitionsfabriken."

Niemand unter den 4.000 Soldaten der zweiten Welle ahnte, dass sie von ihrer Obersten Führung belogen wurden. Es ging nicht um Giftgasfabriken, die es in Dresden gar nicht gab, und auch nicht um die Rüstungsgebiete, an denen es der Stadt ebenfalls mangelte, sondern um die Vernichtung einer Stadt und seiner Menschen. Dies wird an den Einsatzweisungen der Masterbomber für die Bomberverbände zweifelsfrei deutlich.

Flug zum Ziel und Angriff der 5. Bomber Group

Die 5. Bomber Group startete mit ihren Lancaster-Bombern zwischen 17.30 und 18.00 Uhr. Die Halifax-Bomber der 4. und 6. Bomber Group starteten etwa gleichzeitig nach den Maschinen der 5. Bomber Group. Die 5. Bomber Group flog zunächst aus dem Raume südlich London nach Südosten, drehte über der französischen Küste nach Ostsüdosten ein, um noch weit vor und unterhalb von Köln nach Nordosten zu schwenken, sodann Köln im Norden umfliegend nach Ostnordost einzuschwenken, den für Leipzig und Böhlen bestimmten Verband südlich Hannover zu kreuzen und dann nach Osten, nördlich an Leipzig vorbei und schließlich auf Ostsüdostkurs direkt auf Dresden zuzustoßen.

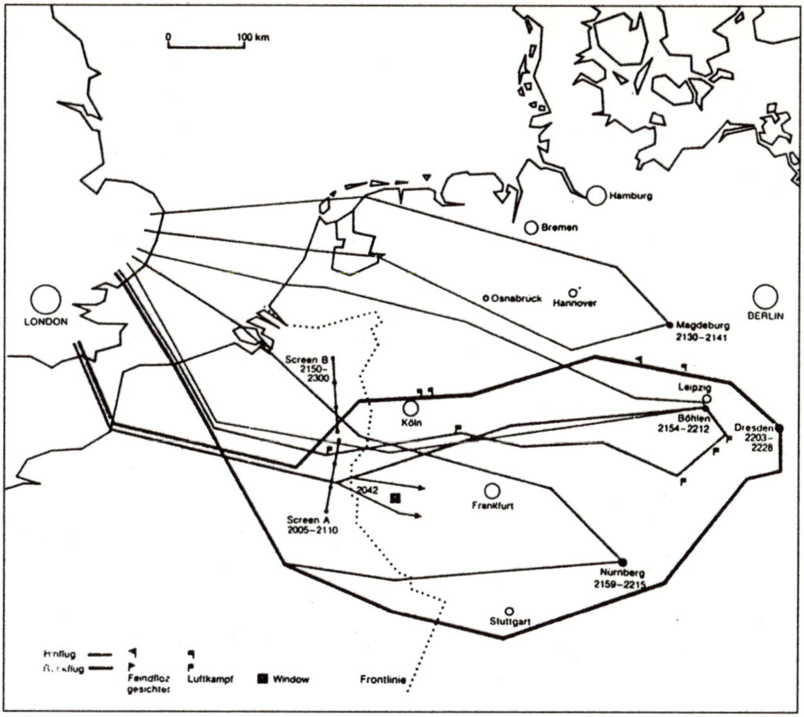

Täuschungsangriffe auf Magdeburg, Leipzig-Böhlen und Nürnberg und die geflogene Angriffsroute und Rückflug des Angriffs vom 13. 2. 1945, 22.03–22.28 Uhr

Die acht Mosquitos, die den Störangriff auf Dortmund flogen, warfen um 21.01 Uhr Bomben auf Dortmund. Die Magdeburger Gruppe lud ihre Bomben zwischen 21.30 und 21.41 Uhr über Magdeburg ab, und der Angriff auf Böhlen, einer der beiden Hauptangriffe, fand zwischen 21.54 und 22.12 Uhr statt.

Die Mosquito des Masterbombers der ersten Welle mit der Kenn-Nummer KB 401, unter Oberstleutnant Smith, startete um 19.47 Uhr vom Flugplatz Coningsby aus. Die sechs weiteren Mosquitos seiner Staffel starteten direkt hinter ihm und schlossen bereits im Steigflug dicht auf. Sie flogen auf direktem Kurs nach Dresden und überholten weit vor dem Ziel den Bomberverband, um rechtzeitig zur Stelle zu sein.

Masterbomber Smith war durch sein Lorangerät an Dresden herangeführt worden. Als er in die richtige Position zum Steilanflug auf das Ziel hinunter ansetzte, stieß er zunächst durch die obere Wolkendecke, die nicht sehr dicht war, und unter der er plötzlich direkt unter sich die Stadt am silbernen Band der Elbe sah, das aus seiner Position noch jenseits des zu bombenden Gebietes floss. Wenige Sekunden später sah er den Kern der Altstadt unter sich. Es war genau 22.03 Uhr, als plötzlich die vier grünen Leuchtbomben erglühten, die von den Markierern geworfen wurden und nun über dem südlichen Teil des Ostrageheges an ihren Fallschirmen hin- und herpendelten.

Masterbomber Smith ging – es war kein einziger Schuss der Flak gefallen, ebenso wenig wie ein Nachtjägerangriff erfolgte – auf 270 bis 300 Meter auf die Stadt herunter. Er sah die Marienbrücke, die nahe dem Sportplatz die Elbe überquerte. Dann erkannte er, eine Kurve beschreibend, den Hauptbahnhof und zwei große Plätze. Der Oberstleutnant schaltete sein Funksprechgerät ein. „Masterbomber an Nachrichtenführer, bitte melden!“, rief er den in etwa 8.000 Meter Höhe fliegenden Piloten der Funk-Lancaster an, der mit seiner Maschine zur Stelle war, um den Funksprechverkehr als Relaisstation weiterzuleiten.

„Nachrichtenführer an Masterbomber: Höre Sie mit Lautstärke 5.“ Oberstleutnant Smith schaltete sein Bandgerät ein, denn von nun an musste jedes Wort zur späteren Auswertung aufgezeichnet werden. Nunmehr wusste sich Smith mittels der Funk-Lancaster mit allen Bombern seiner ersten Welle in Verbindung, weil ihm jetzt der Übermittler zur Verfügung stand, dessen Geräte bis nach England ins Hauptquartier von High Wycombe reichten.

„Masterbomber an Hauptmarkierer: Sind die vier grünen Richtungsanzeiger zu sehen?“, lief das Ritual der Bombenwurf-Vorbereitungen weiter.

„Richtungsmarkierer an Masterbomber. Ich sehe trotz der Wolken deutlich den grünen Schimmer der Richtungsweiser."

„Masterbomber an Hauptmarkierer. Kommen Sie herunter, und markieren Sie den Zielpunkt."

„Okay, habe verstanden, gehe in den Sinkflug über."

Die Lancaster, die noch in etwa 6.000 Meter Höhe flog, stieß nun durch die deckende Wolkenschicht und durch die leichten Schwaden darunter hindurch, sah plötzlich glasklar die vier grünen Richtungsweiser und dann auch den Zielpunkt, das Dresdener Fußballstadion. Sie brachte sich in die richtige Position und drückte auf den Auslöseknopf. Die rote Markierungsbombe fiel, wurde von ihrem Fallschirm abgefangen und hing nunmehr in etwas mehr als hundert Metern Höhe vor dem Stadion am Himmel, alles mit ihrem gleißenden Licht blutrot anstrahlend.

„Masterbomber an Zielmarkierer: Erste Bombe liegt 100 Meter vor dem Ziel. Nächste Bombe 100 Meter vorverlegen."

Die folgenden fünf Mosquitos der Zielmarkierer wurden entsprechend geworfen und nun lag der Zielpunkt hundertprozentig fest.

Schließlich waren vier rote Zielbeleuchter-Bomben gefallen. Es ging nun darum, dass der Masterbomber die „Platerack-Gruppe" einwies, um den ersten Großbrand zu erzeugen, an dem sich die gesamte Bomberwelle orientieren konnte. Vorher aber meldeten sich Sichtprüfer, dass alle vier Rotfeuerbomben selbst durch die leichte Wolkenschicht deutlich zu erkennen seien. Die „Platerack-Gruppe" warf nun ihre Bomben aus etwa 3.500 Metern auf diese Zielmarkierung. Unter den 500-Pfündern befanden sich auch eine Menge an Spreng-Brandbomben in Bündeln. Jede vierte dieser Brandbomben detonierte nach einer gewissen Zeit auf dem Boden, um Phosphor und Sprengstücke herumzuschleudern und so einmal ein Entfernen der nur vier Pfund schweren Brandbomben zu verhindern (was dennoch trotz der Gefahr, dass aufgenommene Bomben in den Händen der Helfer explodierten und diese sich damit lebensgefährlich verletzten, geschah). Die ersten Brände loderten an den geplanten Stellen auf und wurden schnell größer, so dass die Hauptgruppe der Angreifer das Ziel mühelos zu erkennen vermochte. Alles konnte exerziermäßig vor sich gehen, da seit Ende Oktober 1944 batterieweise alle Flakverbände aus Dresden abgezogen worden waren und nichts und niemand diese exakt ablaufenden Vorbereitungen zum Wurf verhindern konnte.

Die Hauptgruppe stieß nun auf 3.000 Meter herunter. „Keine Gefahr", hatte der Masterbomber signalisiert. Die Bomben fielen. Sie schmetterten in die Häuser hinein, rasierten Bäume und Straßenlaternen ab, rissen Menschen in Fetzen, die versuchten, einen rettenden Keller zu erreichen, und legten Straßen der Höllenglut durch ihren Sektor.

Die Piloten, die, ein Verbrechen argwöhnend, aus ihren sicheren 8.500 Metern hinuntergestoßen waren und die Wurfhöhe 3.000 Meter erreichten, sahen die Brände. Aufatmend stellten sie fest, dass es keine Gegenwehr gab.

Hintereinander griffen die einzelnen Gruppen an. Aus Riesa kommend erreichten sie ihre Sektoren und warfen die todbringende Fracht ab. Es fielen 270 Minenbomben, überwiegend 4.000-Pfünder, aber auch eine von 8.000 Pfund. 1.094 Sprengbomben von 1.000, 500 und 250 Pfund rissen die Häuser der Altstadt auseinander, legten Wasserleitungen lahm und ließen die Telefone verstummen. Überdies fielen jene 140.100 Brandbomben, die die Stadt mit Feuer überschütteten, das nicht nur die Häuser, sondern auch die Asphaltstraßen auflodern ließ. Die ersten Helfer waren unterwegs, als nach 25 Minuten eines ununterbrochenen Bombardements der letzte Bomber dieser ersten Welle um 23.38 Uhr abdrehte. Die kurze Stille sollte trügen: In den nächsten Stunden detonierten die Zeitzünderbomben und rissen viele Helfer, die in die Flammenhölle eingedrungen waren, um zu retten, ebenfalls in den Tod.

Die zweite Welle kommt!

Zur gleichen Zeit, als in Dresden die Sirenen alle Bewohner der Stadt warnten und in die Keller jagten, oder – wie aus dem Zirkus Sarrasani – nach Hause scheuchten, startete in England die zweite Welle. Es waren 551 Lancaster-Bomber der 1., 3., 6. und 8. Bomber Group. Abermals wurde eine Reihe von Ablenkungsangriffen geflogen und ein weiterer Mandrelstreifen zwischen 23.25 und 00.30 Uhr vor die Bomberpulks platziert, um deren Anflug zu sichern und das Ziel zu verschleiern.

Die Beleuchter der 8. Bomber Group, die vorn flogen, folgten dem inzwischen aufgeschlossenen Masterbomber de Wesselow, der sie südlich Frankfurts erreicht hatte. Es war die südlichere Route, die diesmal geflogen wurde, um die Täuschung perfekt zu machen und einen Angriff gegen Stuttgart oder gar München vorzutäuschen. Nördlich von Nürnberg drehte die Mahalle auf Nordostkurs, bis sie wenige zwanzig Kilometer südlich von Leipzig auf Nordost einschwenkten und Dresden aus Westen anflogen.

Bonn sah um 00.14 Uhr einen bis 00.24 Uhr andauernden Ablenkungsangriff. Insgesamt waren es 16 Mosquitos, die nicht nur Bonn, sondern in einer Art Rundumschlag auch die umliegenden Städte von Düsseldorf im Norden bis Koblenz im Süden heimsuchten. Misburg, hart ostwärts Hannover, erlebte um 01.30 bis 01.47 Uhr den Angriff weiterer acht Mosquitos, während Magdeburg von neun dieser Maschinen zwischen 00.56 bis 01.12 Uhr angegriffen wurde. Diese Täuschungsangriffe im Nordosten sollten einen Angriff auf Berlin suggerieren.

Bereits aus hundert und mehr Kilometern Distanz und trotz der Wolkendecke konnten die angreifenden Bomber Dresden deutlich erkennen. Die Brände loderten hell auf. Dennoch folgte die gleiche Prozedur der Zielmarkierer und Beleuchter, ehe sich die Bomber ebenfalls aus nur 3.000 Meter Höhe ans Werk machten, die Brände weiter verdichteten und auch nach den Rändern zu ausweiteten.

Masterbomber de Wesselow wollte nichts verschwenden. Dort,

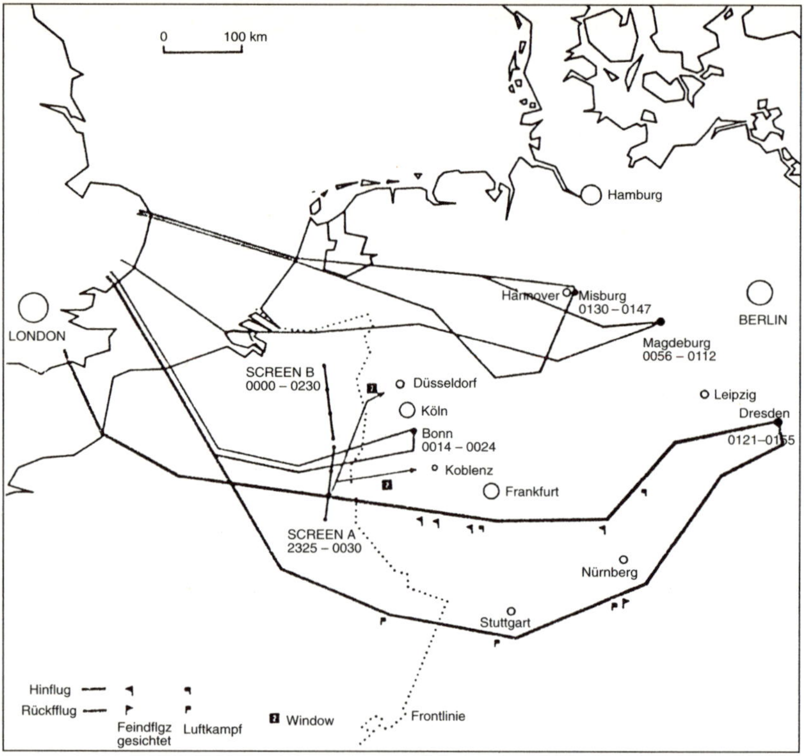

Der zweite Angriff vom 14. 2. 1945, 01.21 Uhr bis 01.56 Uhr. Mit Nebenangriffen auf Koblenz, Bonn, Düsseldorf, Misburg und Magdeburg.

wo es bereits hellauf brannte, sparte er die Bomber aus und befahl ihnen, das Zielgebiet nach links und rechts auszuweiten. Damit konzentrierte er das Gros der Bomber auf die noch nicht brennenden Stadtteile des Stadtzentrums mit dem Großen Garten, in den sich inzwischen eine nach Zehntausenden zählende Menge Dresdener und Flüchtlinge in eine trügerische Sicherheit geflüchtet hatte.

Die ersten Bomben dieser zweiten Welle fielen um 01.21 Uhr. Es wurden binnen 26 Minuten in einem unaufhörlich erscheinenden Strom 480 Minenbomben, 1.005 Sprengbomben und vor allem, zur Einäscherung der Stadt, 288.554 Brandbomben geworfen. Damit waren während beider Angriffe 964,60 Tonnen Sprengbomben und 891,30 Tonnen Brandbomben geworfen worden.

Die Feuerstürme über Dresden, die bereits etwa 30 Minuten nach dem ersten Angriff ausgebrochen waren und sich in den dicht verwinkelten Gassen der Altstadt rasch weiter ausbreiteten, um alles zu Schutt und Asche zu machen – auch die in den Kellern und unter Trümmern eingeschlossenen hilflosen Menschen –, wurden durch keine breiten Straßenzüge oder gar Plätze am weiteren Übergreifen gehindert. Anders als im Ruhrgebiet oder im rheinischen bzw. Wupperraum, wo jeder Bürger in einer schwer getroffenen Stadt in jahrelanger Erfahrung die Verhaltensmaßregeln gelernt hatte, die allein ein Überleben sicherstellten, waren Dresdens Bürger völlig unvorbereitet. Wenn man erfährt, dass der Gauleiter von Sachsen, Mutschmann, in einer im Januar 1945 stattgefundenen Besprechung mitteilen musste, dass von den 20.000 Tonnen Beton nur 6.000 Tonnen für den Schutzraumbau verfügbar waren, weiß man genau, wie es um den Dresdener Schutzraum stand, der in den Jahren zuvor keinerlei Dringlichkeit erhalten hatte, weil man sich einfach nicht vorstellen konnte, dass eine solche Kulturstadt der Welt überhaupt angegriffen werden könne. Erst nachdem neuseeländisch-britische Truppen in Italien am 15. Februar 1944 eines der bedeutendsten Klöster der Welt, die Abtei von Monte Cassino, durch ihre Bomberwaffe vernichtet hatten, kam den Verantwortlichen eine Ahnung, zu was der Gegner fähig war.

Aber da war es bereits zu spät. Jetzt forderten die Industriestädte an der Ruhr oder Berlin und die chemischen Werke ebenso wie Peenemünde und andere Waffenschmieden den Vorrang für sich, wenn es um die Beschaffung von Beton zum Schutzraumbau ging.

Dresden – das redeten sich alle Menschen ein, die für diese Stadt Verantwortung trugen – würde schon nicht bombardiert werden. Eine ganze Reihe von Vorwänden wurde geäußert, um diese völlig unbegründete These zu untermauern.

Hier die Stimme eines britischen Piloten, der den zweiten Angriff mitgemacht hat und den so etwas wie eine Ahnung beschlich, dass es sich hier doch nicht um Industriegebiete handeln konnte – denn die waren stets von einem dichten Flak-Abwehrring umgeben –, sondern schlicht und einfach um eine von einer Million Menschen und mehr bewohnte Stadt, ohne Truppen, ohne Waffenfabriken und ohne Giftgaswerke:

„Wir gingen auf 3.000 Meter hinunter. Über dem Zielgebiet sah ich eine einzige dichte rotglühende Masse: die Flammen, die alles verzehrten, das sich im Sogbereich des Flammenorkans befand.

In diese Flammen hinein warfen wir unsere Bomben. Die Flammen waren bereits vor unseren Würfen viel größer, als wir sie jemals erlebt hatten, und sie wurden noch größer, breiteten sich noch weiter aus und schienen zu uns emporzugreifen, so daß unser Luftkutscher schon dagegensteuern mußte, wenn er mit diesen aufwindigen Luftströmungen herumgewirbelt wurde, und wir rasch nach dem Wurf aller Bomben das Weite suchten.

Ich war in Hamburg dabei und das war bereits die Hölle. Aber das hier war Hölle und Fegefeuer zugleich, das stand außerhalb eines jeden Vergleichs, weil es keine so brennende Stadt jemals gegeben haben kann.

Aus unserer Position konnten wir in der Drehung nach Süden und Südwesten die ganze Stadt überblicken. Doch es war unmöglich, einzelne Gebäude zu erkennen, da war einfach nichts weiter als Feuer und Rauch.

Für mich war Dresden nur ein Zielgebiet von weit über dreißig anderen. Doch als wir wenige Tage später erfuhren, was geschehen war und dann auch noch die Fotos von dieser Ruinenlandschaft sahen, über die die Hölle hereingebrochen war, da war das doch eine ganz andere Sache.

Da war einfach nichts mehr. Einfach alles wegrasiert. Mir wurde schlecht.“ (Siehe: Berichte an den Autor.)

So und ähnlich empfanden die Flieger des britischen Commonwealth, und vor allem kanadische Piloten waren entsetzt über das, was man ihnen vorgelogen hatte und was dann wirklich geschah.

Dieser gewaltige Schlag hatte Dresden ins Mark getroffen und die Moral der Moralapostel ebenso, die glaubten, Deutschland mit diesen Höllenfratzen den Frieden und die Befreiung herbeibomben zu können.

Übrig blieb nur der Hass!

Übrig blieb das Bewusstsein, dass alle Siegerstaaten ein gleiches Werk der Vernichtung des Besiegten vollbrachten und dass sie sich redlich mühten, den Sieg so total wie nur möglich zu vollenden.

Alle Dresdener, die in ihren Heimen über Keller verfügten, waren in diese geflüchtet, als die Hölle vom Himmel fiel. Sie kamen größtenteils darin um, weil die Häuser wie Baukastengebäude in sich zusammenstürzten und sie unter sich begruben. Nachdem ihre Häuser in Flammen standen, versuchten viele, ins Freie zu entkommen, weil Rauch und Hitze kein Überleben in den Kellern mehr möglich machte. Als sie auf die Straße wankten, sahen sie sich jedoch auch hier der Höllenglut der Bombardierungen gegenüber. Sie sahen die feurige Lohe, die sich durch die Straßen wälzte, alles mitriss und in ihrem Sog alle beweglichen Dinge. So rissen diese Sogwirbel einer Frau das Baby aus dem Arm und schleuderten es in die Flammen. Die Mutter stürzte ihrem Kinde nach, riss es aus der glühenden Lohe und verbrannte sich beide Arme bis zur Unkenntlichkeit. Dennoch hielt sie ihr Kind nach wie vor fest, bis es ihr von barmherzigen Menschen abgenommen wurde. Es war tot.

Dem Bomberverband gelang es, über Dresden einen schulmäßigen Angriff zu fliegen und alles, wie oftmals in der Theorie durchexerziert, hier völlig gefahrlos in die Praxis umzusetzen, da es keine Luftsicherung gab. So wurde mit aller Vernichtungskraft dokumentiert, wozu eine Bomberwaffe fähig war, ohne auch nur einen Gedanken an die Menschen in dieser Stadt zu verschwenden, von den Bauten gar nicht zu reden.

Aber das war noch nicht das Ende der Perfidie. Das Schrecklichste kam noch.

Die Tagesangriffe des 13. und 14. Februar 1945, von der 8. USAAF auf Dresden geflogen

Wenn von den Tagesangriffen auf Dresden am 13. und 14. Februar gesprochen wird, dann kennt der Laie normalerweise nur jenen Angriff am Mittag des 14. Februar 1945. Jener Angriff aber, der bereits 24 Stunden vorher und einen halben Tag vor dem Bomber Command durch Flieger der 8. USAAF geflogen worden war, wird gern verschwiegen.

Bereits am frühen Morgen des 13. Februar sollten Verbände der 8. USAAF mit insgesamt 837 B-17- und B-24-Bombern nach Deutschland einfliegen und als Hauptziel Dresden noch vor dem Bomber Command angreifen, so dass sich Letztere an den Flammen orientieren sollten, wenn sie am Abend nachziehen würden.

General Spaatz, der Oberbefehlshaber der US-Luftstreitkräfte in Europa, hatte der seinerzeit in Moskau befindlichen alliierten Militärmission mitteilen lassen, dass die 8. USAAF am 13. Februar vormittags bis zum Nachmittag mit 1.200 bis 1.400 Maschinen den Dresdener Rangierbahnhof angreifen und ihn zerstören werde. Dieser Angriff war genau mit Luftmarschall Harris abgestimmt. Da es sich um „Eisenbahnanlagen" handelte und der Angriff binnen weniger Stunden angesetzt wurde, fanden die Sowjets keine Zeit, dazu Stellung zu nehmen, zumal die Benachrichtigung nur wenige Stunden vor der Bombardierung erst in Moskau einging. Im Kriegstagebuch der 8. USAAF heißt es über diesen Angriff lapidar:

„Der Angriff wurde wegen schlechten Wetters verschoben." Doch er fand statt. Teile der Bomberarmada starteten und flogen in Generalrichtung Dresden los, um diese Stadt zu eliminieren. In der vorangegangenen Einsatzbesprechung hieß es:

„Unser Ziel ist Dresden!"

Die Bombergeschwader starteten. Sie kreisten über England und dem Kanal, bis sich die Formationen gefunden hatten und der Geleitschutz herangekommen war, um die Sicherung zu übernehmen. Zunächst flog der Spitzenpulk nach Münster. Doch bereits vor diesem ersten Ziel wichen die Spitzeneinheiten vom genauen Kurs ab. Trotz der eindringlichen Warnung in den Kampfanweisungen, sich nicht auseinander reißen zu lassen und vor allem im Großraum Dresden auf das Zielgebiet zu achten, weil die russische Front nur wenige Kilometer weiter ostwärts verlaufe, wurde der Verband durch die Flak bei Düsseldorf, Dortmund und auch jene von Münster aus dem Kurs gedrängt. Als dieses Malheur festgestellt wurde, gingen die Funksprüche nach England, dass wegen dichter Wolken und vieler Kondensstreifen, die auf feindliche Jäger hinwiesen, vom Kurs abgewichen werden musste. Dennoch gelangten einige der Verbände weiter nach Osten und damit auch näher an das Ziel Dresden heran.

Es war vor allem die 381. Bomber Wing (Bombergruppe) mit ihren 37 B 17, die zunächst stur geradeaus weiterflog. Erst als sie von Münster starkes Flakfeuer erhielt, wich auch dieser Verband vom Kurs ab und bahnte sich den weiteren Weg durch dichte Wolken und starkes Flakfeuer. Sie passierten Münster, aber diese Stadt lag noch viele hundert Kilometer westlich des Zielgebietes Dresden.

Das Gros der Bomberarmada erreichte schließlich eines der Ausweichziele, die Treibstoffwerke von Brüx. Sie eröffneten das Bombardement und erhielten auch hier von der Werksverteidigung starkes Flakfeuer. Einige Jäger starteten und versuchten, die bereits wieder abgedrehten und zurückfliegenden Bomber zu erreichen. Sie schossen zwei Bomber ab und beschädigten einen weiteren so schwer, dass er wenig später – noch über Deutschland – notlanden musste.

Als die 381. Bomber Wing ihren Heimathorst erreichte, waren es noch 17 Maschinen, die hier landeten. 20 waren unterwegs zurückgeblieben, von ihnen waren zwei Besatzungen aus den schwer beschädigten und nicht mehr flugtauglichen Bombern über Belgien abgesprungen. 13 Bomber hatten wegen Treibstoffmangel (herbeigeführt durch die Irrwege und Kursänderungen) oder auch Motorstörungen notlanden müssen. Fünf weitere erreichten zwar England, gingen aber dicht vor der Küste nieder und waren froh, nicht in den „Bach“ gefallen zu sein. Es stellte sich heraus, dass diese 381. Bomber Wing Chemnitz erreicht und diese Stadt angegriffen hatte, ohne jedoch größere Schäden hervorzurufen.

Damit hatte die 8. USAAF eine große Blamage erlitten. Das, was das Bomber Command bei Nacht erreichte, nämlich die Ziele tatsächlich zu finden, hatten sie nicht einmal bei Tage erreicht. Das Selbstvertrauen der Besatzungen hatte einen schweren Schlag erlitten, den sie wieder wettzumachen versuchten. Dazu war am 14. Februar Gelegenheit geboten. An diesem Tage sollte die gesamte 8. USAAF zum Einsatz starten und gegen Mittag über Dresden erscheinen. Bereits vorher würden Magdeburg und Chemnitz an die Reihe kommen. Die drei großen Bomberpulks, die schließlich zum Wurf kamen, nachdem einige Dutzend die Ziele nicht erreichten, teilten sich folgendermaßen auf: Gegen Magdeburg kamen 340 B-24-Bomber zum Einsatz, die 811 Tonnen Bomben warfen und einen Teil der Stadt in Brand setzten.

Chemnitz war das Ziel von 294 B 17, die hier mit einer Bombenmenge von 718 Tonnen weitere Verheerungen in der schon mehrfach geprüften Stadt anrichteten.

Gegen Dresden schließlich wurden 311 Bomber aktiv, die – dies sei vorausgeschickt – 771 Tonnen Bomben auf die noch überall brennende Stadt und einige umliegende Ortschaften niederregnen ließen.

Daß Chemnitz in der folgenden Nacht noch einmal, diesmal von 671 britischen Bombern, angegriffen und weitgehend zerstört wurde, sei der Vollständigkeit halber erwähnt.

Zurück zum Angriff auf Dresden. Als sich die US-Bomberformation südlich von Jena befand, war es 11.54 Uhr geworden. Die ersten Nachrichten über einen weiteren Einflug feindlicher Flugzeuge wurde über eine noch intakte Telefonleitung in die Stadt hinuntergegeben, wo alle lebenden Männer und Jungen dabei

Vom Deutschen Hof zur Christianstraße. Ein Bild der Vernichtung.

Die Frauenkirche. Von Westen gesehen.

Neumarkt: die Ruine der Frauenkirche. (SLD/Ha)

Ein späteres Foto. Der Reformator Dr. Martin Luther steht wieder auf seinem Sockel.

Dresden nach der Bombardierung vom 13./14. Februar: Blick vom Rathausturm nach Südwesten.

Hier befand sich einmal die Ringstraße.

Ruine der Mohrenapotheke, Johannesstraße 23. Blick nach Südwesten zum Rathausturm. (SLD/P)

In der Münzgasse liegen die Trümmer der Frauenkirche zuhauf.

Die Ruine der Bärenschenke, Webergasse 2.

Die Ostbahnstraße nach den Angriffen. (SLD/P)

Blick durch die Webergasse zur Kreuzkirche.

Blick in die Schössergasse mit dem Georgenbau.

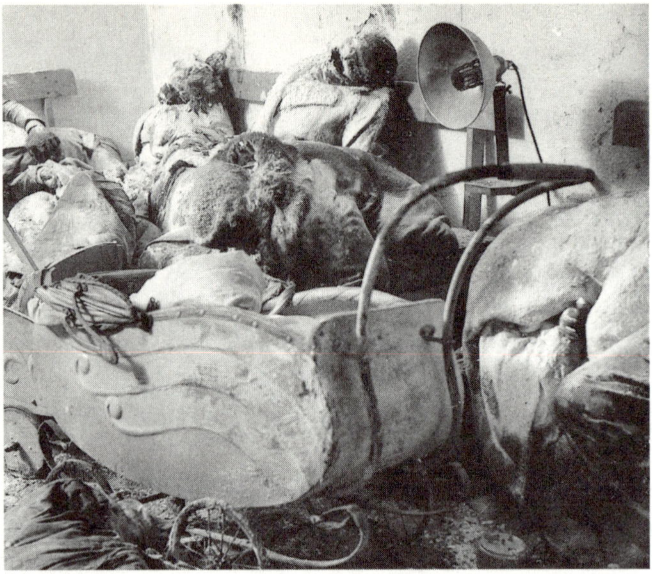

In einem Luftschutzkeller. Eine Mutter, über dem Kinderwagen ihrer Zwillinge im Tode erstarrt. (Erst im Jahre 1946 geborgen.) (SLD/P)

Totenkopf auf den Überresten eines Luftschutzwartes (mit Hakenkreuzbinde kenntlich gemacht).

waren, verwundete Menschen zu bergen oder aus den Trümmern der eigenen Häuser die notwendigste Habe zu retten.

Die Gesamtzahl der 1.299 Maschinen hatte eine Bombenlast von 3.906,90 Tonnen zu tragen. Insgesamt standen ihnen darunter 296,30 Tonnen Brandbomben und Brandkanister zur Verfügung. Unter den genannten Maschinen befanden sich 288 P 51 Mustangs, die den Geleitschutz übernommen hatten.

Der Befehl für die Bomberkräfte, der Dresden als Ziel auswies, lautete: „Ziel des Angriffs ist die Vernichtung des Rangierbahnhofes."

Dass man dazu auch nur annähernd 300 Tonnen Brandbomben benötigen sollte, ist für Fachleute unerklärlich, denn Schienenwege und Gleisanlagen brennen ebenso wenig wie die Schwellen aus Eisenholz. Brandbomben waren für diese Aufgabe völlig ungeeignet, nicht jedoch zur weiteren Einäscherung der Stadtteile, die bisher verschont geblieben waren.

Der Angriff sollte aus einer Höhe von 8.200 Metern erfolgen, und zwar mit Radarhilfe, da sich über dem Ziel tiefer liegende Wolkendecken befinden sollten. Die ersten der 311 Bomber, die Dresden zum Ziel erhalten hatten, erreichten das Weichbild der Stadt um 12.17 Uhr. Die ersten Bomben fielen um 12.19 Uhr, und bis 12.31 Uhr fielen die Bomben und Brandbomben dicht bei dicht vom Himmel. Der Rangierbahnhof, das erklärte Ziel, wurde nicht getroffen. Die im Radaranflug völlig blind geworfenen Bomben fielen über das gesamte Stadtgebiet verstreut.

Insgesamt wurden von diesen 311 Flugzeugen 474 Tonnen Sprengbomben und 296,30 Tonnen Brandbomben geworfen. Der Rest der Stadt ging in Flammen auf. Einige Großbrände, die sich bereits verkleinert hatten, flammten wieder als himmelhoch auflodernder Scheiterhaufen empor.

Um das Maß voll zu machen und auch „wirklich gut und kräftig reinzuhauen", wie Timothy Wood berichtet, griff die 8. USAAF am 15. Februar noch einmal mit 210 der gestarteten B-17-Bomber Dresden an und warf weitere 461 Tonnen Bomben in die Trümmerlandschaft, das letzte Leben auslöschend, das noch teilweise unter den Trümmern eingeschlossen existierte. Im selben Atemzug wurde noch von 435 B-17-Bombern Cottbus angegriffen, während weitere Verbände insgesamt 900 Tonnen Bomben auf Magdeburg warfen.

Zurück zum 14. Februar 1945 nach Dresden.

Im Juli 1948 bezeichnete Malcolm Muggeridge das Verbrennen der Stadt Dresden und wahrscheinlich Hunderttausender seiner Bewohner als „das ungewöhnlichste Beispiel von der totalen Verantwortungslosigkeit der höchsten alliierten Staatsmänner".

„Hasenjagd auf die Zivilbevölkerung"

Diese Luftangriffe waren das Schlimmste, was jemals Menschenaugen gesehen hatten (vielleicht einmal von der Einäscherung Tokios im Jahre 1945 und von den Atombombenangriffen auf Hiroshima und Nagasaki abgesehen). Sie bildeten den absoluten Höhepunkt der „Barbarei", wie sie F. J. P. Veale in seinem Buche beschrieb.

Was sie aber am Schluss, als alles bereits vorüber zu sein schien und die Überlebenden sich verletzt und unter Schock stehend in Sicherheit zu bringen versuchten, noch anrichteten, das beschreiben jene Augenzeugen, die dieses letzte Drama am eigenen Leibe erleben mussten. In den US-Annalen der beteiligten Luftstreitkräfte ist darüber kein Wort zu lesen, was einige Autoren zu der Schlussfolgerung verleitet hat, dass es so etwas auch nicht gegeben haben könne.

Es waren US-Flugzeuge des Typs P 51 „Mustang", die am Mittag des 14. Februar den Kehraus machten, im Tiefflug über die Elbwiesen zu fliegen. Hier schossen sie auf die Menschen, die dort – aller ihrer Habe beraubt – wenigstens das nackte Leben retten wollten. Nicht einmal Flüchtlingskolonnen wurden von Tieffliegerangriffen verschont. Selbst Rotkreuzwagen erlebten den Beschuss durch einen siegestrunkenen Pulk von Jägern, die – keine Gegenwehr befürchtend, weil es weder Flak noch deutsche Jäger in diesem Raum gab – hinabstießen und ihrem „Jagdtrieb“ nachgingen.

Natürlich wurde dies von einem der beteiligten Jägerverbände vehement abgestritten. Doch die Fakten sprechen für sich.

Der Luftwaffen-Unteroffizier Gerhard Kühnemund, ein nüchterner und besonnener Soldat, sah sich am Mittag des 14. Februar inmitten dieses Untergangswirbels. Sein Bericht darüber lautete: „Kurz nach Mittag wurden wir plötzlich und völlig unerwartet von amerikanischen Flugzeugen angegriffen. Die Sirenen hatten kein Warnsignal gegeben. [Sie waren spätestens beim zweiten Nachtangriff durch Schäden ausgefallen, d. Verf.].

Unter den Menschen, die in einer einzigen Nacht alles bis auf ihr Leben verloren hatten, brach Panik aus. Frauen und Kinder wurden von Bordwaffen und mit Bomben wahllos getötet. Es war Massenmord!

Heute noch, nach 35 Jahren [Die Niederschrift stammt aus dem Jahre 1970 nach den Notizen, die sich Kühnemund gemacht hatte, d. Verf.], gibt es Historiker, die behaupten, daß bei diesem Tagesangriff keine Tiefflieger eingesetzt worden seien. Diese Behauptung ist völlig falsch!

Während wir uns buchstäblich in das Gras einkrallten, sah ich persönlich mindestens fünf amerikanische Jagdbomber, die aus einer Höhe zwischen 120 und 150 Meter mit ihren Bordwaffen das Feuer gegen die Zivilbevölkerung eröffnete.

Mein Gefährte von der Luftwaffe, der mein Leben bei dem Nachtangriff gerettet hatte, wurde bei diesem Angriff neben mir liegend getötet. In seinem Rücken war ein Loch von der Größe eines Handtellers.

Noch nie war mir der Tod so nahe gewesen.“

Geben wir auch Herrn Otto Sailer-Jackson, dem Chef des Raubtierhauses des Dresdener Zoos, zu den Ereignissen am Morgen des 14. Februar und am folgenden Mittag das Wort. Er hatte die traurige Aufgabe, ein verletztes Elefantenbaby und eine Elefantenkuh zu erschießen, die beim nächtlichen Bombardement, das auch im Zoo gewütetet hatte, schwer verletzt worden waren.

Er hatte miterlebt, wie die Zebras, Antilopen und Gnus in den Rauchgasen ihrer Unterkünfte erbärmlich verreckten. Hier aber seine Mitteilung vom Angriff des 14. Februar 1945:

„Etwa um die Mittagszeit zeigte sich ein tieffliegendes Flugzeug. Es kam aus dem Zentrum der völlig zerstörten Stadt. Sein Ziel war die lange Kolonne der Flüchtlinge, die sich über die Tiergartenstraße entlang nach Westen bewegte.

Das Flugzeug griff diesen Treck mehrere Male im Tiefflug an, feuerte aus Kanonen und Maschinengewehren in die Flüchtlingsmassen hinein.

Danach flog es so tief über den Zoo hinweg, dass es alles genau beobachten konnte und schoß auf alles, was sich noch im Tierpark bewegte. Auf diese Weise fand auch unsere letzte Giraffe den Tod. Viele Hirsche und andere Tiere wurden das Opfer dieses Helden." (Siehe dazu: McKee, Alexander: a. a. O.)

Nach dem Kriege stellte es sich heraus, dass der „Angriff auf den Rangierbahnhof" nur eine Finte war. Angriffsziel der 8. USAAF war einmal die Dresdener Neustadt und zum anderen, Verwirrung auf den Ausfallstraßen zu stiften, um das Chaos in der Stadt damit zu vergrößern.

Während die B 17 ihre Bombenlasten warfen, stürzten sich P-51-Begleitjäger auf andere Ziele und eines davon war ein Verwundetentransport, der soeben die Stadt in Richtung Westen verlassen hatte. Hier die Aussagen einer nach Dresden evakuierten Kölnerin, die sie David Irving gegenüber machte:

„In unserem Verwundetentransport gab es eine regelrechte Panik. In den Krankenwagen, die mit großen Rotekreuz-Flaggen bedeckt und auf den Flanken mit Rotekreuz-Zeichen bemalt sind, liegen zahlreiche Verwundete.

Als die Tiefflieger angreifen, stockt der Transport und die Verwundeten halten es in den Wagen nicht mehr aus. Sie drängten nach draußen und suchten in den Trümmern der Häuser Schutz.

Vor uns steht ein offener Lastwagen, auf seiner Ladefläche liegen ebenfalls schwerverwundete Soldaten. Die Flieger schießen mit allen Bordwaffen auf diesen Treck des Elends.

Da lassen sich auch die Soldaten von diesem Wagen herabfallen, rennen, taumeln oder kriechen um ihr Leben. Einer von ihnen läuft direkt in die MG-Salve eines Tieffliegers hinein. Er ist auf der Stelle tot.

Und immer wieder kehren die Maschinen um, nehmen alle Wagen auf den Elbwiesen unter Feuer. Viele Menschen werden dabei getötet.“

„Nicht nur dort und auf der Ausfallstraße, sondern auch im Großen Garten und in den Außenbezirken der brennenden Stadt an der Elbe, wo sich in endlosen Kolonnen die Treckfahrzeuge vorwärtsschieben.

Das sind die Truppenverbände und ‚Marschkolonnen‘, die nach den Berichten der Piloten angegriffen worden waren.“ (Siehe: Irving, David: Und Deutschlands Städte starben nicht.)

TEIL III

BEDINGUNGSLOSER HASS

Der Schrecken ohne Ende

Mit der Bombardierung von Dresden schienen alle Schranken gefallen. Sowohl das Bomber Command als auch die 8. USAAF wetteiferten um den Siegespreis, der größte Zerstörer deutscher Städte und – zwangsläufig – damit auch deutscher Frauen und Kinder zu sein.

Deutschland lag in Agonie und sein Leichnam wurde weiterhin geschändet.

„BBC-London meldet!“

Am 14. Februar 1945 um 18.00 Uhr meldete BBC-London in einer kurzen Nachricht Folgendes:

„Britische und amerikanische Bomber führten in der vergangenen Nacht und an diesem Morgen einen jener schweren Schläge gegen Mitteldeutschland, die die alliierte Führung den Russen in Jalta versprochen hat. Während der Nacht sandte die ‚Royal Air Force‘ 800 Maschinen nach Dresden, der Hauptstadt von Sachsen, die vor dem Frontabschnitt der angreifenden russischen Truppen des Marschalls Konjew liegt.

Es handelt sich um den ersten schweren Angriff des Bomber Command auf dieser große Industriestadt. Im Zentrum der Stadt [wo garantiert kein einziger Industriebetrieb lag, d. Verf.] wurden Brände von vernichtender Konzentration hervorgerufen.“

Mit dieser Nachricht gab die britische Regierung zu, dass sie den Angriff auf Dresden den Sowjets in Jalta versprochen hatte. Dennoch: In keiner der folgenden Meldungen wurde Dresden namentlich auch nur noch einmal – und sei es nur am Rande – erwähnt. Diese Meldung des 14. Februar, 18.00 Uhr, wurde aus allen folgenden Nachrichtensendungen – im Gegensatz zur früher geübten Form der mehrfachen Wiederholung von „Erfolgen“ – ausgeklammert. Es war fast so, als hätte Dresden überhaupt nicht stattgefunden. Als sehr bald in neutralen Ländern von 100.000 Toten in Dresden, überwiegend Frauen, Kinder und Greise, berichtet wurde, als auch in England das ganze Grauen dieses Terrorangriffs ans Tageslicht kam, war man schockiert. Es hagelte Anfragen über Anfragen in beiden Häusern des Parlaments und an die Zeitungen. Einige berichteten von Fliegern, die den Druck dieses Geschehens nicht überwinden konnten und sich umgebracht hatten. Nunmehr versuchte Winston Churchill, sich von dieser Vernichtungsschlacht gegen wehrlose Frauen und Kinder – also gegen Zivilisten, die nicht angegriffen werden durften – zu distanziern. Er schob deshalb alle Verantwortung weit von sich und schrieb in seinem „Dresden-Memorandum“ an den Stabschef der „Royal Air Force“, Air Chief Marshal Portal:

„Mir scheint nun der Augenblick gekommen, in dem man die Frage überprüfen muß, ob deutsche Städte nur deshalb bombardiert werden sollen, um den Terror zu verstärken, auch wenn für die Angriffe andere Vorwände gegeben werden. Die Vernichtung von Dresden stellt ernsthafte Fragen über die Weiterführung und Durchführung des alliierten Bombenkrieges. Ich halte eine stärkere Konzentration der Angriffe auf militärische Objekte wie Öl und Verkehrsmittel gleich hinter der Front für notwendiger, so eindrucksvoll auch immer dies sein mag.“ Churchill räumt damit ein, daß man britischerseits den zivilen Zielen und dem Terrorbombardement den Vorzug gegeben hatte und nun, nach diesem fürchterlichen Massaker einer deutschen Stadt, nicht etwa den Rückzug antreten, sondern lediglich die Schuld von sich abwälzen wollte. Diese Farce machte allerdings die britische Führung, die für den Luftkrieg verantwortlich war, nicht mehr mit. Der Stabschef der „Royal Air Force“, Air Chief Marshal Portal, zwang Churchill, dieses Memorandum, mit dem er ja auch seine Luftwaffenführung belastete, zurückzuziehen. (Siehe: Kurowski, Franz: a. a. O.)

Wenn man geglaubt hatte, dass nunmehr, nach diesem Drama von Dresden sowie nach Churchills Memorandum, das Bombardement gegen deutsche Städte und die darin wohnenden Zivilisten eingestellt oder auch nur verringert werden würde, sah man sich gleich am nächsten Tage, dem 15. Februar, getäuscht. Es ging weiter wie bisher mit den Terrorflügen und der Abschlachtung deutscher Menschen „zur Abschreckung und zur Erzwingung des Friedens mittels Mord“.

Noch waren die genauen Zahlen der Toten, die der Terrorangriff gegen Dresden gekostet hatte, nicht bekannt. Offizielle Stellen gaben sie bereits mit 80.000 bis 90.000 an. Im Kriegstagebuch der Wehrmacht heißt es im Lagebuch über den 14. Februar 1945:

„Im Westen am Tage 200 Flugzeuge, in der Nacht ein zweimaliger Angriff gegen Dresden mit jeweils 200 Bombern und 80 Mosquitos.“

In der britischen Presse wird dieser Angriff auf das bisher verschonte Dresden damit begründet, dass den Russen geholfen werden soll.

Unter dem 15. Februar 1945 wiederum heißt es über Dresden:

„Ferner erstmalig Tagesangriff aller amerikanischen 4-mot-Bomber vom Westen gegen Dresden, wo nach diesem und dem Nachtangriff zuvor Feuerstürme entstanden. Der Hauptbahnhof ist unbenutzbar.

Bei einer Einwohnerschaft von 650.000 Köpfen, die durch Flüchtlinge stark erhöht war, zur Zeit 650.000 Obdachlose.

Dagegen wurden 146 Jäger angesetzt, die jedoch durch die 700 begleitenden Jäger abgefangen wurden. 20 Flugzeugverluste bei zwei Abschüssen.“

Das waren die beiden einzigen Aufzeichnungen im Lagebuch des Oberkommandos der Wehrmacht zu Dresden.

Im Wehrmachtsbericht wiederum war unter dem 14. Februar 1945 zu lesen:

„Die Briten richteten in der vergangenen Nacht Terrorangriffe gegen das Stadtgebiet von Dresden.“

Einen Tag darauf hieß es weiter:

„Mitteldeutschland mit dem sächsischen Raum, das Münsterland und Südostdeutschland waren bei Tag und Nacht das Angriffsziel anglo-amerikanischer Terrorbomber. Durch mehrere Angriffe wurde die Stadt Chemnitz besonders schwer getroffen. Umfangreiche Schäden in Wohnvierteln entstanden vor allem in Magdeburg und erneut in Dresden, wo unersetzliche Bau- und Kunstdenkmäler vernichtet sind.“

Diese Zurückhaltung basiert auf dem Versuch, die tödliche Wirksamkeit solcher Bombenangriffe nicht „unter das Volk zu bringen“. (Dr. Goebbels)

Und während noch in England die Beschwichtigungsmaschinerie anlief und die Verantwortlichen ihre „Pilatusgebärden“ vollführten, brannte Dresden lichterloh. Es brannte in der Nacht von Dienstag auf Mittwoch, und die Angriffe der 8. USAAF verstärkten am Mittwoch Mittag diese Brände weiter, so dass man in Dresden in der zweiten Nacht nach dem Desaster immer noch auf der Straße ohne jede andere Lichtquelle die Zeitung hätte lesen können. Als dann die Großbrände erloschen waren, schwelten sie unter den Trümmern weiter: drei Tage und Nächte nichts als Feuer und Qualm und der Gestank verbrannter Menschen.

Im Abschlussbericht des Höheren SS- und Polizeiführers vom 9. März 1945 sind folgende effektive Verlustzahlen niedergelegt worden:

„Die Stadt hat 18.375 Gefallene, 2.212 Schwerverwundete und 13.718 Leichtverwundete zu beklagen. 350.000 Menschen der Stadt sind obdachlos und langfristig Umquartierte. Die Gesamtzahl der Toten, hauptsächlich Frauen und Kinder, dürfte 25.000 erreichen.

Weniger als 100 Tote waren Wehrmachtsangehörige.

Von den bis dahin geborgenen Toten waren 6.865 auf einem der Plätze der Stadt verbrannt worden. 35.000 Menschen standen auf der Vermißtenliste." (Siehe: Bergander, Götz: Dresden im Luftkrieg.)

Damit sollten „die Tatsachen zurechtgerückt werden". Dies zumal: „wenige Tage nachdem ich den ersten Bericht erhielt, ging mir noch ein zweiter deutscher aus der Kriegszeit zu, diesmal aus einer westlichen Quelle. Er wiederholt genau die Zahlen, die in dem oben erwähnten Bericht enthalten sind." (Bergander, Götz)

Kunststück, wenn dieser zweite Bericht vom ersten abgeschrieben ist, wie dies Götz Bergander von allen anderen Berichten mit höheren Verlustzahlen behauptet.

Auch David Irving, der ja in seinen im folgenden Abschnitt dargestellten Untersuchungen eine weitaus höhere Zahl an Toten feststellte, diese Zahl später aber aufgrund einiger ihm zugesandter „Unterlagen" am 7. Juli 1966 mit einem Leserbrief in der „Times" wieder herabsetzte, um sie 15 Jahre später erneut in voller Höhe als zutreffend zu schildern, wird mit diesen seinen Korrekturen bemüht, wenn es um die „Feststellung niedriger Bombenverluste in Dresden" geht.

Offenbar haben die Leser dieser Notiz in der „Times", einschließlich Götz Bergander, in seinem dankenswerten Bemühen, Licht in dieses Dunkel zu bringen, etwas in dem Leserbrief überlesen. Dort heißt es:

„In meinem Buch ‚Der Untergang Dresdens‘ erklärte ich, daß die Verlustschätzungen in dieser Stadt zwischen 35.000 und 200.000 schwankten.

Die höhere Zahl schien nicht abwegig zu sein, wenn man die Umstände in Rechnung stellt. Ich hatte drei Jahre lang versucht, deutsche Dokumente ans Licht zu bringen, die Angaben über das Ausmaß des Schadens enthalten.

Die ostdeutschen Behörden waren nicht in der Lage, mir zu helfen.

Vor zwei Jahren gelangte ich an Papiere, die angeblich Auszüge eines Berichtes des Polizeipräsidenten sein sollten. Sie kamen aus einer privaten ostdeutschen Quelle.

Diese Auszüge [warum nicht der ganze Bericht? d. Verf.] gaben die abschließende Zahl der Toten mit einer Viertelmillion (250.000!) an. Es ist jedoch inzwischen klar, daß diese Statistik wahrscheinlich 1945 gefälscht worden war.

Die ostdeutschen Behörden haben mir jetzt die Kopie eines elfseitigen Schlußberichtes überlassen, der von dem regionalen Polizeichef (Oberst der Schutzpolizei, Grosse) etwa einen Monat nach den Angriffen auf Dresden geschrieben wurde.“

Die Authentizität dieses Dokumentes stehe außer Zweifel. Kurz gesagt: „Der Bericht zeigt, daß die Verluste in Dresden fast die gleichen Ausmaße hatten wie diejenigen der schwersten Angriffe auf Hamburg im Jahre 1943.“

(In Hamburg kamen während des westalliierten Unternehmens „Gomorrha“ vom 24. bis zum 30. Juli 1943 30.482 registrierte Menschen zu Tode. Die Zahl der Vermissten ging auch hierbei in die Tausende. 277.330 Wohnungen wurden völlig zerstört. Neben 580 Industriebetrieben und 80 Anlagen der Wehrmacht, traf dieser Terrorangriff 24 Krankenhäuser voll, dazu 277 Schulen und 58 (!) Kirchen. Aber: Nur Domestiken entschuldigen sich!)

Dass die Zahl der Vermissten in Dresden um ein Mehrfaches

höher liegt als jene Listen mit den Suchmeldungen dies erhärtet, ist durch die besondere Lage in der Stadt erklärbar. Immerhin waren es nach den meisten Schätzungen zwischen 500.000 und 600.000 Flüchtlinge, Vertriebe und Ausgebombte aus Berlin und anderen Städten, die in Dresden Schutz gesucht hatten. Viele dieser Gruppen wurden völlig ausgerottet, so dass niemand eine Verlustmeldung oder gar eine Suchmeldung nach Vermissten aufgeben konnte. Dies trifft vor allem auf jene Flüchtlinge zu, denen von hilfsbereiten Dresdener Familien ein Dach über dem Kopf verschafft wurde, und die dann in den Kellern dieser Häuser zu Asche verbrannten. Wer sollte diese getöteten Flüchtlinge suchen? Auch hier gilt das, was in allen Katastrophenlagen eherne Gültigkeit hat: Jeder der Überlebenden sucht seine vermissten näheren Verwandten und Freunde. Und nähere Verwandte und Freunde waren die Flüchtlinge nicht, oftmals waren nur die Namen der Familien allgemein bekannt.

Wie auch immer die Zahlen lauten, wer auch immer umkam und welche unersetzbaren Schäden angerichtet wurden: Die Toten sind vielleicht nicht mehr bekannt, aber ihre Mörder sind es! Und ob nun eine Bomberbesatzung zehn, zwanzig oder gar hundert Menschen in die Feuerhölle geschickt haben mag, das müssen alle mit ihrem eigenen Gewissen ausmachen. Der Stolz darauf, Dresden pulverisiert zu haben, dürfte nur noch in den Köpfen einiger weniger hasserfüllter Täter herumspuken.

Ja, sie alle haben dazu Befehle erhalten. Alle haben diese Befehle ausgeführt, trotz stärkster Bedenken, weil ihnen Leib und Leben lieb waren. Aber im gleichen Atemzug zu verlangen, dass deutsche Soldaten alle Befehle hätten verweigern müssen, die ihnen nicht korrekt erschienen, grenzt denn doch an Schizophrenie.

Auch unter deutschen Fliegern gab es solche stillen Helden, wie es jene während des Angriffs auf Dresden gab, die in ihrer Familie und unter echten Freunden zugaben, ihre Bomben nicht über Dresden ausgelöst zu haben. Das Gros aber tat es!

Am 23. Januar 1967 meldete die britische Nachrichtenagentur „Associated Press" aus London, dass in England eine neue Auseinandersetzung über den Vernichtungsangriff auf Dresden entbrannt sei, nachdem Lord Boothby am 16. jenes Monats im „Sunday Express“ die Bombardierung von Dresden als „heimtückischsten Akt der ganzen britischen Geschichte“ bezeichnet hatte.

Auf diese Äußerung hin erhielt der Lord etwa 1.000 Zuschriften, in denen 800 Briefschreiber diesen Ausspruch als zutreffend bezeichneten und seinem Standpunkt zustimmten. Einige dieser Zuschriften stammten von den Familien jener britischen Kriegsgefangenen, die bei den vielen Angriffen ihrer eigenen RAF umgekommen waren. Einer seiner Kernsätze lautete:

„Gemessen an der Zahl der Toten ist die Bombardierung von Dresden schlimmer gewesen als der Abwurf der Atombombe auf Hiroshima.“ In einer Antwort darauf erklärte der Historiker Alan Taylor: „Es steht inzwischen fest, daß in Dresden nicht 250.000 bis 300.000 Menschen getötet worden sind, sondern nur 25.000.“

Woher Alan Taylor diese Weisheit hatte, wurde nie erörtert. Er jedenfalls konnte diese Zahl nicht beweisen, und wenn sie in den verschiedensten Publikationen über Dresden kolportiert wird, so wird sie doch damit nicht richtiger.

Doch über dieses Thema später mehr.

Drei Wochen nach dem Angriff auf Dresden sprach Joseph Goebbels in Görlitz vor Soldaten, politischen Leitern, Rotkreuzschwestern und allen in der Stadt lebenden Zivilisten. Er führte aus:

„Jene Divisionen, die jetzt schon zu neuen Offensiven angetreten sind und in den nächsten Wochen und Monaten zu Großoffensiven antreten werden, sie werden in diesen Kampf hineingehen wie in einen Gottesdienst.

Und wenn sie ihre Gewehre schultern und ihre Panzerfahrzeuge besteigen, dann haben sie nur noch ihre erschlagenen Kinder und geschändeten Frauen vor Augen, und ein Schrei der Rache wird aus ihren Kehlen emporsteigen, vor dem der Feind erblassen wird.“

Dass in der obersten Führungsetage der Wehrmacht und der

politischen Führer ein Plan zur Vergeltung besprochen wurde, ist inzwischen bekannt geworden. Dass Hitler vorgeschlagen haben soll, die Toten von Dresden durch die Erschießung alliierter gefangener Flieger zu vergelten, lässt sich jedoch nicht erhärten.

Während der Nürnberger Kriegsverbrecherprozesse hatte Hans Fritsche erklärt:

„Dr. Goebbels sprach in einer der 11-Uhr-Vormittagskonferenzen darüber, daß in Dresden 40.000 Todesopfer zu beklagen seien. Damals wußten wir noch nicht, daß die Zahl der Toten erheblich höher war. Er fügte dem dann aber noch hinzu, daß mit dem Terror der alliierten Bomberverbände so oder so ein Ende gemacht werden müsse. Hitler sei fest entschlossen, die gleiche Zahl englischer, amerikanischer und russischer Flieger in Dresden erschießen zu lassen, wie Einwohner in Dresden ums Leben gekommen seien.

Goebbels wandte sich dann an mich und forderte mich auf, diese Aktion vorzubereiten und anzukündigen.

Es kam zu einem Zwischenfall, weil ich mich weigerte. Dr. Goebbels brach die Konferenz ab, holte mich in sein Zimmer, wo es zu einer erregten Aussprache kam, an deren Schluß ich ihn wenigstens soweit hatte, daß dieser Plan nicht durchgeführt werden sollte."

Es ist ein Faktum, das ebenfalls auf diesem Kriegsverbrecherprozess in Nürnberg zur Sprache kam, dass neben Fritzsche sich auch der Reichsaußenminister von Ribbentrop durch seinen Gesandten Rühle „für die Verhinderung des Erschießungsplanes eingesetzt hat". (So Hans Fritzsche in: Der Nürnberger Prozeß gegen die Hauptkriegsverbrecher am 14. November 1945–1. Oktober 1946.) Auch Staatssekretär Naumann war ein entschiedener Gegner dieser „verrückten Idee Hitlers".

Dennoch entschloss sich Dr. Goebbels, die Angriffe gegen Dresden propagandistisch auszuschlachten. Er beauftragte den Hauptschriftleiter der Wochenzeitschrift „Das Reich", einen Beitrag über Dresden zu schreiben. Dieser Beitrag erschien in der Ausgabe vom 4. März 1945:

„DER TOD VON DRESDEN
Ein Leuchtzeichen des Widerstandes
Von Rudolf Sparing

Aus jener Stadt, von der im folgenden die Rede ist, schrieb mir zwischen dem 3. Februar, dem Tage des bisher schwersten Luftangriffes auf Berlin, ein Mann, von dem ich nicht weiß, ob er noch lebt:

‚Jetzt gilts, jetzt müssen wir unser Herz in beide Hände nehmen!‘

Starb er unter Trümmern oder in Flammen, so gab er sein Leben gewiß tapferen Sinnes hin; lebt er, so zog er mit Hunderttausenden anderen aus der vernichteten Stadt tränen- und klaglos seines Weges.

Das ist die Art, wie jeder einzelne mit der Sache fertig wird. Sie zeigt, daß der Feind nirgendwo in Deutschland mehr erreichen wird als dort. Vor allem nirgends einen Einbruch in die Selbstbehauptungskraft der Zivilbevölkerung, wo auch immer ihre Häuser in Schutt sänken.

Der Gang in den Keller gehört zum Tagesablauf von Millionen wie die Ausbombung zu den Episoden des Krieges oder seinen kühl erwogenen Eventualitäten. Über alles das werden seit langem keine großen Worte gemacht.

Es ist aber auch in der Welt wenig die Rede von den rechtlichen und sittlichen Sachverhalten des Luftkrieges. Vielleicht wurde die deutsche Zurückhaltung gern dahin mißverstanden, als sei diese Frage bei uns unerheblich. Wer genauer zusieht, wird aber merken, daß hinter der Selbstverständlichkeit, mit der die Deutschen seine Folgen hinnehmen, die Einsicht in Recht und Unrecht des Luftkrieges lebt.

Wir wissen über seine Daten und Anciennitäten Bescheid. Wir haben nicht vergessen, an wem die deutschen Vorschläge auf Abschaffung der Luftbombardements von Städten und Nicht-Kombattanten – vor und nach 1933 – scheiterten. An eben denselben Kräften, die den Krieg auf diesem Wege – die Aushungerung durch Mord an Zivilisten und Zerstörung ihrer Heime – zu entscheiden gedachten.

Wenn jemand an der jahrelangen Ausübung des Luftkrieges in der anglo-amerikanischen Form die Entwicklung eines Gewohnheitsrechtes herleiten möchte, so mag ihn ein Fall wie der von Dresden darüber belehren, daß damit nicht nur das Völkerrecht selbst zu einem inneren Widerspruch und hinfällig werden würde, sondern auch und vor allem die abendländische Kultur selbstzerstörerisch preisgegeben wäre.

Dies nämlich und nichts anderes geschah in Dresden.

Zweierlei hebt diesen Fall aus den übrigen der letzten Zeit heraus:

1. Die drei Luftangriffe auf Dresden – zwei in der Nacht zum 14. Februar und einen am darauffolgenden Mittag – haben, soweit Vergleiche bisher möglich waren, die radikalste Vernichtung eines großen zusammenhängenden Staatsgebietes und im Verhältnis zur Zahl ihrer Einwohner und der Angriffe die weitaus schwersten Verluste an Menschenleben hervorgerufen. Eine Stadtsilhouette von vollendeter Harmonie ist vom europäischen Boden gelöscht. Zehntausende, die unter ihren Türmen werkten und wohnten, sind in Massengräbern beigesetzt, ohne daß der Versuch einer Identifizierung möglich gewesen wäre.

2. Das alliierte Hauptquartier in Paris setzte der Nachricht von der Zerstörung Dresdens, die zögernd, weil allzu unheilvoll, die Runde zu machen begann, ein Dementi von unüberbietbarem Zynismus entgegen: Es sei nicht wahr, daß die Chefs der alliierten Luftstreitkräfte beschlossen hätten, absichtlich Terrorbombardements der deutschen Wohnzentren durchzuführen.
   Ihre Luft- und Boden-Kriegspolitik habe sich nicht geändert. Sie bestehe darin, die deutsche Wehrmacht zu vernichten und die bedingungslose Kapitulation herbeizuführen.
   Die deutschen Städte wurden nach den militärischen Erfordernissen bombardiert. Der Angriff auf Dresden habe den Ver-

kehrsverbindungen gegolten, ein reiner Zufall sei es, daß die Stadt zur Zeit des Angriffs mit Flüchtlingen überfüllt gewesen sei.“

Wenn dies die Wahrheit ist, so haben die anglo-amerikanischen Luftstreitkräfte einige Zehntausend Soldaten, über 1.000 Flugzeuge und gewaltige Mengen an Spreng- und Brandbomben eingesetzt, um etwa 100 deutsche Soldaten umzubringen. Diese Farce, dieser blanke Zynismus sind allein schon durch die Anfeuerungen der Bomberbesatzungen, „Dresden zur Sau zu machen und die Menschen dort umzubringen“, widerlegt.

„Was aber“, so fragte auch Rudolf Sparing, „ist die Wahrheit?“

Er versucht, die Wahrheit zu erfassen und durch das geschriebene Wort an seine Leser weiterzuvermitteln:

„Am späten Abend des 14. Februar, einem Dienstag [der Faschingsdienstag übrigens, d. Verf.], warfen starke britische Kampffliegerverbände den Kern der Stadt Dresden beiderseits der Elbe und den darum gelagerten Siedlungsring mit einer Unzahl von Bomben in Brand und Trümmer.

Nur einmal vorher, im Herbst 1944, war ein knapper Abschnitt dieses Gebietes, im Westen der Inneren Altstadt, angegriffen worden. Jetzt umschloß der feurige Kreis viele Quadratkilometer dicht bebauten Geländes, und auf jedem Plan von Dresden kann man ablesen, was dort stand: Wohnviertel, Geschäftsstraßen und einige Dutzend öffentliche Gebäude, deren Tore seit Jahrhunderten der Kulturwelt offenstanden.

An jenem Abend mag die Stadt rund eine Million Menschen in ihren Mauern gehabt haben, neben ihren über 650.000 ständigen Einwohnern einige Hunderttausend Bombengeschädigte und Umquartierte sowie Flüchtlinge aus den beiden schlesischen Nachbargauen.

Im Rasen des Feuersturms und der Flächenbrände, die sich unwiderstehlich aus den engen, lückenlos bebauten und bis dahin völlig intakten Straßenzügen erhoben und weiterfraßen, fanden viele Menschen unter Sauerstoffnot ein rasches Ende. Zehntausende, denen – sie wissen oft selbst nicht wie – der Ausbruch gelang, wandten sich nach den großen Grünflächen außerhalb des Stadtkerns, vornehmlich dem Großen Garten im Osten und dem Ufergelände an der linken Elbseite.

Um Mitternacht erschien am glutroten Himmel des Elbtales eine zweite britische Luftflotte und richtete mit Sprengbomben und Bordwaffen unter den Menschenmassen auf den Grünflächen ein Blutbad an, wie es dahin allenfalls die Phantasie eines Ilja Ehrenburg hatte ersinnen können.

Zwölf Stunden später, am Mittwoch – die Sirenen versagten den Dienst – legte ein dritter Angriff einen neuen Kranz des Verderbens um die Stadt, dem Gürtel folgend, darin die Hauptmasse der strahlenförmig an die Peripherie und in die Umgebung strömenden Obdachlosen zu vermuten war.

Am Donnerstag mittag schließlich gingen die feindlichen Fliegerverbände auf die Dörfer des weiteren Elbtales und suchten ihre Ziele dort, wo die langen Kolonnen der Ausgebombten neuen Heimstätten zustrebten.

Das sind die vier Akte eines kühl berechneten Vernichtungsplanes. Vielen seiner Tatzeugen ist der Mund für immer geschlossen. Den vielen anderen wird er sich öffnen, wenn die Schrecken dieser Tage ein gutes Stück hinter ihnen liegen. Aber reden werden auch die Steine, die voller Zerstörungswut niedergerissenen Quadern, welche unwahrscheinlich übereinandergeschoben, Straßenzüge über Hunderte von Metern versperren.

Schrieben die Völker des Abendlandes einst und bis in diese Zeit den Ausdruck ihres Wollens in den Umrissen kühner und schöner Bauten an den Himmel – hier hat der Geist der Verneigung seine ungefügten Zeichen im zerbrochenen Auf- und Grundriß eines unserer edelsten Städtebilder hinterlassen.

Wer diese Trümmer sah, dem muß es sinnlos erscheinen, mit den Engländern und den Amerikanern darüber zu rechten, was für militärische Ziele sie in der Brühlschen Terrasse, im Zwinger, in den Gewölben der Frauenkirche, der Bühnen- und Zuschauerräume des Staatstheaters, den Bücherbeständen des Japanischen

Palais, den Läden der Prager Straße, den Wohnungen im Süden und Osten gesucht haben.

Und man greift noch einmal zu dem Dementi aus dem alliierten Pariser Hauptquartier: ‚Die alliierte Luftpolitik hat sich nicht geändert, sie besteht darin, die bedingungslose Kapitulation zu sichern.‘

Das ist jener Kautschukparagraph! Der Massenmord von Dresden läßt sich bequem darin unterbringen.

Alle Menschen in der Stadt, auch die vielen Evakuierten, die Luftkriegserfahrenen, bestätigten, daß die Dresdener Katastrophe beispiellos ist.

In den inneren Stadtbezirken Dresdens gibt es nur die vollkommene Zerstörung. Daher ist dieses weite Gebiet menschenleer. Hier gibt es nur Tote, und Lebende, um diese Toten zu bergen und nach Vermißten zu suchen.

Der Umfang dieses Unglücks schaltete mit dem Ausfall der vorgesehenen Luftschutz-Stützpunkte die planmäßige Hilfe zunächst aus.

Die Betroffenen suchten, mit dem Rest ihrer Habe die Peripherie der Stadt zu gewinnen und ergossen sich in tagelangen Trecks auf die Ausfallstraßen aller Himmelsrichtungen, größtenteils zu Fuß.

Wann wird die Welt, die heute in Feindschaft um uns steht, erkennen, was es auch für sie bedeutet, daß man von dem, was Dresden einmal ausmachte, nur in der Vergangenheitsform sprechen kann?

Wir machen keine Mitleidskampagne, wir richten die Kriegsführung des Feindes nur in das Licht eines Feuers, das er selbst entzündet hat. Er will uns von der einen Seite durch Massenmorde zur Kapitulation zwingen, damit dann am verbleibenden Rest, wie sich die andere Seite ausdrückt, das Todesurteil vollstreckt werden kann.

Gegen diese Drohung gibt es keinen anderen Ausweg als den des kämpfenden Widerstandes.“

„Zur Aufgabe des Widerstandes reifbomben“, das war die Absicht, die die westlichen Alliierten angeblich mit ihren Terror-Bombenangriffen auf deutsche Städte verfolgten. Das Gegenteil davon erreichten sie.

DRESDEN – DIE GROSSE ERSCHÜTTERUNG

Kein Ereignis des Jahres 1945 erschütterte die Menschen so sehr wie der Untergang Dresdens. Churchill hatte den Angriff aus politischen Gründen befohlen und nach dem notwendigen Aufschub diese Entscheidung nicht zurückgenommen.

Starke Verbände des britischen Bomber Command (Harris) und der 8. USAAF (Doolittle) sollten mit Hilfe von Loran – ein neues Langstrecken-Navigationsgerät – in drei Wellen über Deutschland vordringen und die zur Zwischenstation für Flüchtlinge gewordene Stadt Dresden am 13./14. Februar 1945 zerstören.

Der Masterbomber, die Pfadfinder, Blind- und Erstmarkierer, Relaismaschinen und Kampfverbände erreichten Dresden kurz nach 22.00 Uhr. Sie trafen auf keinen Widerstand. Die Stadt hatte ihren Flakschutz verloren, deutsche Nachtjäger erhielten keine Gefechtsberührung. Den 243 Langstreckenflugzeugen der ersten Welle folgten um 01.30 Uhr weitere 529 „Lancaster- und Halifax-Viermot-Bomber". Bis dahin hatte sich ein Feuersturm wie in Hamburg entwickelt. Neue Bombendetonationen versetzten der sächsischen Metropole den Todesstoß. Explosionen am laufenden Band verhinderten das Löschen der Brände. In den Mittagsstunden des nächsten Tages griffen 1.377 Fliegende Festungen und Jagdmaschinen der Amerikaner an. 1.293 Maschinen erreichten die Ziele oder Ausweichziele. Die Mehrzahl verfehlte Dresden und bombardierte Ausweichziele. Aber auch diese dritte Welle erreichte mit 210 B-17-Bombern die Stadt und schlug ihr weitere tiefe Wunden; die etwa 300 Begleitjäger machten selbst vor den

Elbwiesen nicht Halt, die mit aus der Stadt geflohenen Menschen dicht bei dicht belegt waren.

Das RAF-Bomber Command warf in den beiden Angriffen 2.659 Tonnen Bomben, die schwere Verwüstungen in der Innenstadt anrichteten. Die 8. USAAF brachte es auf „nur" 771 Tonnen Bomben. Insgesamt fielen auf die Bebauungsfläche von Dresden 3.433,3 Tonnen Spreng- und Brandbomben sowie Napalm-Kanister.

„Die Ausmaße der Verluste schienen unabsehbar. Man begrub 28.747 Opfer, die identifiziert werden konnten und eine Anzahl von Rümpfen ohne Kopf. Bei der Enttrümmerung wurden später noch 1.858 Tote geborgen." (Siehe KTB des OWK IV, S. 970 und Lagebuch S. 1072, 1.079, 1.092.)

Dass neben diesen genannten Zahlen noch weit über 6.000 unidentifizierte Opfer verbrannt werden mussten, um der Seuchengefahr zu begegnen, und dass Tausende in den einfach zugeschütteten Ruinenkellern unerkannt und unbestattet lagen, wird oftmals vergessen.

Wichtig ist, dass es andere zuverlässigere Quellen als die vielen verniedlichten und zweckgebundenen Zahlen der neueren und der heutigen Zeit gibt, die mit großem Zeit- und Sachaufwand versucht haben, die genauen Zahlen zu eruieren oder ihnen zumindest so nahe wie möglich zu kommen. Zu nennen ist hier vor allem das Statistische Bundesamt, nach dessen Berechnungen die Zahl der Todesopfer in Dresden 60.000 betragen habe.

Im Brockhaus (1968) heißt es zu Dresden unter anderem:

„In drei Angriffen britischer und amerikanischer Bomberverbände wurde die mit schlesischen Flüchtlingen überfüllte Stadt mit Brand- und Sprengbomben schwer getroffen.

Die Zerstörung übertraf alles, was sonst deutsche Städte im Zweiten Weltkrieg erlitten. – – –

Am meisten litt die Altstadt und die ihr benachbarten östlichen und südlichen Vorstädte, so daß auf drei Kilometer Länge nach Osten ein einziges Trümmerfeld entstand."

Unter diesem Trümmerfeld sind mit an Sicherheit grenzender

Wahrscheinlichkeit noch Tausende Skelette der in der Nacht zum 14. Februar 1945 zu Tode gebombten Zivilisten zu finden.

Selbst die Einlassung (die später noch einmal zitiert werden soll), dass es in Dresden nur einige Tausend Vermisstenfragen in Bezug auf die Brandopfer gegeben habe, ist leicht erklärt:

Ein Großteil der Opfer dieser grausigen Abschlachtung von Menschen waren Flüchtlinge. Sie kamen meistenteils in geschlossenen Gruppen um, so dass sich niemand oder nur sehr wenige Überlebende nach dem Ergehen und Verbleib ihrer Angehörigen und Freunde erkundigen konnten. Daraus schließen zu wollen, dass es sich bei den Flüchtlingen um nur einige zigtausend gehandelt haben könne und nicht über 350.000–500.000 Menschen ist absurd, passt aber in das entdeckte Schema der Niedrigrechnung der Verlustzahlen, selbst in neuester Zeit und durch Träger und Einzelpersonen aus und um Dresden, die es besser wissen müssten.

In diese gleiche Rubrik fällt auch die immer wieder zu hörende Bemerkung, dass eine auch nur annähernd so große Zahl, wie hier genannt, nicht in Dresden hätte unterkommen können.

Auch dies ist völlig absurd. In Schulen und Kasernen, in Krankenhäusern und Lagerstätten am Elbhafen sowie in den Familien waren Flüchtlinge untergebracht, ohne dass sich die Wohnfläche der Dresdener selbst verändert hätte. Selbst wenn in jeder der Dresdener Familien nur eine einzige Person untergekommen wäre, hätte dies eine Zahl wie die genannte ergeben. Alles Phantasieren, dass es aus diesen vorliegenden Gründen keine größere Zahl an Flüchtlingen über 200.000 in Dresden gegeben haben könne, sind irreal und ziehen alle erwähnten Fakten nicht in Betracht, aus welchen Gründen auch immer!

„Am Mittag des 14. Februar griffen unter anderem auch P 51-Jagdflugzeuge (von denen in den anderen Publikationen nicht die Rede ist, wenn dieser Angriff zur Sprache kommt) zusätzlich zu den Bombern im Tiefflug die Zivilbevölkerung auf den Straßen und die an den Elbufern rastenden Flüchtlingstrecks an. – – –

Die Schätzungen der insgesamt umgekommenen Menschen

bewegen sich zwischen 245.000 und 60.000. Die niedrigste Zahl errechnete das Statistische Bundesamt.

Noch am 14. Februar schlossen sich diesem Angriff gegen Dresden weitere auf Chemnitz und Magdeburg an. Sie alle gelten als Symbol für die kriegsrechtswidrige und brutale Kriegsführung der westlichen Alliierten.“ (Siehe: Taddey, Gerhard, Hrsg.: Lexikon der Deutschen Geschichte, S. 282/2.)

Am folgenden Tage warfen die „unterbeschäftigten Verbände“ der 8. USAAF, insgesamt waren es 435 B-17-Bomben auf Cottbus und 210 B 17, weitere 461 Tonnen Bomben ein viertes Mal auf Dresden. Weitere Verbände griffen Magdeburg an und zerstörten einen Teil der Stadt mit abgeworfenen 900 Tonnen Bomben und Brandbomben.

Dass dies noch nicht alles war, sei an anderer Stelle dargelegt.

Zum Thema Flüchtlinge berichtete Raymond Cartier in seinem Werk „Der Zweite Weltkrieg“:

„Die Flut der Flüchtlinge aus Schlesien überschwemmte Dresden. Die ersten Züge waren am 26. Januar eingetroffen. Sie kamen aus Trebnitz und Umgebung. Die Mädchen vom Arbeitsdienst hatten den Greisen und Kranken geholfen, warme Mahlzeiten verteilt, Obdach aufgetrieben.

Der Strom wurde in den folgenden Tagen noch größer und tragischer. Züge waren angekommen mit Waggons, die trotz der strengen Kälte offen waren, deren Insassen aneinandergedrängt stehen mußten.

Zudem waren zahlreiche Trecks von Bauernwagen, Karren, Schlitten und Fußgängern gekommen. Man schätzte, daß drei Millionen von den 4.700.000 Schlesiern den Russen und ihrer rächenden Grausamkeit entkommen waren.

Am Abend des 13. Februar befand sich eine halbe Million von ihnen in Dresden. Sie überfüllten die Bahnhöfe, kampierten in Parkanlagen, an den Ufern der Elbe, rund um den Zwinger und die Hofkirche – jenen Barockbauten, die aus der früheren Hauptstadt der Sachsenkönige ein unvergleichliches Wahrzeichen des 18. Jahrhunderts machten. Hier fühlten sie sich gerettet und in Sicherheit." (Siehe: Cartier, Raymond: Der Zweite Weltkrieg, München 1992.)

Die Zahlenspielereien über die Toten von Dresden ließen sich unendlich weiterführen, und bei der Lektüre fällt dem aufmerksamen Leser immer wieder auf: Die Tendenz zu beschönigen, zu minimieren und – vor allem – diese berserkerhafte Zerstörungswut als „Rache für Rotterdam, für Coventry und andere Ziele" zu bemänteln, ist allgegenwärtig.

Eines sei vorab zu diesen Versuchen, den Mordangriff gegen Dresden zu verniedlichen, gesagt: Ganz gleich, was irgendein Verbrecher einmal getan hat, seine Richter können nicht die gleichen Verbrechen begehen, ohne sich mit diesem auf eine Stufe zu stellen und ebenfalls zu Mördern zu werden. Nur mit dem einen kleinen Unterschied: Sie haben den Krieg gewonnen und konnten diktieren, wer ein Mörder sei oder nicht, und sie konnten diese Mörder vor den Internationalen Gerichtshof schleifen und ihnen den Prozess machen. Die Richter selbst gingen natürlich nicht nur straffrei aus, sondern bekamen auch noch – wie im Falle von „Bomber Harris" – ein Denkmal gesetzt, weil sie so glorreich und erfolgreich deutsche Städte vernichteten und weit über 600.000 deutsche Frauen, Greise und Kinder töteten.

Es war der britische Kriegshistoriker Alexander McKee, der in seinem Werk „Dresden 1945" folgende Angaben zu den Opfern von Dresden machte:

„Coventry war mit 554 Toten und starker Beschädigung von 21 Flugzeugwerken und anderen Rüstungsfabriken die über dem Durchschnitt beschädigte englische Stadt. – – –

In gar keiner Weise sind die Menschenverluste in Dresden mit diesen Verlustzahlen zu vergleichen. – – –

Die Zahl von 35.000 Opfern des Massakers einer einzigen Nacht kann man ohne weiteres auf 70.000 verdoppeln, ohne sich vor Übertreibungen zu fürchten. Doch niemand wird es jemals genau wissen."

In dem Werk von Maximilian Czesany „Alliierter Bombenterror" heißt es dazu:

„Über die Verluste der Zivilbevölkerung Dresdens gibt es zwei offizielle Bekanntmachungen. Eine noch aus der Zeit des Krieges, nämlich der Tagesbefehl Nr. 47 des Befehlshabers der Ordnungspolizei von Dresden vom 22. März 1945." In diesem ersten offiziellen Dokument heißt es:

„Die Zahl der Toten beträgt nach letzten Kenntnissen 202.040 Menschen, die geborgen werden konnten."

Dieser Tagesbefehl wurde sowohl von David Irving als auch von Rolf Hochhuth als echt erkannt.

Die zweite „amtliche Bekanntmachung" erfolgte nach dem Kriege durch den Rat der Stadt Dresden. Darin heißt es: „Die Zahl der identifizierten Toten beträgt 35.000.

Demgemäß muß die tatsächliche Zahl der Todesopfer ein Mehrfaches der 35.000 identifizierten Toten betragen haben. Es ist daher mit einer Zahl zwischen 100.000 und 300.000 Getöteten unbedingt zu rechnen." (Siehe: Rumpf, Hans: Der hochrote Hahn.)

Dies die offizielle Verlautbarung des Rates der Stadt Dresden unmittelbar nach dem Kriege. (Siehe ebenfalls dazu: Schreiber, Dr. Jürgen: Die Queen und Dresden, in: Soldat im Volk, Januar 1993.)

Die neuesten Meldungen aus Dresden, wie sie in der „Sächsischen Zeitung" vom Montag, 15. Oktober 1994, dargestellt werden, kommen aus dem Munde von Friedrich Reichert vom Dresdener Stadtmuseum. Dieser erklärte in einer Runde der „Experten":

„Alle von uns ausgewerteten Dokumente ergeben zweifelsfrei, daß beim Angriff von 1945 insgesamt 25.000 Menschen umgekommen sind. Dies bestätigt eine Analyse des Bestattungsamtes und stimmt auch mit der Schlußmeldung des Höheren SS- und Polizeiführers Elbe vom Frühjahr 1945 überein. Von diesen 25.000 Opfern konnten 10.000 identifiziert werden."

Nun haben wir zwar eine Reihe von Aussagen über „identifizierte" Tote, die jedoch noch keinen sicheren Rückschluss auf die tatsächlichen Opferzahlen zulassen.

Andererseits wird von verschiedenen Seiten (so auch in dem Beitrag „Gang in den Keller war Alltag von Millionen“ von Ulf Malleke in der genannten Ausgabe der „Sächsischen Zeitung“) angedeutet, dass in der ehemaligen DDR „die Zahl der Toten mit Absicht auf 35.000 begrenzt worden war, um die Wirklichkeit der westalliierten Angriffe nicht aufzuwerten“.

Zum selben Thema sei noch der britische Wissenschaftler und Historiker Anthony Verrier gehört, der Folgendes festhielt:

„Die Gesamtzahl der Toten von Dresden konnte nie genau ermittelt werden. Sehr vorsichtige Berechnungen des deutschen Statistischen Bundesamtes sprechen von 60.000 Opfern.“ (Siehe: Verrier, Anthony: Bomberoffensive gegen Deutschland 1939–1945.) In diesem Werk schreibt Verrier weiter: „Andere Schätzungen gehen bis zu 245.000.“ Zur Rechtmäßigkeit dieses Angriffs erklärt dieser Autor:

„Soviel kann gesagt werden: Die Bombardierung Dresdens in den Nächten des 13. und 15. Februar [und jener Tagangriff der 8. USAAF am Mittag des 14. Februar, d. Verf.] und des 2. März 1945 hat in bestürzender Weise gezeigt, wie ein Kriegswerkzeug in viel elementarerer Weise zur Anwendung kommen kann, als es selbst seine Erfinder erträumen konnten.“

Wir wollen die Bombardierung Dresdens hier nicht noch einmal rekapitulieren. Wir müssen uns jedoch zu der Auffassung bekennen, dass niemand, der in der strategischen Luftflotte mitgekämpft hat, die Gründe als ausreichend anerkennen kann, aus denen heraus der Angriff gegen Dresden unternommen wurde. Es wurde ohne irgendwelche Rücksicht auf seine unbedeutenden militärischen Anlagen bombardiert, und niemand hat offen für Dresdens Zerstörung Partei ergriffen. Dresden ist in jeder Hinsicht ein Beispiel dafür, welche Gefahren es mit sich bringt, eine Idee bis zur äußersten logischen Konsequenz durchzuführen. Diese Tatsache wird in den folgenden Worten sehr deutlich, die sich nicht nur als Grabinschrift für eine Stadt eignen, die frühere Generationen noch gekannt haben, sondern vielleicht auch als Epitaph für den totalen Krieg des Jahres 1945.

„Am frühen Morgen kamen wir in eine große Stadt an den Ufern eines breiten Flusses. Der volle Mond schob sich hinter den Wolken hervor, ließ die klaren Umrisse von Gebäuden aus dem 18. Jahrhundert sichtbar werden und warf rötliche Schatten auf mit spätbarocken Ornamenten verziertes Mauerwerk.

Dann aber, als wir eine breite Straße betraten, erkannten wir, dies war keine Stadt mehr, sondern nur noch das Gespenst einer Stadt. Dresden war tot, die Mauern waren seine bleichen Knochen. Nur die Fassaden standen. Dahinter – wie hinter Filmkulissen – lag Schutt. Drei Tage zuvor hatte ein starker Bomberverband die Stadt überflogen: Dresden war ausgebrannt und 30.000 Dresdener waren dabei umgekommen.“ (Siehe: Kurowski, Franz, a. a. O.)

In seinem Werk „Der Tod, der vor die Hunde ging“ hat Will Berthold in seinem 1986 in Gütersloh erschienenen Werk auf Seite 302 festgehalten:

„Die Zahl der Opfer läßt sich noch heute unmöglich exakt feststellen, erreichte jedoch eine geschätzte Höhe von 135.000; das Bombardement von Dresden war also das mörderischste des ganzen Krieges, Hiroshima eingeschlossen.“

Als Königin Elisabeth II. von England und ihr Gemahl Prinz Philipp im Oktober 1992 nach Dresden kamen und an einem ökumenischen Gottesdienst in der dortigen Kreuzkirche teilnahmen, der als Versöhnung gedacht war, ähnlich jenem Besuch, den der ehemalige Bundespräsident der Bundesrepublik Deutschland, von Weizsäcker, zwei Jahre vorher in Coventry mit dem Besuch der 1940 zerstörten dortigen Kathedrale unternahm, zeigten sich zwei verschiedene Arten von Versöhnung. Von Weizsäcker hatte sich im Namen des deutschen Volkes für die Zerstörung von Coventry entschuldigt und um Vergebung gebeten. In der Dresdener Kreuzkirche, die noch die Spuren der Vernichtung des 14. Februar 1945 zeigte, wurden alle Deutschen, die nun auf eine ähnliche Geste des britischen Königspaares warteten und zumindest eine Entschuldigung für die Bombardierung Dresdens erhofft hatten, bitter enttäuscht. Aus britischem Verständnis der

Geschichte heraus und aus britischer Tradition, dass so etwas Undenkbares aus eigener Schuld nie geschehen sein kann, blieb es beim Vortrag von Teilen aus der Bergpredigt durch Kurt Biedenkopf und Prinz Philipp, die beide in der Sprache des anderen die Botschaft von der Friedfertigkeit und der Sanftmut vorlasen.

Der frühere britische Staatsminister Clark hat eine solche Handlung einmal in diese Worte gefasst: „Nur Dometiken entschuldigen sich!"

Wie aber dachten die britischen Flieger darüber, die diese Stadt anzugreifen hatten? Was hat sie bewegt, als sie erfuhren, dass sie das Elb-Florenz in Schutt und Asche legen sollten?

Neben einigen Ansichten über ihre Einsätze aus dem Munde jener Bomberbesatzungen, die dabei waren, sei an dieser Stelle ein Bericht im Ausschnitt vorgelegt, der in der Dezembernummer 1992 des „Journal of the Irish College of Physicans and Surgeons" erschienen ist. Aus der Feder des früheren Rektors dieses irischen Kollegs der Ärzte und Chirurgen, Dr. Harry O'Flanagan, der während der größten Bombardierungen im Jahre 1945 gegen deutsche Städte als Sanitätsoffizier auf einer Hauptbasis des britischen Bomber Command Dienst tat:

„Keiner unserer Piloten hatte an diesem Nachmittag vor der Einsatzbesprechung auch nur die leiseste Ahnung, daß das Ziel Dresden sein sollte.

Der Nachrichtenoffizier eröffnete seine Befehlsausgabe mit den Worten, die vielen Soldaten als sehr barbarisch erschienen: ‚Sie sind in die Air Force eingetreten, um Deutsche zu töten, und genau das werden Sie heute Nacht tun!'

Er fuhr dann mit der Erklärung fort, daß durch den Zusammenbruch der Ostfront Flüchtlinge auf der Suche nach Schutz vor der Winterkälte [und vor allem vor der Roten Armee, d. Verf.] nach Westen strömten. Dresden sei die einzige Stadt mit unbeschädigten Häusern, welche die Menschenmassen aufnehmen konnte, und es war zu erwarten, daß sie bis oben hin voll war."

Der Nachrichtenoffizier weiter: „In dieser Nacht hat das Unternehmen nur einen Zweck – die Stadt und ihre Bevölkerung zu vernichten! Es gab keine von den sonst üblichen Beschönigungen, das Ziel sei das Rüstungszentrum."

Dr. O'Flanagan berichtete weiter, was sich nach der Rückkehr der Flieger in ihre Horste tat:

„Abscheu und Ekel traten an die Stelle der sonst so gehobenen Stimmung, als die Besatzungen wieder daheim waren. Diese Gefühle wurden mir und anderen bei der Nachbesprechung freimütig zum Ausdruck gebracht. Insbesondere geschah dies durch einen Kanadier und einen Australier, die kein Blatt vor den Mund nahmen und die Forderung erhoben:

‚Verlangt nie mehr von uns, einen ähnlichen Einsatz zu fliegen!'"

Jene Gedanken, die Dr. O'Flanagan am Schluss dieses Berichtes aufzeichnete, stimmen nicht nur nachdenklich:

„Ich habe Zweifel, daß irgendeiner von uns, der mit den Vorgängen in dieser furchtbaren Februarnacht zu tun hatte, ein Gefühl der Scham oder Schuld in sich herumtragen wird."

Schließlich seien noch einige Stimmen zu dem Thema „Zahlenwirrwarr – Schuld und Sühne" zitiert, die von der Seite der östlichen Alliierten hinzukamen.

Dresden aus „östlicher" Sicht

Als Marschall Stalin am 19. April 1943 an Churchill schrieb, galt ein Teil dieses Schreibens als Antwort auf Churchills Kabel vom 17. April 1943, in dem dieser ausführte, dass die RAF ihre Angriffe auf Deutschland von Monat zu Monat verstärken werde:

„Ich freue mich, daß Sie beabsichtigen, die Bombenangriffe auf deutsche Städte in ständig wachsendem Umfang fortzusetzen."

Nach dem Krieg jedoch sollte alles ganz anders gewesen sein. Die Sowjetunion distanzierte sich von der strategischen Luftoffensive der Westmächte in ganz eindeutiger Form. Insbesondere prangerten sie den westalliierten Bombenangriff auf Dresden mit schärfsten Worten an. So erklärte Marschall Shukow in einem Artikel am 13. Februar 1953 im „Neuen Deutschland“:

„Eine solche Barbarei hätte die Sowjetische Armee nie zustandegebracht.“

Damit hatte Shukow die Zeit der gegenseitigen Schuldzuweisungen weiter verschärft, die seit geraumer Zeit angebrochen war. Washington beeilte sich festzuhalten, dass die Sowjets diesen Angriff auf Dresden ausdrücklich gefordert hätten, was Moskau wieder zu einer empörten Zurückweisung solcher „Lügen gegen das Sowjetvolk“ veranlasste. Um nicht aus der Rolle zu fallen und (im Gegensatz zu heute) auch die Entrüstung der Sowjets zu teilen – und wenn möglich – noch draufzusatteln, erklärte die DDR-Führung in der Tageszeitung „Der Tag“ vom 10. 2. 1953:

„Wir sehen jene, die sich als Hüter der Kultur aufspielen, die behaupten, im Namen der Humanität zu handeln und gehandelt zu haben, als gewissenlose Zerstörer von in Jahrhunderten entstandenen Kulturgütern, als erbarmungslose Mörder von Kindern und Müttern.“

Es ist bezeichnend und höchst informativ, wenn jetzt dieselben Stellen behaupten, es seien ja nicht sehr große Opfer zu beklagen gewesen, sondern „nur“ 15.000 bis 20.000.

Eines sollten sich diese „Schönrechner“ ins Stammbuch schreiben: Die Anzahl der zu Tode gemarterten Menschen ist nicht das entscheidende Faktum. Entscheidend allein ist der kriminelle Vorsatz dieser brutalen Art des Mordes an Zehntausenden. Und der ist gegeben.

Dass Marschall Stalin entgegen den letzten Verlautbarungen der sowjetischen hohen Militärs bereits seit 1942 die Bombardierung deutscher Städte forderte, geht aus jenen Unterlagen hervor, die Robert E. Sherwood in seinem 1950 in Hamburg erschienenen Werk „Roosevelt und Hopkins“ auf der Seite 503 zur Kenntnis brachte:

„Stalin nahm selbst das Wort zu dem von Churchill im August 1942 beschriebenen Luftkrieg gegen Deutschland. Er gab der

Hoffnung Ausdruck, daß die Beteiligung der amerikanischen Luftstreitkräfte die Bombardierungen in Deutschland wesentlich verstärken würden und äußerte persönlich, es sollten außer den Fabriken auch Wohnhäuser zerstört werden. Churchill erklärte seinerseits, daß die ‚Zerstörungen von Arbeiterwohnungen' nur ein Nebenergebnis, eine Folge von Zielfehlern seien."

Aber er war nach den Worten von Sherwood „nicht ganz aufrichtig". Für das Bomber Command der RAF galten Industriezerstörungen als einkalkuliertes Nebenprodukt der Wohngebietszerstörung; aber das stand – wie es sich in Moskau herausstellte – nicht in Widerspruch zu Stalins Vorstellungen vom „Strategischen Bombardement". Er selbst schickte (was später streng geheim gehalten wurde) einige seiner Fernkampfbomber nach Berlin, wo sie Wohngebiete angriffen. Gerade auf die Bombardierung von Berlin legte Stalin größten Wert, da er die Bedeutung politischer Zentren für den Durchhaltewillen Deuschlands hoch einschätzte. (Siehe dazu: Girbig, Werner: Im Anflug auf die Reichshauptstadt.)

Einmal verstieg sich Stalin in einem Brief an Churchill zu folgender euphorischer Bemerkung:

„Ihre Botschaften vom 6. und 13. März 1945, die mich über die erfolgreiche Bombardierung von Essen, Stuttgart, München und Nürnberg informieren, habe ich erhalten. Von ganzem Herzen grüße ich die britischen Streitkräfte, die mit ihren Bombenangriffen schwere Schläge gegen die deutschen Industriezentren führen." (Siehe zu diesem Komplex: Ministerium für Auswärtige Angelegenheiten, Hsgb.: Stalin, Briefwechsel mit Churchill, Attlee, Roosevelt und Truman. Berlin-Ost 1961.)

Welche Unterstützung die USA der UdSSR zuteil werden lassen wollte, hatte US-Präsident Roosevelt am 4. Juli 1943 „Herrn Stalin" zugesichert:

„Hinsichtlich der Unterstützung der UdSSR wurden folgende Beschlüsse gefaßt:

1. Die sich entwickelnde Luftoffensive gegen das vom Feind besetzte Europa wird mit dem dreifachen Ziel intensiviert:

a) die feindliche Industrie zu vernichten

Nur das Treppenhaus blieb stehen.

Eine schmale Gasse blieb übrig. (SLD/P)

Der Blick vom Portikus zur Portikusstraße. (SLD/W)

Blick von den Brühlschen Terrassen durch die Münzgasse auf die Reste der Frauenkirche. (SLD/M)

Sie versuchten dem Erstickungstod durch Brandgase mittels Gasmasken zu entgehen. Es gab für sie keine Luft mehr.

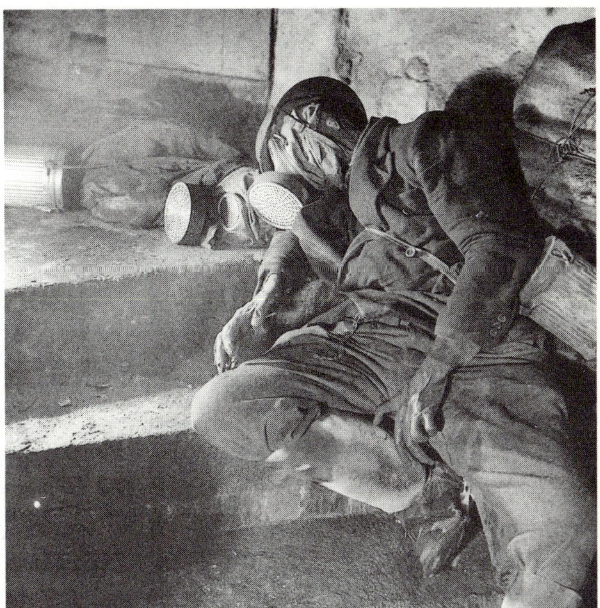

Am 25. 2. 1945 mussten die Leichen wegen der Seuchengefahr verbrannt werden. In der entvölkerten Stadt konnten die Berge an Toten nicht bestattet werden.

Hier das gleiche Bild des Entsetzens auf dem Altmarkt.

Die Ruine der Jakobikirche. (SLD/Ha)

Auch die Marienkirche wurde neben dutzenden anderer Gotteshäuser in Dresden zerbombt.

Der Zwinger: Der Wallpavillon zerfiel zu Schutt. (SLD)

Das Palais Oppenheim. Blick durch die Reste der Treppenhalle in Richtung Rathaus.

Zug zum Zug rollten in den Januar-Februar-Tagen die voll beladenen Flüchtlingstrecks nach Dresden hinein. (SLD/Hö-Po)

Andere – überwiegend Umsiedler – trafen mit ihren Wagen in Dresden ein. (SLD/Hö-Po)

Auch sie endeten auf den Scheiterhaufen am Altmarkt. (Hahn)

Blick vom Neumarkt zum Schlossturm.

b) die Stärke der deutschen Jägerwaffe zu vermindern
c) die Moral der deutschen Zivilbevölkerung zu brechen."
(Siehe auch hier: Stalin Briefwechsel, S. 535 ff.)

Es war Winston Churchill, der spätere deutsche Karlspreisträger, der seinem „Kameraden, Onkel Joe" weitere Hinweise zukommen ließ, indem er ihm einen „kleinen stereoskopischen Apparat schickte, mit einer großen Anzahl von Diapositiven, die den Schaden zeigten, der deutschen Städten durch unsere Bombenangriffe zugefügt wurden. Sie vermitteln einen viel lebendigeren Eindruck, als sie durch Fotografien erzielt werden können. Ich hoffe, Sie werden eine halbe Stunde Zeit erübrigen können, um sie sich anzusehen. Wir wissen sicher, daß in Hamburg 80 Prozent aller Häuser zerstört sind. Die längeren Nächte stehen jetzt kurz bevor, und dann wird Berlin auch größeren Zerstörungen ausgesetzt sein [Waren das die Industrieanlagen?, d. Verf.]."

Dieser Brief an Herrn Stalin war vom 12. August 1943 datiert. Und es war Winston Churchill, der in seinen Zuneigungsbekenntnissen an den roten Diktator noch steigerungsfähig war, als er am 12. Januar 1944 eine Geheimbotschaft an Marschall Stalin schickte. Er gratulierte hierin zu dem Vormarsch der Roten Armee und meinte dann mit der „Gutmütigkeit eines Kampfhundes":

„Wenn wir wieder in Teheran wären, würde ich jetzt über den Tisch weg zu Ihnen sagen: ‚Teilen Sie mir bitte rechtzeitig mit, wann ich aufhören soll, Berlin zu zerstören, damit genügend Unterkünfte für die Sowjetarmee bleiben.'"

Wie hieß es noch in den Flugblättern aller drei Alliierten, der westlichen wie der östlichen?

„1944 droht! Im Jahre 1943 fielen 112.000.000 Kilogramm Bomben auf Deutschland. 1943 wurde Deine Heimat Stadt für Stadt zerbombt und zertrümmert. 1944 wird es auch Dein Heim, Deine Familie treffen." (So viel über die westalliierten Absichten, die an Klarheit nichts zu wünschen übrig lassen.)

Noch im Mai 1945 hatte Dresden in den Augen der Führer der Roten Armee und des „Genealissimus" Stalin als ein „wichtiger Stützpunkt faschistischer Verteidigung in Sachsen und als deren mächtigster Verteidigungsknoten“ gegolten. (Siehe: Telpuchowski, Boris S.: Die sowjetische Geschichte des Großen Vaterländischen Krieges 1941–1945, Frankfurt/Main 1961.)

Als dann der Zweite Weltkrieg zu Ende ging und die Rote Armee sich in der später etablierenden DDR nicht nur behaupten, sondern auch gut Wetter machen musste, hieß es über Schuld oder Nichtschuld am Bombenterror:

„Der Gauleiter von Dresden, Mutschmann (Martin Mutschmann, Reichsverteidigungskommissar und Chef der sächsischen Landesregierung), ist der Hauptschuldige an der Zerstörung dieser Stadt und dem Massensterben der friedlichen Bevölkerung. Er war es, der zusammen mit Hitler Dresden in eine Rüstkammer Deutschlands verwandelte, in ein Pulverfaß, das heißt, in eine Nachschubquelle, die das Material für die Vernichtung friedliebender Völker lieferte.

Er war es, der die Bevölkerung von Sachsen mit trügerischen Siegesbotschaften täuschte und die bitteren Niederlagen verschwieg. Er wußte, welche Zerstörungen die deutsche Armee und Luftwaffe anderen Völkern zugefügt hatte; er pries die verschiedenen V-Waffen, die für den Mord an Kindern geschaffen waren. Er hat die unheilvollen Kräfte heraufbeschworen, durch die Dresden zerstört wurde. Das Spiel mit dem Feuer rächte sich – allerdings nicht unmittelbar an Mutschmann, der einen persönlichen Bunker aus Eisenbeton besaß.“ (Siehe: Telpuchowski, Boris, S.: a. a. O.)

Allerdings war diese Verlautbarung nicht der sowjetischen Weisheit letzter Schluss, denn bereits im Jahre 1948 beschrieb die von der Sowjet-Besatzung in Berlin herausgegebene „Tägliche Rundschau“ weitere verblüffende Einzelheiten der Perfidie seiner westlichen Alliierten. Es hieß in einem mit dem reißerischen Titel „Geschichtsfälscher“ versehenen Bericht, dass Hitler nicht in der Lage gewesen sei, seine kriegerischen Pläne zu verwirklichen, wenn nicht die „Imperialisten der Westmächte“ ihm ihre Hilfe und Unterstützung hätten angedeihen lassen.

Um sich würdig in diese Version der Kriegsschuld aller – außer den Russen – einzureihen, wurde am fünften Jahrestag der Vernichtung Dresdens in einer „antiimperialistischen Demonstration“ durch den sächsischen Ministerpräsidenten Seydewitz mit vollsten Pathos verkündet:

„Dieselben Kräfte, die damals Dresden sinnlos zerstören, rufen schon wieder zu einem neuen Völkermord auf.“

In dieser Ausgabe der Zeitung heißt es weiter:

„Die erste offene feindselige Operation gegen die Sowjetunion und eine blutige Kriegserklärung an den kommenden Frieden ist im Gange. [Koreakrieg, d. Verf.] Der Feuerschein der brennenden Stadt Dresden, der am Ende des Zweiten Weltkrieges den Himmel weithin sichtbar rötete, ließ die räuberische Fratze des amerikanischen Imperialismus, des ärgsten Feindes der Menschheit, heraufleuchten.“ (Fischer, Anna von: Dresden – Eine Lehre für das deutsche Volk, in: Tägliche Rundschau, Berlin-Ost vom 13. 2. 1952.)

Es war in derselben Ausgabe dieser Zeitung, in der der seinerzeitige Präsident der Volkskammer, Dieckmann, erklärte: „Der Befehl zur Zerstörung Dresdens ist ohne Wissen und gegen den Willen der sowjetischen Führung gegeben worden. Es waren anglo-amerikanische Luftgangster, die dieses Verbrechen verübten.“ (Dieckmann, Johannes: Dresden – Eine Lehre für das deutsche Volk, in: Tägliche Rundschau vom 13. 2. 1952.)

In den folgenden Jahren wurde am Gedenktag für Dresden stets mit neuen Diffamierungen gegen die ehemaligen Verbündeten verbal zu Felde gezogen. Die im eigenen Lande geschaffenen Konzentrationslager der sowjetischen Besatzungsmacht, die brutalen Vergewaltigungen in den von der Roten Armee eroberten deutschen Ostgebieten sollten vergessen gemacht werden. Als unbescholtene „Befreier“ traten die Angehörigen der Roten Armee ins Rampenlicht, wenn es galt, die ehemaligen Verbündeten propagandistisch zu bekämpfen. Ob sich dies nun darin äußerte, dass sich Hakenkreuz und Dollarzeichen ähnlich sahen, oder dass die „Amerikaner Dresden als barbarische Rache für iher schmähliche Niederlage in den Ardennen missbraucht“ hätten, spielte in diesem Kalten Krieg keine Rolle.

Am 10. Jahrestag der Niederbrennung Dresdens und des Todes so vieler zehntausend schuldloser Opfer kam die DDR-Führung überein, die Zahl der gesichert festgestellten Toten auf 35.000 zu beziffern, und Otto Grotewohl, der erste Vorsitzende des Zentralausschusses der SPD – von den Russen 1945 protegiert –, die er im April 1946 mit der KPD zur SED zusammenführte, und späterer Ministerpräsident der DDR, erklärte in einer Gedenkrede, dass es Städte wie Dresden, Hamburg, Berlin, Lübeck und Dortmund gewesen seien, die dem Bombenterror hilflos ausgeliefert waren, um dann fortzufahren:

„Sie wurden von den anglo-amerikanischen Imperialisten aus dem gleichen Macht- und Eroberungswahn zerstört, aus dem die deutschen Faschisten den Zweiten Weltkrieg in Szene setzten.

Dieses unsinnige Verbrechen diente ebenso wie die Zerstörung von Brücken, Talsperren und anderen lebenswichtigen Einrichtungen durch die SS dem Zweck, eine Trümmerzone zu schaffen, die den siegreichen Sowjetarmeen das weitere Vordringen unmöglich machen sollte.“ (Grotewohl, Otto, in: Tägliche Rundschau vom 13. 2. 1955.)

Auch in Bezug auf den „Kalten Krieg“ verstieg sich die Führung der seinerzeitigen DDR dazu, zu erklären, dass „die Vernichtung von Dresden eine blutige Eröffnungsschlacht dieses ‚Kalten Krieges‘ gewesen“ sei. Dieser Vorwurf wurde am 13. Februar 1969 wiederholt und mit folgenden weiteren Anschuldigungen versehen ergänzt:

„Die alliierte Luftkriegsführung, deren barbarische und terroristische Züge immer deutlicher wurden, richtete sich in zunehmendem Maße vor allem gegen Ziele im künftigen sowjetischen Besatzungsgebiet. Offensichtlich lag diesen Angriffen die Absicht zugrunde, hier ein Chaos und unüberwindliche Schwierigkeiten für den Neubau zu beschaffen, die zur Quelle einer antisowjetischen Haltung durch die Bevölkerung werden sollte.“ (Müller, Werner und Wolf Dieter: Hintergründe der barbarischen Zerstörung Dresdens, in: Neues Deutschland vom 13. 2. 1969.)

Inwieweit es tatsächlich zutraf, dass in der letzten Phase des Krieges die alliierten Luftangriffe sich mehr und mehr auf den mitteldeutschen Raum konzentrierten und welche Absichten damit verfolgt wurden, wurde im Hauptabschnitt über die alliierten Bombenangriffe gegen Deutschland dargestellt. Ob diese zum Zwecke der „Entindustrialisierung" geschah oder in der Absicht, chaotische Verhältnisse zu schaffen, um die sowjetische Besatzungsmacht bei der Bevölkerung in Misskredit zu bringen und dort eine antisowjetische Haltung zu erzeugen, ist bereits ebenso einer Klärung zugeführt worden. Wenn die führenden Männer des sowjetischen Oberkommandos STAWKA berichten, dass diese Angriffe gegen den deutschen Osten nicht aufgrund von Vereinbarungen oder in Erfüllung der Bündnisverpflichtungen zwischen den Westalliierten und der UdSSR durchgeführt worden seien und dass Stalin eine solche Bombardierungswelle niemals gefordert habe, so sehen dies die westlichen Alliierten mit Recht anders. Ein anderer Vorwurf der STAWKA allerdings kann kaum ausgeräumt werden:

„Die Zerstörung Dresdens war nur ein Glied in der Kette der moralischen Einschüchterung der deutschen Bevölkerung und zugleich eine Demonstration gegenüber der Sowjetunion. Die Bombenangriffe entsprangen politischen Zielen der Westmächte, um vor der ganzen Welt ihre Macht zu beweisen.

Dresden sollte als Lehrstück dienen, dem Hiroshima und Nagasaki folgten."

Von westalliierter Seite wird immer darauf verwiesen, dass die Rote Armee es als wichtig angesehen habe, eine militärische Hilfe von den Westalliierten zu bekommen. Auch die Russen bezeichneten zur Kriegszeit Dresden als einen wichtigen Stützpunkt der faschistischen Verteidigung, als eine Rüstkammer Deutschlands, einen wichtigen Nachschub-Knotenpunkt für die Front und als entscheidend wichtige Nachschubquelle, die „das Material für die Vernichtung friedliebender Völker liefert". (Krasnaja, Swesda, Die Welt vom 18. 12. 1969 und Frankfurter Allgemeine Zeitung vom 27. 12. 1969.)

Darüber hinaus schrieb man noch in der „Großen Geschichte des Vaterländischen Krieges“:

„Große Auswirkungen hatten die Schläge starker Bomber-Fliegerkräfte gegen wirtschaftliche und politische Ziele und Zentren des Gegners.“ (Teil II, S. 313.)

Die sowjetische Lesart jedoch, dass niemals ein Bombenangriff von ihrer Führung gegen Dresden gefordert worden sei, wird durch jenen Bericht erhärtet, den Generalmajor Betts über ein Treffen vom 15. Januar 1945 in Moskau erstellt hat, an dem er gemeinsam mit Luftmarschall Arthur William Tedder, dem Stellvertreter Eisenhowers, und General Bull teilgenommen hatte. General Betts erklärte:

„Ich bin ganz sicher, daß Stalin bei dieser Gelegenheit die Bombardierung Dresdens nicht verlangt hat, noch überhaupt irgendwelche Luftoperationen. Auch das sowjetische Oberkommando STAWKA hat keinen derartigen Wunsch geäußert.“ (Siehe Bericht von General Betts an M. E. Smith: in: Smith, Melden E.: The Bombing of Dresden, Reconsidered. A Study in Wartime.)

Da die Rote Armee am 12. Januar 1945 zu ihrer großen Offensive angetreten war, die sie nach Deutschland hinein und – später – bis nach Berlin führen sollte, wäre dieser Zeitpunkt doch der richtige gewesen, von den Westalliierten Hilfe zu verlangen, was aber in dieser Form nicht geschah. (Erst in Jalta sollten die Vertreter der Sowjetunion präzise Forderungen an die Westalliierten stellen.) Wir wissen aus dem vorangegangenen Abschnitt, dass Winston Churchill, der britische Kriegspremier, den Befehl zum Angriff auf Dresden gegeben hat. Das steht, unabhängig von allen anderen Theorien, fest.

Dresden existiert nicht mehr. Die Stadt an der Elbe ist einem vierfachen Terrorschlag erlegen. Sie hat den Tod gefunden und mit ihr viele Zehntausende Menschen. Was die Schwächung der deutschen Wehrmacht durch diese sinnlose Zerstörung angeht, so sei nachgetragen, dass durch den Bombenterror gegen Dresden insgesamt 100 (!) deutsche Soldaten dort umgekommen sind.

Es waren also Frauen, Kinder und alte Menschen, die mit dieser Vernichtungsaktion ihr Leben lassen mussten.

Und am Ende sollte jener Satz stehen, der auf dem Gedenkstein auf dem Waffenfriedhof am „Wilden Mann“ steht:

Wieviele starben? Wer kennt die Zahl?
An Deinen Wunden sieht man die Qual
der Namenlosen,
die hier verbrannt,
im Höllenfeuer
aus Menschenhand.

Das Problem der Tieffliegerangriffe gegen die Zivilbevölkerung – Stimmen des Gewissens in England

In vielen übereinstimmenden Berichten von Dresdenern, Flüchtlingen und Ausgebombten, wird der Mittag des 14. Februar 1945 als „Tag der Hasenjagd“ apostrophiert. Dahinter verbirgt sich jene Treibjagd, die alliierte P-51-Mustang-Jagdflugzeuge gegen Zivilisten unternahmen. Angesetzt waren an diesem Tage Verbände der 20. Jagdgruppe, der 356. Jagdgruppe, der 359. Jagdgruppe und der 352. Jagdgruppe. Für die „Dresdener Zeitung“ aus dem Jahre 1978 stellten sich die Einsätze dieser Jagdgruppen folgendermaßen dar:

„Als am Mittag des 14. Februar bei einem Tagesangriff der US-Luftstreitkräfte etwa 300 Mosquitos im Tiefflug über die Straßen flogen und mit Maschinengewehren auf fliehende Ausgebombte und anrückende Rettungskolonnen schossen, brach eine Panik aus.“ (Siehe: Ander, Roland: Unvergessen ist die Brandnacht, in: Die Union, Dresden, vom 13. 2. 1978.) Diese Einschätzungen wurden auch von zahlreichen Augenzeugen bestätigt. Dennoch wurde von verschiedenen Zeitungen und Zeitschriften, von halbamtlichen Verlautbarungen und in Büchern die Behauptung aufgestellt, diese P-51-Jagdflugzeuge hätten nicht über Dresden operiert, sondern seien anderweitig mit der Sicherung der Bomberverbände beschäftigt gewesen. „Sie waren es nicht, die an den Elbwiesen sowie in der Umgebung Dresdens Jagd auf Flüchtlingskolonnen machten. Die von Götz Bergander aufgestellte Behauptung, es habe derartige Tieffliegerangriffe nicht gegeben, weil sie in den Berichten der amerikanischen Besatzungen nicht erwähnt worden seien, klingt wenig wahrscheinlich, denn rühmens- und berichtenswert mochte auch den amerikanischen Piloten diese Art der ‚Luftkriegsführung' nicht erscheinen." (Vgl. Groehler, Olaf: Bombenkrieg gegen Deutschland, 1977.)

Der Autor, der in seinem Werk „Luftkrieg über Deutschland" versucht hat, die Zahl der im Großraum Dresden durch Tieffliegerangriffe verwundeten und getöteten Menschen zu eruieren, fand viele solcher Fälle, so dass Berganders Einschätzung absurd erscheint. Diesen Vorkommnissen nachgehend, kann festgestellt werden, dass in den betreffenden Kriegstagebüchern der beteiligten anglo-amerikanischen Verbände nie auch nur ein Wort darüber gefunden wurde.

Viele Besatzungen der Begleitverbände machten sich nach ihren Einsätzen selbständig und griffen einzelne Menschen an. Zahlreiche Zeugenaussagen belegen diese makaberen Menschenjagden. (Zeugenaussagen im Archiv des Verfassers.) Nur so viel zu den „Kriegstagebüchern und deren Wahrheitsgehalt".

Auch David Irving, ein vertrauenswürdiger Chronist des Krieges, der sich dazu verpflichtet fühlte, nur die Fakten zu berichten, sagt über diesen Mittag des 14. Februar 1945:

„Als der Morgen des 14. Februar über Dresden heraufdämmerte, da hasteten auf allen Ausfallstraßen Zehntausende von Menschen aus der immer noch brennenden Stadt. Einige trugen Koffer oder Rucksäcke. Die meisten aber haben nur ihr nacktes Leben gerettet. Ihre Gesichter sind rauchgeschwärzt, die Kleider und Anzüge zerrissen. Die Furcht vor einem neuen, einem dritten Angriff treibt sie vorwärts.

Und um 12.12 Uhr beginnt dieser Angriff. Ohne Vorwarnung, denn die Warnanlagen waren ausgefallen. Vierhundert amerikanische Fliegende Festungen, umschwärmt von zahlreichen Begleitjägern, tauchen am klaren Winterhimmel über der Stadt auf und laden ihre Sprengbomben über Dresden-Neustadt ab.

Aber es sind nicht die Bomber, die diesen Angriff so schrecklich machen, daß er sich unauslöschlich in die Erinnerung aller Menschen einprägt, die ihn erleben. Es sind die Begleitjäger des Typs Mosquito. Sie haben den Befehl ‚die Verwirrung auf den Ausfallstraßen Dresdens bis zur Panik zu steigern'."

„In unserem Verwundetentransport gibt es eine regelrechte Panik", schreibt eine Kölnerin, die nach Dresden evakuiert worden war. „In den Krankenwagen, die mit großen, weithin sichtbaren roten Kreuzen versehen waren, liegen zahlreiche Schwerverwundete. Als die Tiefflieger angreifen, halten sie es in den Wagen nicht mehr aus. Sie drängen sich nach draußen, suchen in den Trümmern der Häuser Schutz.

Vor uns steht ein offener Lastwagen. Auf seiner Ladefläche liegen schwerverwundete Soldaten. Die Flieger schießen aus allen Rohren mit Bordwaffen. Da lassen sich auch die Soldaten von diesem Wagen herunterfallen, rennen, taumeln oder kriechen um ihr Leben.

Einer von ihnen läuft direkt hinein in die Garbe eines Tieffliegers. Er ist auf der Stelle tot. Und immer wieder kehren die Maschinen zurück, nehmen alle Wagen auf den Elbwiesen unter Feuer. Viele Menschen werden dabei getötet."

„Wie auf den Elbwiesen, so ist es auch im Großen Garten, so ist es vor allem auch in den Außenbezirken der brennenden Stadt an der Elbe, wo sich in endlosen Kolonnen die Treckfahrzeuge vorwärtsschieben.

Das sind die ‚Truppenverbände' und die ‚Marschkolonnen', die nach den Berichten der Piloten angegriffen worden sein sollen."

Anstatt sich bei den Tätern nach der Wahrheit umzusehen, hätte es Autoren wie Götz Bergander gut angestanden, die Opfer aufzusuchen und sich deren Kenntnisse von den Vorkommnissen in und bei Dresden anzueignen.

Deutsche Stimmen zu Dresden, vor allem solche, die das ganze Ausmaß dieses Terrorangriffs brandmarken, gibt es kaum. Nur ein paar Schriftsteller wie Erich Kästner äußerten ihr Bedauern.

„Wenn es zutreffen sollte, daß ich nicht nur weiß, was schlimm und häßlich, sondern auch was schön ist, so verdanke ich diese Gabe dem Glück, in Dresden aufgewachsen zu sein. – – –

Ich durfte die Schönheit einatmen. Die katholische Hofkirche, Georg Bährs Frauenkirche, der Zwinger, das Pillnitzer Schloß, das Japanische Palais, der Jüdenhof und das Dinglingerhaus, die Rampische Straße mit ihren Barockfassaden, die Renaissance-Erker an der Schloßstraße, das Cosel-Palais, das Palais im Großen Garten mit den kleinen Kavaliershäusern und gar, von der Loschwitzhöhe aus, der Blick auf die Silhouette der Stadt mit ihren edlen, ehrwürdigen Türmen. – – –

Ja, Dresden war eine wunderschöne Stadt. Ihr könnt es mir glauben. Und ihr müßt es mir glauben! Keiner von euch, auch wenn sein Vater noch so reich wäre, kann mit der Eisenbahn hinfahren, um nachzusehen, ob ich recht habe. Denn die Stadt Dresden gibt es nicht mehr. Sie ist, bis auf einige Reste, vom Erdboden verschwunden.

Der Zweite Weltkrieg hat sie in einer einzigen Nacht und mit einer einzigen Handbewegung weggewischt. Jahrhunderte hatten ihre unvergleichliche Schönheit geschaffen. Ein paar Stunden genügten, um sie vom Erdboben fortzuhexen. Das geschah am 13. Februar 1945. Achthundert Flugzeuge warfen Spreng- und Brandbomben. Und was übrigblieb war eine Wüste. Mit ein paar Trümmern, die aussahen wie gekenterte Ozeandampfer.“ (Siehe: Kästner, Erich: Als ich ein kleiner Junge war.)

Und Gerhart Hauptmann, der nach seinen Reisen durch Italien auch in Dresden lebte, fasste das, was er bei seinem ersten Besuch der Trümmerstätte, die einstmals ein Kulturgut der Menschheit war, in die Worte, welche seinen ganzen Schmerz ausdrückten:

„Wer das Weinen verlernt hat, der lernt es wieder beim Untergang Dresdens."

Selbst Manfred von Ardenne, der sich für sein weiteres Leben nach der Rückkehr aus sowjetischer „Arbeitsstätte" für Dresden als neues Domizil entschied und darin eine Wahl sah, die ihm den „Abschied von der einzigartigen Landschaft der kaukasischen Riviera erleichterte", bemerkte Folgendes:

„Aus dem Buche von Richard Peter, ‚Dresden – Eine Kamera klagt an', kannten wir das Chaos der Zerstörung, das sich durch den Bombenangriff am 13. Februar 1945 über die Innenstadt der Elbmetropole herabgesenkt hatte.

Aus der Ferne verfolgten wir mit Bewunderung die erfolgreichen Bemühungen um den Wiederaufbau dieser Stadt unter den so unendlich schwierigen Bedingungen nach Kriegsende. Ich war tief beeindruckt, als uns die von dem damaligen Oberbürgermeister Walter Weidauer initiierte Entscheidung bekannt wurde, den total zerstörten Zwinger wieder zu errichten. Dieser unter so unerhört komplizierten Lebensbedingungen im September 1945 gefaßte heroische Entschluß, und die daraus erkennbare Geisteshaltung hatten erheblichen Anteil an meinem Entschluß, in Dresden eine neue Heimat zu suchen."

Erkennbar ist an diesen wenigen „Erinnerungen an Dresden und seinen Untergang" die Tatsache, dass deutscherseits niemals davon gesprochen wurde und wird, wer diese Zerstörungen angerichtet hat, und ob diese Zerstörer jemals ein Wort des Bedauerns für diese Barbarei fanden. Dies zu äußern, blieb amerikanischen und britischen, sogar sowjetischen Wissenschaftlern und Soldaten vorbehalten.

Aus der Reihe jener britischen Autoren, die sich intensiver mit Dresden befassten, ist vor allem neben Alexander McKee, der mit seinem Werk „Dresden 1945" bereits zitiert wurde und neben Max Hastings, der in seinem Buch „Bomber Command" eine Reihe von wichtigen Fakten zum Bombenkrieg und der Absicht jener, die ihn gegen Deutschland führten, beitrug, vor allem auch Alastair Revie zu nennen, aus dessen Arbeit „... war ein verlorener

Haufen" die Geschichte des Bomber Command der Royal Air Force 1939–1945 hier einiges angeführt werden soll. Sie zeigt mehr als viele andere Werke die Haltung der Bomberbesatzungen und ihrer Kommandeure auf. So zitiert Revie beispielsweise den Group Captain Leonhard Cheshire, der auch über Dresden dabei war und der für seine Einsätze das Viktoria-Kreuz erhielt, die höchste britische Auszeichnung, vergleichbar dem Ritterkreuz:

„Die Ungenauigkeit beim Bombenabwurf war erschreckend. Und deshalb gab es erhebliche Zweifel, ob der Bombenkrieg in der richtigen Art und Weise geführt wurde, denn das Bomber Command hatte ja selbst keinen Einfluß auf die Steuerung der Einsätze. – – –

Ich aber war ein Pilot, der seine Arbeit tat. Ich kann unmöglich Recht oder Unrecht einer Politik beurteilen, die uns auferlegt war. Wenn also die Tatsachen erleuchtet werden, dann muß ich einräumen, daß die Flächenbombardements noch nicht einmal die Verluste an Flugzeugbesatzungen wert waren, die zu beklagen waren." Bezüglich Dresden aber bemerkte Revie: „Der in der Nacht zum 14. Februar ausgeführte Bombenangriff auf Dresden war nichts als ein Akt blinder Wut, wenn auch mit dem Ziel, den Krieg zu verkürzen. Die Deutschen haben die Rokoko-Idylle an der Elbe als ungefährdet angesehen – eben wegen der Schönheit ihrer Bauten – und hatten dort einen wichtigen Fernmelde-Knotenpunkt für die Ostfront eingerichtet.

Für Harris war dies zudem noch die einzige größere Stadt in Deutschland, die noch völlig intakt war. Er ging in die ‚Vollen', wie noch nie zuvor. Mit Feuerstürmen, Verwüstung und Massentod besiegelte er das Schicksal dieser Stadt.

Die ganze Welt war sprachlos vor Erschütterung über das Ausmaß dieses Angriffs, umso mehr, als sich Dresden als offene Stadt – ohne jede Verteidigung – erwiesen hatte.

Selbst die Atombomben, die ein halbes Jahr später auf Japan fielen, konnten sich nicht mit der Verwüstung messen, die dieser ‚konventionelle' Bombenangriff verursacht hatte. Aber

Harris und seine Bomberbesatzungen, die diese einst wunderschöne Stadt erledigt hatten, zeigten wegen Dresden keine besonderen Schuldgefühle. Die Nazis hatten Wind gesät – wie Harris betonte –, als sie das Heft in der Hand hielten. Jetzt ernteten sie Sturm."

Eine entscheidende Fehleinschätzung Revies ist, dass es britische Bomber und nicht deutsche waren, die sowohl den „Wind säten" als auch den Feuersturm über Deutschland entfachten.

Bereits an anderer Stelle wurde betont, dass ein Verbrechen nicht mit noch größeren Verbrechen gesühnt werden kann. Und dass Bombenangriffe auf zivile Städte ein Verbrechen waren, das wurde beim Nürnberger Tribunal der Sieger – wenn auch nur gegen die deutschen Angeklagten – nicht nur dokumentiert, sondern auch durch entsprechende Strafzumessungen an den Besiegten unter Beweis gestellt. „Die britische Bomberwaffe, die so schmerzlich unter dem deutschen Druck gelitten hatte, schlug jetzt einfach immer weiter zu, obwohl nach Dresden der Punkt erreicht war, wo kein Ziel mehr vorhanden war, das den vollen Einsatz der Vergeltungskraft des Bomber Command wirklich gelohnt hätte."

So artikulierte sich das Bomber Command durch seinen Sprecher Alastair Revie, zu dessen Entlastung gesagt werden sollte, dass er nur schlecht über die Geschichte des Bombenkrieges, seiner Ursprünge und darüber, wer die ersten Schläge gegen die Zivilbevölkerung geführt hatte, informiert war.

Eine der wohl offensten Aussagen zum Bombenterror aus dem Kreise der Oberen deutschen Führung, die die Parole „Schweigen – Schweigen – Schweigen" ausgegeben hatte (und nicht Übertreiben – Übertreiben – Übertreiben, wie man den Deutschen weismachen will), hat Nicolaus von Below, Adjutant Adolf Hitlers, gemacht:

„Am 13. und 14. Februar 1945 fanden die beiden entsetzlichen Luftangriffe der Engländer und Amerikaner auf Dresden statt. Niemand rechnete zu dieser Zeit noch mit Angriffen gegen die wenigen unzerstörten, mit Flüchtlingen überfüllten Städte.

Dies war Terror gegen die hilflose Zivilbevölkerung, ohne jeden militärischen Sinn, ein Schlag gegen das deutsche Volk!

Die Zerstörung übertraf alles, was sonst deutsche Städte im Krieg erlitten hatten. Über 12.000 Gebäude mit 80.000 Wohnungen wurden zerstört. Das gesamte alte, schöne Stadtbild war für immer verloren. Es wurden 135.000 bis 300.000 Tote gemeldet. Die genau Anzahl konnte wegen der vielen Flüchtlinge nur geschätzt werden.

Die Westalliierten gaben mit ihren letzten schweren Luftangriffen gegen die verteidigungslosen deutschen Städte ihre Einstellung zum deutschen Volk zu erkennen.

Hitler war in diesen Monaten wiederholt entschlossen, die Genfer Konvention zu kündigen. Es war Generaloberst Jodl, der ihn immer wieder von diesem Schritt abhielt. Es war erstaunlich zu beobachten, in welchem Maße bei diesen starken Luftangriffen der Rettungs- und Hilfsdienst noch funktionierte.

Hitler hielt am 24. Februar 1945 seine letzte Rede vor den Reichs- und Gauleitern in der Reichskanzlei. Der Gauleiter von Dresden, Mutschmann, wurde umringt und mußte über das Schicksal Dresdens berichten. Es war einfach grauenhaft.

Hitler sprach von einer Entscheidungsstunde dieses Krieges. Im Jahre 1945 werde bereits über das kommende Jahrhundert entschieden.

Bei dem abschließenden Essen fielen auch Hitlers Worte:

‚Wir haben die linken Klassenkämpfer liquidiert, aber leider haben wir dabei vergessen, auch den Schlag gegen rechts zu führen. Das ist unsere große Unterlassungssünde.'"

Wie wird noch in jenem Werk berichtet, in dem die These von einer ausgleichenden Gerechtigkeit vertreten wurde?

„Die Vorstellung, mittels massiver Fernfliegerangriffe doch noch in den letzten Kriegsmonaten einen entscheidenden Einbruch in Deutschland wie auch in der Moral seiner Bevölkerung erzielen zu können, war nach wie vor im Denken von Kommandeuren und Marschällen, offenbar bis hin zum britischen Premierminister, vorhanden.

Auftrieb erhielten derartige Auffassungen durch die deutlich ablesbare Absicht, mit der Einäscherung Dresdens und anderer Großstädte britisch-amerikanische Waffenstärke gegenüber der Sowjetunion zu demonstrieren.“ (Siehe: Groehler, Olaf: Bombenkrieg gegen Deutschland.)

Es ist seit etwa 15 Jahren nachgewiesen, daß diese Absicht der Bombardierung Dresdens zugrunde lag. Wenn sie auch bereits seit fünfzig Jahren kursierte, so konnte sie jedoch zunächst nicht verifiziert werden. Es war der britische Journalist Max Hastings, der die Beweise dafür erbrachte und sie in seinem Buch „Bomber Command“, das 1981 in London erschien, publizierte. Er war es auch, der den genauen Text der Einweisung der Verbandsführer des Bomber Command an jenem 13. Februar 1945 eruierte und veröffentlichte:

„Dresden ist die siebtgrößte Stadt Deutschlands, nicht viel kleiner als Manchester. Es ist die größte bebaute Fläche Deutschlands, die bisher noch nicht bombardiert wurde.

In der Mitte des Winters mit westwärts treckenden Flüchtlingen und Reservetruppen [die nicht vorhanden waren, d. Verf.] überfüllt, sind Unterkünfte nunmehr sehr begehrt, nicht nur um Arbeiter, Flüchtlinge [Bombengeschädigte aus anderen Gauen des Reiches, d. Verf.] und Truppen unterzubringen, sondern auch, um aus anderen Gebieten verlagerten Ministerien Quartiere zu schaffen. – – –

Dresden verfügt wie andere deutsche Großstädte über ein umfangreiches Netz an Telefon- und Eisenbahnverbindungen. Die Stadt ist von großer Bedeutung für die Überwachung jener Frontlinie, die vom Durchbruch durch die Truppen des Sowjetmarschalls Konjew bedroht ist.

Ziel dieses Angriffes ist es, den Gegner an jener Stelle zu treffen, wo er dies am schmerzhaftesten spürt, hinter einer sich bereits in Auflösung befindlichen Front [die dann beispielsweise im Großraum Breslau noch bis in den Mai 1945 hinein hielt und im Raume Dresden noch am Abend des 7. Mai 1945 vom Fallschirmpanzerkorps „Hermann Göring“ verteidigt wurde, d. Verf.], und auf diese Weise gleichzeitig, vor allem den Russen zu zeigen – wenn sie Dresden erreichen – was das Bomber Command anrichten kann.“

Zweifel an der bewussten Einäscherung, an der geplanten Vernichtung möglichst vieler Menschen in Dresden sollten nach dieser Einweisungsrede eigentlich nicht mehr bestehen.

Dass auch Alexander McKee darüber zu berichten weiß, was beispielsweise dem Masterbomber des Angriffs auf Dresden, de Wesselow, und dem zweiten Masterbomber, Maurice Smith, in internen Weisungen gesagt wurde, bestätigt diese Ansicht des Bomber Command.

Die Einäscherung Dresdens und die Vernichtung seiner Bewohner sollte sich den Deutschen, den Neutralen und insbesondere dem russischen Verbündeten „unauslöschlich ins Gedächtnis einprägen“. (Siehe: Groehler, Olaf: a. a. O.)

Dass Dresden nicht die einzige Stadt war, in der mit dieser Absicht zu Werke gegangen wurde, ist durch die Memoiren und Veröffentlichungen führender Männer dieser Aktionen geklärt. So auch von Sir Arthur Harris, dem „Bomber Harris“, der nach dem Bombenangriff gegen Pforzheim am Abend des 23. Februar 1945 erklärte:

„Dieser Angriff war von jener Sorte, die man gemeinhin mit dem Begriff bewußter Terrorangriff belegt.“ (Siehe: Harris, Arthur: Bomber-Offensive.)

Bei diesem Angriff, der 22 Minuten auf Pforzheim Bomben und vor allem Brandbomben niederregnen ließ, wurde diese Stadt zu 60 Prozent zerstört. Die Zahl der Toten belief sich auf 17.600 (!).

Alle übrigen Angriffe waren von ähnlicher Intensität, aber nicht von solcher Grausamkeit und Brutalität. Dass in den USA und in England nach diesen Angriffen das „Bombing Restriction Committee“ erneut gegen diese „vandalistische Form des Kampfes gegen die deutsche Zivilbevölkerung“ aufstand und im Britischen Unterhaus ebenso wie im US-Kongress dagegen protestierte, ist bekannt. (Dieses Komitee zur Einschränkung des Bombenkrieges war bereits im Frühjahr 1943 in England ins Leben gerufen worden.)

Im März 1944 unterzeichneten in den USA 27 Bischöfe und Geistliche einen Aufruf gegen den bedingungs- und schrankenlosen Bombenkrieg. Damit solidarisierten sie sich mit ihren britischen Mitbrüdern. Eine der führenden Persönlickeiten dieser Vereinigung, der Bischof von Chichester, Dr. George Bell, hat in einer mehr als bemerkenswerten Rede im Britischen Oberhaus zu diesen Bombenangriffen gesagt:

„Ich vergesse nicht die Luftwaffe oder ihre verheerenden Bombardements auf Belgrad, Warschau, Rotterdam, London, Portsmouth, Coventry, Canterbury und viele andere Orte von militärischer, industrieller und kultureller Bedeutung.

Hitler ist ein Barbar!

Es gibt sicher keine ernstzunehmende Persönlichkeit auf alliierter Seite, die uns nahelegt, daß wir uns ihm gleichen oder auf diesem Sektor mit ihm konkurrieren sollten.

Es steht außer jedem Zweifel, daß groß angelegte Städtebombardements von den Nazis begonnen wurden.

Ich anerkenne auch die Legitimität konzentrierter Angriffe auf industrielle und militärische Ziele, auf Flugplätze und Luftbasen, besonders im Hinblick auf die Zweite Front.

Ich nehme auch zur Kenntnis, daß bei Angriffen auf Zentren der Kriegsindustrie und des Verkehrs Zivilpersonen getötet werden, was als Resultat militärischer Aktionen unvermeidbar ist; aber es muß ein faires Gleichgewicht zwischen den angewendeten Mitteln und dem angestrebten Ziel bestehen.

Eine ganze Stadt vernichten, weil ein bestimmter Teil militärische und industrielle Einrichtungen beherbergt, zerstört das Gleichgewicht.“ (Parliamentary Debates, House of Lords, Bd. 130, S. 739 f., London 1944.)

Bei dem deutschen Bombardement Rotterdams, so wäre hier einzufügen, sind die Deutschen genau nach jenen Prinzipien vorgegangen, die vom Bischof Bell eingefordert worden sind, indem jene holländischen Widerstandsnester gezielt angegriffen wurden, die sich trotz mehrfacher Aufforderung zur Kapitulation nicht ergeben hatten, sondern den Kampf fortsetzten. Dies war ein begrenzter Sektor. Für Warschau gilt, dass die polnische Hauptstadt von starken polnischen Streitkräften verteidigt wurde und ebenfalls mehrfachen Übergabe-Aufforderungen nicht nachkam. In Belgrad, das ist durch den heutigen Forschungsstand erhärtet, wurden ebenfalls nur kriegswichtige Ziele bombardiert." (Zu diesem Komplex: Kurowski, Franz (Hrsg.): So war der Zweite Weltkrieg, Bd. 1, 2, 3 und 4.)

Die Pressekonferenz des 17. Februar 1945 in London beschäftigte sich in der Hauptsache mit Dresden und der westalliierten Absicht, den Feind mit Terrormaßnahmen zur Aufgabe zu zwingen. In der Bevölkerung gärte es allerdings, und so fielen die Worte von Richard Stokes, Mitglied des „House of Lords", auf fruchtbaren Boden:

„Es ist bemerkenswert, daß sich die Russen derartiges nicht erlauben. Die moralischen Beweggründe, die dieser russischen Politik zugrunde liegen, sind mir nicht bekannt. Aber ich kann durchaus die Vorteile für sie erkennen, die sie in die Lage versetzen, anzuprangern, daß es die morbiden, westlichen, kapitalistischen Staaten waren, die derartige schmutzige Tricks angewandt haben, während sie ihre Bombenaktivitäten auf ausschließlich taktische Zwecke ausgerichtet hatten.

Die Frage, die uns alle bewegt, lautet:

Ist in dieser Phase des Krieges der uneingeschränkte Bombenkrieg gegen große Bevölkerungszentren, die voller Flüchtlinge sind, weise?

Wir haben die schrecklichen, grauenvollen Geschichten gelesen, die über Dresden Aufschluß gaben. Ich habe es aufgegeben, moralische Aufklärung zu betreiben, doch was erwartet man von diesen Massakern? Strategisch oder politisch?

Meine Warnung an London und Washington lautet: Bei Fortsetzung dieser Bomberoffensive finden die Truppen, die Deutschland in Besitz nehmen, nur noch derart zerstörte Städte, Häuser und Wohnungen vor, die Großbritannien dann zum Opfer seiner eigenen Waffen machen, denn niemand wird angesichts des Ausmaßes an Elend und Armut in Deutschland mehr Politik betreiben können." (Siehe: Parliamentary Debates, House of Lords, Bd. 408, London 1945.)

Diese Rede von Richard Stokes bewirkte bei Winston Churchill jenes kurze Schreiben, das er am 28. März 1945 verfasste, und in dem er für alle Bombardierungen des Jahres 1945 dem Bomber Command den schwarzen Peter zuschob, obwohl er es war, der bis dahin die Abteilung befehligte. Er war es auch, der an der Strategie des Bomber Command maßgeblich beteiligt war. Nun aber wollte er sich von diesen Taten distanzieren, nicht aus moralischen Bedenken oder gar aus Mitleid mit den deutschen Frauen und Kindern, sondern allein aus politischen Erwägungen. Darum wies er in diesem Schreiben dem Militär – und in Sonderheit dem Bomber Command – die Schuld zu, um sich aus der Verantwortung zu stehlen.

Es war der am 1. 1. 1946, bereits nach seinem Ausscheiden aus dem aktiven Militärdienst, zum Marshal of the Royal Air Force ernannte „Bomber Harris", der seiner Empörung in einem Brief an den Stellvertreter Portals, Luftmarschall Bottomey, Ausdruck verlieh und am 29. März energisch darauf hinwies, „daß ich nur Befehle ausgeführt habe, die mir gegeben wurden und diese konsequent verwirklicht habe. – – –

Die Aufregung über Dresden kann ich nur als klinisch zu behandelnde Psychiatrie erklären, ich lehne jede Einschränkung flächendeckender Städteangriffe ab. – – –

Ich persönlich halte die gesamten verbliebenen deutschen Städte Deutschlands nicht der Knochen eines einzigen britischen Fliegers wert."

Stabschef Portal lehnte diesen Brief Churchills im Namen seines gesamten Stabes ab. Winston Churchill wurde gezwungen, am 1. April 1945 eine neue Stellungnahme zu verfassen. Darin erklärte er in aller Kürze:

„Mir scheint, daß der Zeitpunkt gekommen ist, da man die Frage des Flächenbombardements im Hinblick auf unsere eigenen Interessen überprüfen sollte. Wenn ein gänzlich ruiniertes Land unter unsere Kontrolle gelangt, wird es dort einen großen Mangel an Unterbringungsmöglichkeiten für uns und unsere Alliierten geben. – – –

Wir müssen darauf achten, daß unsere Angriffe auf lange Sicht uns selbst nicht mehr schaden, als den unmittelbaren Kriegsanstrengungen des Feindes. Bitte, lassen Sie mich Ihre Ansichten dazu wissen." (Public Record Office, London, Airforce 20/3725.)

Am 4. April schrieb Portal in einem Memorandum für die Stabschefs, dass die historische Legitimation des Flächenbombardements nach wie vor gegeben sei, und berief sich unter anderem auch auf die in Casablanca und später in Quebec gefassten Beschlüsse über eine gemeinsame Luftstrategie, zu der die Untergrabung des militärischen, industriellen und ökonomischen Systems Deutschlands und der Moral seiner Bevölkerung durch Bombenangriffe gehörten. Er betonte, dass zu diesem Zweck Flächenangriffe auch in der allerletzten Phase des Krieges in Europa nach wie vor „unverzichtbarer Bestandteil der Strategie der RAF und der USAAF" seien. Dies bedeutete, dass die Praxis der Flächenbombardements – nunmehr überwiegend mit Brandbomben, Phosphor und Napalm – fortgeführt werden müsse. Allerdings erklärte er freimütig:

„Flächenbombardements, die ausschließlich auf die Zerstörung von Industriezielen ausgerichtet sind, sollten eingestellt werden."

Die Konsequenz dieses Denkens: Frauen und Kinder verbrennen, ja, Industrie zerstören, an der sich die Sieger nach Kriegsschluss schadlos halten konnten, nein!

Damit waren zum ersten Mal direkt Nachkriegsinteressen angesprochen worden. Weil Bremerhaven beispielsweise Hauptversorgungsbasis der US-Besatzungstruppen in Deutschland werden sollte, durfte diese Stadt nicht mehr angegriffen werden.

Nürnberg, das als Sitz nicht nur einer Militärverwaltung, sondern auch als Sitz des Internationalen Tribunals der Sieger gewählt wurde, durfte nach einem Befehl von SHAEF vom 6. April 1945 nicht mehr angegriffen werden, „wegen der künftigen benötigten Anzahl von Gebäuden dort".

Dennoch hatte „Bomber Harris" nicht die geringsten Bedenken, Berlin und vor allem Potsdam (Letzteres in der Nacht zum 15. April 1945) erneut anzugreifen. Potsdam wurde das Opfer einer der letzten massierten Städtebombardierungen. Es fielen 1.716 Tonnen Sprengbomben, darunter sechzehn 8.000-Pfund-Bomben, 383 Bomben mit 4.000 Pfund und 166 Luftminen von jeweils 2.000 Pfund Gewicht. Potsdam hatte durch diesen Angriff von 490 Lancaster-Bombern und zwei Mosquitos 3.578 Menschenleben zu beklagen.

Übrigens wandte sich Winston Churchill am 19. April mit einer Anfrage an Sinclair und Portal: „Was war der Grund, nach Potsdam zu fliegen und es einzuäschern?" (Siehe: Publik Record Office, London, a. a. O.)

Portals Antwort lautete unter anderem: „Der Angriff auf Potsdam war angesetzt, um die Auflösung des gegnerischen Widerstandes zu beschleunigen."

Da „Bomber Harris" bereits über „Arbeitsmangel" klagte, wurde noch beschlossen, Helgoland am 18. April anzugreifen und mit 4.953 Tonnen Bomben zu belegen. Daran beteiligt waren 943 Halifax und Lancasters sowie einige Mosquitos.

Berchtesgaden wurde dann noch am 24. April 1945 mit 1.167 Tonnen Sprengstoff belegt.

„Diese gewaltigen Flächenbombardements", von denen einige hier in dürren Worten genannt wurden, „hatten mit ihrer Wirksamkeit und der Zerstörungswucht fast die Ausmaße eines Kernwaffenschlages erreicht, sie galten nicht mehr ausschließlich der endgültigen Niederringung des sich in Agonie befindlichen faschistischen Regimes, sondern waren zugleich als Demonstration der Stärke sowie als Warnung und Drohung an die Adresse der Sowjetunion gedacht, aber auch an jene der Völker Europas. – – –

Unter dem Gesichtspunkt einer auf die Nachkriegszeit abgestimmten Strategie geriet das deutsche Hinterland in die Rolle eines Experimentierfeldes, in welcher der deutschen Bevölkerung gleichsam die Funktion eines Versuchskaninchens zugedacht war." (Siehe: Groeler, Olaf: a. a. O.)

Eine nicht zu überbietende Hetzjagd auf Nicht-Kombattanten ging am 8. Mai 1945 zu Ende. Nicht zu Ende ging das weitere Leiden und Sterben der Hunderttausenden verwundeten Opfer des Luftangriffes und die Ungewissheit all jener Angehörigen, die nicht wussten, in welcher Stadt und unter welchen Trümmern ihre Angehörigen zu Tode gekommen waren.

Dieses einmalige Verbrechen an Dresden darzulegen und dabei eingedenk der Worte des deutschen Bundespräsidenten Roman Herzog, „eine schonungslose deutsche und auch europäische Geschichte zu schreiben und dabei nichts unter den Teppich zu kehren“ (Die Welt, 25. 11. 1994), wurde dieses Buch erstellt.

Wer sich von den Fakten getroffen fühlt, soll sich beugen unter dem Leid. Wer sich erinnert fühlt, der möge die Toten von Dresden in seine Gebete einschließen. Und wer Verzeihung von den Angehörigen dieser Toten erbittet, der möge dies tun und damit vom christlichen Geist zeugen, in dem er lebt.

Wer aber vergessen will, der möge vergessen, was allen Menschen dieser Welt an Grauenvollem zugefügt wurde: vor dem Zweiten Weltkrieg, während dieses tödlichen Ringens und in den Jahrzehnten danach.

Nur in einem sollten sich alle zivilisierten Völker dieser Erde einig sein: Nicht nur von deutschem Boden, sondern vom Boden eines jeden zivilisierten Staates darf kein Krieg mehr ausgehen!

Wenn nach mehr als 50 Jahren nach dem Dresdener Verbrennungsangriff deutsche „Diskussions-Foren“ zusammenkommen, um sich in dem Gezänk um die Frage nach der Anzahl der Toten zu ergehen und dabei das Schicksal der Toten selbst, wie viele es auch waren, vergessen, dann stellt dies den Höhepunkt des makaberen Schauspiels dar, das in Deutschland immer wieder geboten wird, wenn es darum geht, auch noch die Verbrechen anderer Staaten zu bemänteln und in Demutshaltung zu bekennen, dass Dresden „nicht nur passives Opfer des Luftkrieges war, sondern dass dort auch die Vorbereitungen des Bombenkrieges gegen die Alliierten ihren Anfang genommen hätten“. Damit wird den westlichen Alliierten eine Rechtfertigung gegeben, dass nicht die RAF und die USAAF an den Bombenteppichen und Flächenbombardierungen schuld seien, sondern die Dresdener! So geschehen in dem Kolloquium „Luftkrieg gegen mitteldeutsche Städte“ in Dresden am 10. Oktober 1994.

Spiele mit Zahlen – wie sie der Autor in diesem Werk nannte und anprangerte – sind nichts anderes als eine Verhöhnung der Opfer von Dresden, wie hoch ihre Zahl auch sein mag: Es waren Frauen, Greise und Kinder und – nicht zu vergessen – etwa 100 Soldaten der Deutschen Wehrmacht.

Der Krieg, und das macht die Geschichte der Bombardierung von Dresden überdeutlich, lässt weder Sieger noch Besiegte zurück, wie beide Seiten hinterher genannt werden, sondern vor allem und für beide Seiten zutreffend: nur Geschlagene!

Jede Wiederholung dieses barbarischen Abschlachtens ist für die gesamte Menschheit tödlich.

DAS FAZIT DES BOMBENKRIEGES

Die weiteren Angriffe vom Februar bis Mai 1945

Wer nun geglaubt hatte, dass nach Dresden der Schlussstrich gezogen worden sei, der sah sich getäuscht. Die Terrorangriffe gingen weiter – bis zum bitteren Ende.

Am 13. Februar 1945 war auch Wien, die alte deutsche Kaiserstadt, von 837 Bombern der 15. USAAF angegriffen worden. Am 14. Februar waren Chemnitz und Magdeburg an der Reihe. Hier waren es 294 B 17 der 8. USAAF, die 718 Tonnen Bomben auf Chemnitz, und 340 B 24, die 811 Tonnen auf Magdeburg warfen. Chemnitz wurde am folgenden Tage noch einmal von 671 britischen Bombern angegriffen.

Am 15. Februar zog die 8. USAAF über Cottbus und Dresden 210 B 17 zusammen, die weitere 461 Tonnen Bomben warfen, um der Stadt endgültig den Garaus zu machen. 900 Tonnen Bomben wurden an diesem Tage auf Magdeburg geworfen.

In diesem Februar der Vernichtung lag natürlich auch die Reichshauptstadt pausenlos unter dem alliierten Bombenhagel. Nicht weniger als 30 Einsätze in 30 hintereinander folgenden Nächten sollten die Berliner unterwerfungsbereit machen. Die beiden Angriffe des 3. und 26. Februar 1945 waren die schwersten des Krieges auf Berlin, und es waren keine der immer wieder zitierten Fehlwürfe, denn die 8. USAAF war angewiesen worden, das große Rondell des Belle-Alliance-Platzes in der Reichshauptstadt als Zielpunkt zu nehmen, und das war das Stadtzentrum.

2.267 Tonnen Bomben fielen und einige hunderttausend Brandbomben. Die Bezirke Mitte und Kreuzberg verwandelten sich in Trümmerlandschaften. Auch hier konnte die Zahl der Toten nur vage bestimmt werden. Sie schwankt zwischen 15.000 und 20.000. Eines der Opfer war der Präsident des Volksgerichtshofes, Roland Freisler, dessen Leiche im Keller seines Amtssitzes in der Bellevuestraße gefunden wurde.

So ging es den ganzen Februar hindurch weiter. Dortmund und Nürnberg, Regensburg, Bremen und wieder einmal Hamburg erlebten die Hölle, die vom Himmel fiel.

Im 28. Großangriff auf Dortmund, in der Nacht zum 12. März 1945, warfen mehr als 1.000 Bomber der RAF über 4.851 Tonnen Bomben auf die schwer geprüfte Stadt. Dies war die größte Bombenlast, die im Zweiten Weltkrieg während eines Angriffs geworfen wurde. Essen sah mit einem gleichen 1.000-Bomber-Angriff ein ähnlich starkes Vernichtungsbombardement mit 4.700 Tonnen Bomben.

Am 18. März startete die 8. USAAF mit 304 Fliegenden Festungen und 916 ihr unterstellten Liberator-Bombern nach Berlin. Es war die größte Streitmacht, die jemals zusammen eine deutsche Stadt angriff. Diese Bomberarmada wurde von 14 alliierten Jagdgruppen gesichert. Über 4.000 Tonnen Bomben wurden geworfen.

Am 17. April war noch einmal Dresden an der Reihe, ein Zeichen dafür, dass sich die britische Führung von dem Schock wieder erholt hatte, den das Echo dieses Terrorangriffes hinterlassen hatte.

Diesmal waren es 572 Flugzeuge der 8. USAAF, die 1.647 Tonnen Bomben auf die Eisenbahnanlagen von Dresden warfen, wobei wieder mehrere tausend Menschen ums Leben kamen.

In der letzten Phase des Bombenkrieges über Deutschland vom 1. Januar bis zum 8. Mai 1945 wurden über 180.000 Tonnen Bomben, ein Fünftel der Gesamt-Bombenabwürfe des Zweiten Weltkrieges, auf deutsche Städte geworfen.

Dann ging eine barbarische Variante des Krieges – der strategische Bombenkrieg gegen deutsche Städte, Frauen und Kinder – zu Ende.

Das Bomber Command hatte im Jahre 1945 nach den Berichten des Public Record Archives London, Airforce 14/2680 und 14/F3368, M35 Angriffe geflogen (der Angriff auf See vor Kiel-Feuerschiff nicht eingeschlossen). Insgesamt waren zu diesen Angriffen 16.265 Flugzeuge gestartet. Von ihnen gingen 261 Flugzeuge verloren. Geworfen wurden 38.708 Tonnen Sprengbomben und 17.028 Tonnen Brandbomben. (Siehe Anlage: Städteangriffe des Bomber Command im Jahre 1945.)

Die 8. USAAF, die sich im Februar voll in die Flächenangriffe einschaltete, konnte dennoch vom Februar bis zum 25. April 1945 folgende „Rekorde" erringen:

Sie griff 39 Städte an (darunter als einzige nichtdeutsche Stadt, Pilsen). Die Zahl der angreifenden Flugzeuge belief sich auf 16.826. Von diesen wurden 41.766 Tonnen Bomben geworfen. Die Zahl ihrer Verluste ist nicht bekannt. (Siehe Anlage: Großangriffe der 8. USAAF gegen Ziele in Deutschland vom 3. Februar bis zum 25. April 1945.)

Die Bombardements des deutschen Hinterlandes, auch nach Dresden, vor allem also nach dem 14. Februar und bis Ende März, aber auch noch im April (von denen einige ja bereits vorher genannt wurden), waren in ihrer Fülle beispiellos, in ihrer Brutalität unübertroffen und in ihrer Kaltschnäuzigkeit und Rohheit unübertroffen – und das von zwei Nationen, die die Rettung Europas auf ihre Fahnen geschrieben hatten und eine neue hehre Welt schaffen wollten – unter ihrer Führung versteht sich –, ohne dabei entsprechendes Verantwortungsbewusstsein zu zeigen oder gar Gnade walten zu lassen gegenüber einem Lande, das in völliger Agonie lag und den Bombergeschwadern hilflos ausgeliefert war: So etwas hätte tatsächlich „Attila und Dschingis Khan erschrecken" können.

38 deutsche Großstädte waren also allein im Jahre 1945 Ziele von Großangriffen der Anglo-Amerikaner gewesen. Der größte war übrigens jener Angriff gegen Dortmund am 12. März 1945

mit insgesamt 1.107 Bombern der RAF. In den letzten 36 Stunden des Zweiten Weltkrieges fielen immerhin noch 14.000 Tonnen Bomben auf deutsches Gebiet.

Während der Zeit vom Januar bis Mai 1945 starben in Deutschland noch einmal 119.000 Menschen im Bombenhagel der alliierten Terrorflieger.

Insgesamt starben in Deutschland durch anglo-amerikanische Luftstreitkräfte nach amtlichen Unterlagen 410.000 Menschen. Die Zahl der Vermissten und jener, die aus dem Osten Deutschlands kamen und nicht als vermisst gemeldet wurden, weil alle Angehörigen umgekommen waren und niemand mehr nach ihnen suchen konnte, geht in die Hunderttausende.

Insgesamt gingen vom ersten bis zum letzten Kriegstage 955.044 Tonnen Bomben auf deutsches Gebiet und auf Europa nieder, die allein von der RAF abgeworfen wurden. Die US-Streitkräfte brachten es gar in der bedeutend kürzeren Zeit ihres Einsatzes in Europa auf über eine Million Tonnen.

Von diesen zwei Millionen Tonnen Bomben und Brandkörpern aller Art, bis hin zu Napalm, das über Deutschland zum ersten Male eingesetzt wurde, fielen über 50 Prozent direkt auf Wohngebiete. 20 Prozent dieser Massen waren Brandbomben und Phosphorkanister. 12 Prozent aller Bomben fielen auf Fabriken und kriegswichtige Ziele, 24 Prozent ausschließlich auf Großstädte mit über 100.000 Einwohnern.

3.600.000 Häuser wurden in Deutschland völlig zerstört. 7,5 Millionen Menschen wurden dadurch obdachlos. Allein in Frankreich, dem Verbündeten der Alliierten, wurden nach Casablanca 59.000 Franzosen durch anglo-amerikanische Bomber getötet. Das waren etwa 1.000 Tote weniger, als ganz Großbritannien im gesamten Zweiten Weltkrieg durch den deutschen Bombenkrieg zu beklagen hatte. In England gab es 60.000 Luftkriegstote, davon allein in London 30.000. Sie wurden durch jene 56.000 Tonnen Spreng- und Brandbomben getötet, die von deutschen Flugzeugen abgeworfen worden waren, und von jenen 1.900 Tonnen V-Waffensprengstoff, die überwiegend auf London niedergingen.

Die Verluste der deutschen ebenso wie der alliierten Luftstreitkräfte waren enorm hoch. Von Kriegsbeginn bis zum 31. Januar 1945, der letzten großen Zählung, waren 138.596 Angehörige der deutschen Luftwaffe gefallen, 156.132 weitere wurden vermisst.

Die deutsche Jägerwaffe schoss vom 1. September 1939 bis zum 8. Mai 1945 etwa 70.000 feindliche Flugzeuge ab. Sie verlor allein bei den Tagjagdverbänden 22.500 Flugzeuge durch Feindeinsatz und 21.500 Maschinen ohne Feindeinwirkung. Bei den Nachtjagdverbänden belief sich die Gesamtzahl der verloren gegangenen Flugzeuge auf 11.000, von denen durch Feindeinwirkung 4.800 verloren gingen.

Die 8. USAAF gab kurz vor Kriegsende die Zahl ihrer in Europa gefallenen und vermissten Flieger mit 43.742 an.

Großbritanien verlor im Kriege 79.281 Luftwaffensoldaten.

Die außerordentlich hohen deutschen Verlustzahlen an Fliegern und Maschinen ist darauf zurückzuführen, dass Deutschland einen vierjährigen Abnutzungs- und Vernichtungskampf gegen die Sowjetunion führen musste.

Was aber wurde durch all diese Verluste von nur einem Wehrmachtsteil erreicht?

Deutschland wurde zwar niedergeworfen, aber nicht durch den Einsatz alliierter Luftgeschwader, sondern durch den Zermürbungskrieg an allen Fronten. Der Luftkrieg selbst ließ lediglich zerstörte Städte zurück.

So will die Darstellung dieses Werkes über die Zerstörung der Stadt Dresden nicht mehr – aber auch nicht weniger – als beweisen, dass es sinnlos war, eine solche Stadt zu zerstören, die zu den schönsten Europas, ja der Welt, zählte, und dass unermessliche Werte nicht nur in Dresden geopfert werden mussten.

Wenn es durch diese Darstellung der Vernichtung einer Stadt – die hier für alle steht, ganz gleich, in welchem Lande sie zerstört wurde und von wem – gelingt, alle Menschen dieser Erde und insbesondere die Verantwortlichen an solchen Aktionen davon zu überzeugen, dass durch Terrorisierung oder Dezimierung der Zivilbevölkerung und die Verwüstung ihrer Behausungen keine

Entscheidung herbeigeführt werden kann, dann hat dieses Werk seine Zielsetzung erreicht. Dass dies nicht geht, ohne die tätige Reue beider Seiten, ist menschliche Gesetzmäßigkeit.

Deutschland lag nach Ende dieses mörderischen Krieges, der nicht einmal vor den Kindern in der Wiege Halt machte, in Trümmern. Doch dies war nicht der schmerzlichste Verlust. Bedrückender als alles andere war der Hochmut der Sieger, der solche Vernichtungen wie jene der Stadt Dresden als durchaus verdienstvoll herausstellte und Vernichtern von Kulturdenkmälern auch noch Denkmale setzte.

Die bedingungslose Kapitulation Deutschlands, der Versuch, dieses Land in der Mitte Europas zu zerstückeln und es in die Bedeutungslosigkeit eines Agrarstaates mit geringer Bevölkerungszahl zu bringen – mit welchen Methoden auch immer –, hat bedingungslosen Hass hervorgerufen, und dies nicht nur unter den Kriegsgegnern, sondern auch bei deren Verbündeten untereinander. Mit der Vernichtung von Dresden und des Sich-Rühmens dieser Untat wurde für jedermann in der Welt, nicht nur für den Unterlegenen, Recht und Gerechtigkeit zu Grabe getragen.

Die großen Konferenzen, vor allem jene von Jalta, haben Pläne zur Reife gebracht, die die ganze Welt in ein Chaos ohnegleichen stürzten, viele Staaten verstümmelten, andere gar ganz von der Landkarte tilgten und wieder andere zu sowjetischen Satelliten machten.

Viele Historiker in aller Welt haben die Verbrechen, die an Deutschen begangen wurden, aufgezeigt. Deutschen Historikern blieb es vorbehalten, sie zu verschweigen und von der immer währenden deutschen Schuld an allem zu schreiben.

Die Forderung nach einer bedingungslosen Kapitulation Deutschlands wurde zur Katastrophe für die ganze Welt. Sie hat den Krieg um mindestens ein Jahr verlängert, Deutschland zerrissen und geteilt, Polen ebenfalls zerrissen und dessen östliche Hälfte der UdSSR zugespielt, wie dies auch mit den baltischen Staaten geschehen war.

Sie hat drei Millionen Zivilisten und 1,5 Millionen Kriegsgefangenen das Leben gekostet und die Sowjetunion als größte Militärmacht in Europa zurückgelassen.

Dresden war in diesem verheerenden Geschehen zwischen dem 1. September 1939 und dem 8. Mai 1945 nur ein kleiner Schritt im Kriegsverlauf, aber ein großer hin zur Bestialisierung des Krieges.

ANHANG

Ein Kranz mit Nachruf über einem Trümmergrab. (Peter sen.)

Suchmeldungen und Todesmeldungen nebeneinander.

Noch im Jahre 1947 wurden an vielen Stellen grausige Funde gemacht. Sie bewiesen, dass unter den Trümmerbergen noch Tausende Tote lagen (und liegen). Hier ein im April 1946 geöffneter Luftschutzkeller mit 243 Toten. (SLD/P)

Ein 1947 in einem Luftschutzkeller gefundener Leichnam.

Der Engel auf der Rathausbalustrade überlebte das Chaos. Er deutet auf den „Wahnsinn aus Menschenhand“.

Abriss der lebensbedrohenden Ruine in der Wettiner Straße. (Peter sen.)

Blick vom „Zweiten Rang“ des Centraltheaters zur Prager Straße (Möbius)

Das Schloss in der Schloss-Straße. Nur noch Fassaden!

Voraus die zerstörte Lukaskirche mit ihrem Geläut.

Ein Heimkehrer sucht nach einem Lebenszeichen seiner Familie.
(Petersen, sen.)

Das ehemalige Residenzschloss „Stallhof" wurde total ausgebombt.

Die Prager Straße ist erst nach Wochen wieder befahrbar.

Trümmerfrauen bauten Dresden wieder auf. Kein Mensch spricht mehr von ihnen, aber vom „vergoldeten Kreuz auf der Frauenkirche“ wird weiter geschwafelt.

Mit der Brechstange bei der Enttrümmerung. Angesichts der Trümmerwüste eine Sisyphus-Arbeit.

Anlage I

Folgende Tagebücher und Berichte wurden in diesem Abschnitt zu einem Zustandsbericht über Dresden herangezogen: Tagebücher Dr. Karl Arnoldi und Gespräche mit seinen Schwestern. Gespräche mit Herrn Anton Scharnowski, Heinz Proll und anderen Persönlichkeiten.

ZEUGENBERICHTE

Die Alarmmeldungen

Die Radiostationen des Großdeutschen Rundfunks spielten an diesem Faschingsdienstag heitere Musik, um die Menschen zu zerstreuen und von den vielen Bedrängnissen abzulenken, die sie täglich und stündlich durchleben mussten.

In Dresden hockten die Familien, soweit sie nicht im Zirkus Sarrasani die Galavorstellung ansahen, an ihren Volksempfängern – die sie spöttisch Goebbelsschnauzen nannten.

Als um 21.15 Uhr die Musik abbrach und das Ticken des „Weckers" einsetzte, wurde dieses erste Warnsignal nicht so tragisch genommen, denn es war wohl das erste Mal, dass sich die Maschinerie der Vorwarnungen in Gang setzte. Einige Augenblicke später hörten alle, die nun den Drahtfunk eingeschaltet hatten, die ersten Meldungen mit:

„Achtung, Achtung, hier ist Martha-Heinrich. Feindliche Störflugzeuge, zuletzt aus dem Raume Hannover-Braunschweig gemeldet, befinden sich im Anflug auf Magdeburg-Dessau. Ein starker feindlicher Kampfverband nähert sich Südwestdeutschland."

Diese Meldung wurde auch in der Zentrale des Befehlshabers der Ordnungspolizei Dresden aufgenommen. Dort saß eine der

Nachrichtenhelferinnen hinter dem Klappenschrank, um alle einlaufenden Luftlagemeldungen an die angeschlossenen Polizeidienststellen Sachsens weiterzuleiten.

Wenig später meldeten die Flugwachen das Herannahen schneller Maschinen, wahrscheinlich Mosquitos.

Von 21.30 Uhr bis 21.40 Uhr vergingen zehn Minuten.

Dann meldeten sich wieder die Wachstellen:

„Achtung, Achtung, für Martha-Heinrich: Starke Feindverbände im Anflug auf Mitteldeutschland. Voraussichtliche Ziele Leipzig und Dresden."

Plötzlich heulten die Sirenen los. Es war offiziell 21.40 Uhr, als der Fliegeralarm einsetzte. Es hatte sofort Vollalarm gegeben. Die zwölf Luftwaffenhelferinnen der diensthabenden Abendgruppe hörten durch das Aufnehmen der Meldungen der Flak-Befehlsstelle, die beim Abzug der letzten schweren Batterie als Warngruppe und Verbindungshalter zurückgeblieben war, dass nun die Bomber auf Dresden eingedreht hätten und aus Nordwesten, aus dem Raume Riesa, die Stadt anflögen.

Sekunden später erfolgte eine Meldung aus dem Flugwachturm am Nordwestrand der Stadt: „Fliegergeräusche über der Stadtmitte! Es sind Mosquitos."

Die Mädchen mussten, bis auf die Diensthabende am Klappenschrank, in den Luftschutzkeller hinunter, der in den sichersten Gewölben unter dem Albertinum eingerichtet war, wo sich auch das Notfernamt befand. Am Klappenschrank blieb Helga Dreyer zurück, die nun die Meldung empfing: „Der Haupt-Bomberverband befindet sich noch etwa 30 Kilometer vor Dresden. Voraus kleinere Pulks."

Dann wurden die abgeworfenen Markierungsbomben geworfen und schließlich begann das Bombardement, dessen Beginn mit 22.03 Uhr für die ersten Markierungs-Leuchtbomben und mit 22.05 für den ersten Bombenabwurf der Platerack-Gruppe, die das Ziel genau traf und damit die ersten Brände hervorrief, nach denen sich die folgenden Bomberpulks richten konnten, angegeben wurde.

Die Leitstelle schien wie ein Schiff auf stürmischer See zu schlingern. Dennoch wurden weitere Befehle gegeben. So jener um 22.09 Uhr, als die Luftwarnzentrale meldete, dass das Gros der Bomber die Stadt erreicht habe und dass alle Menschen die Luftschutzkeller aufzusuchen hätten. Jeder, der diesem Befehl zuwider auf der Straße angetroffen werde, würde verhaftet.

In einer Gasse, einige Häuser von der Seestraße und nur wenige hundert Meter vom Zwinger entfernt, hatte sich eine Hausgemeinschaft direkt nach dem Vollalarm in den Keller begeben, den Anton Scharnowski, der oberschlesische Kohlenhauer, mit Balken und Brettern verstrebt hatte, um einen einigermaßen sicheren Unterstand für alle zu errichten. Als Vater und Sohn Scharnowski aus dem zweiten Obergeschoss die Treppe hinunterstürzten, hörten sie aus der Wohnung in der ersten Etage ein Stöhnen. Frau Scharnowski, die den beiden Männern mit der so genannten „Luftschutztasche" folgte, rief ihrem Mann zu:

„Halt, Anton, das ist Frau Schrings. Sie erwartet ihr Baby. Du musst sie hinuntertragen."

Während Frau Scharnowski ihren Weg in den Keller fortsetzte, eilten Anton und Josef Scharnowski in die Wohnung der jungen Frau, deren Mann erst vor sechs Wochen wieder an die Front hatte abrücken müssen.

„Wie sieht's aus, Frau Schrings?", fragte der Hauer.

„Rückenschmerzen, noch keine Wehen", erwiderte sie und versuchte sich zu erheben.

Josef sprang der Frau bei und half ihr in den dicken Bademantel, dessen Gürtel sich über den weit vorgewölbten Leib der werdenden Mutter spannte. Sie geleiteten sie in den Keller. Auf der ersten Kellerstufe angelangt, dröhnten, noch einige hundert Meter entfernt, die ersten Bombenwürfe. Die junge Frau zuckte zusammen.

„Keine Angst", beschwichtigte Scharnowski, „gleich haben wir es geschafft!"

Sie tasteten sich durch den spärlich beleuchteten Gang in den abschließenden letzten Keller, von dem aus der Hausherr zum

Keller des Nachbarhauses einen Durchbruch geschaffen und diesen dann notdürftig wieder verschlossen hatte.

Sie führten die Schwangere zur großen Bank, die mit einigen alten Decken gepolstert war, und versuchten, es ihr in der Ecke derselben bequem zu machen.

„Wie Hühner auf der Stange", bemerkte Irmchen Albring und deutete auf die Hausgemeinschaft, die bereits vollzählig versammelt war. Josef lachte unterdrückt und erntete einen vorwurfsvollen Blick seiner Mutter.

Er mochte Irmchen, die als echtes Kölsches Mädchen sich etwas anderes gewünscht hatte, als ausgerechnet am Faschingsdienstag hier im Luftschutzkeller zu hocken.

„Gut, dass du keinen Dienst hast", meinte Josef, sich Irmchen zuwendend und ihr zunickend.

„Ja, die anderen sitzen jetzt in der Klemme. Aber eines kann ich euch sagen: Der Keller im Augustinum ist auch nicht von schlechten Eltern. Was nicht gegen Sie geht, Herr Scharnowski", versuchte sie, den erfahrenen Hauer mit den dunklen Narben auf Stirn und Wangen milde zu stimmen.

Scharnowski hatte die Feuerpatschen bereitgestellt. Drei Eimer voll Sand standen unter der Kellertreppe und die Spitzhacke lehnte daneben an der Wand.

„Viel Aufwand um nichts", dachte Josef, ohne dies laut zu äußern, weil es seinen Vater erzürnt hätte, der als „Perfektionist des ganzen Hauses" zum Hauswart ernannt worden war und diese Aufgabe sehr ernst nahm.

Schon atmeten alle auf, als plötzlich doch die Hölle los war. Nun griff der erste große Pulk in das Bombardement ein. Die Luft war erfüllt von einem wilden Kreischen und Orgeln. Die Häuser der Umgebung schienen getroffen zu sein. Einer der hölzernen Stützpfeiler brach und knickte ein, als ein schwerer Gesteinsbrocken auf das Haus fiel.

Scharnowski eilte in seinen Keller und holte einen passenden Stempel aus dem kleinen Vorratsraum, der alle notwendigen Utensilien enthielt, die er zum Bau dieses Luftschutzkellers benötigt hatte. Er setzte den Stützpfeiler schräg unter das Deckenbrett und klopfte ihn in die Senkrechte.

„Der hält“, sagte er im Brustton der Überzeugung und blinzelte seinem Sohn zu, als wollte er sagen: „Wenn nichts mehr fällt!“

Aber das war nur ein Wunschtraum, denn nun hagelte es ununterbrochen Bomben auf die Stadt. Aus dem Keller des Nebenhauses drang ein schriller Schrei, als wieder eine Bombe sehr nahe vorbeiging.

In der Nähe schlug eine Minenbombe ein, die im Umkreis von achtzig Metern nichts mehr heil ließ. Wieder prasselten Steinbrocken auf ihr Haus herunter.

Flackernder Feuerschein drang vom Kellereingang weiter vorn in das Verlies hinunter, in dem nun etwa dreißig Personen eingeschlossen waren.

„Stabbrandbomben“, meldeten die Zwillingsbrüder Herbert und Heinz Kleine, die auf dem Boden Wache hielten und ab und zu durch das Dachfenster auf die Gebäude in der Umgebung blickten, von denen einige bereits in Flammen standen.

Scharnowski und sein Sohn rannten als Erste die Treppe hinauf. Sie sprinteten über die vier weiteren Treppen zum Dachboden und sahen die Zwillinge, die durch ein etwa fenstergroßes Loch im Dach die schwelenden Brandbomben hinauswarfen. Scharnowski griff zur Feuerpatsche und schlug die glimmenden Brände aus. Josef überschüttete eine der Brandbomben, die gefährlich zu zischen begonnen hatte, mit einem Eimer Sand, worauf sie erlosch.

Binnen weniger Minuten, während um sie herum ein wildes Inferno tobte, hatten sie den Brand gelöscht und eilten wieder hinunter, um dort nach dem Rechten zu sehen.

„Ihr werdet um 23.00 Uhr abgelöst“, versprach Scharnowski den Zwillingen. Sie winkten ihm zu und hatten bereits den Sand erneuert sowie alles andere bereitgelegt, um den nächsten „heißen Segen“, wie sie dies nannten, abzuwehren.

Als das Heulen der niedersausenden Bomben nachließ und nur noch ab und zu Bomben hochgingen, die Scharnowski als

„Zeitzünder-Teufelseier" bezeichnete, gingen Josef und Irmchen auf die Straße. Das heißt, sie versuchten es, denn als sie die dicke Haustür öffneten, drangen ihnen sogleich beißende Rauchschwaden und Korditgestank entgegen.

Dennoch traten sie ins Freie.

„Seht euch das an!", rief Josef den beiden folgenden älteren Männern zu. „Alles in Flammen!"

Sie blickten die Straße in Richtung Seestraße, Schloss und Zwinger hinunter, soweit die hohen Gebäude dies zuließen, erkannten sie überall aufflackernde Brände, die sich beinahe beim Zusehen vergrößerten. Menschen eilten an ihnen vorüber und riefen ihnen zu, in Richtung zum Zwinger und zum Großen Garten zu laufen, dort seien sie sicher. Irmchen fasste Josefs Hand und presste sie fest.

„Keine Bange, Irmchen, wir sind ja bei dir. Und es ist ja schon vorbei."

Noch während er dies sagte, kam eine Gestalt mit brennenden Kleidern an ihnen vorüber und schrie immer wieder: „Helft uns, helft uns! Alle sind verschüttet!"

Anton Scharnowski, der ins Freie gekommen war, hielt den Mann fest, und gemeinsam erstickten sie die glimmenden Stellen in der Jacke des Mannes.

„Menschenskind, Krüger, was ist passiert?", fragte Scharnowski den Kumpel der allwöchentlichen Skatabende im Bären.

„Wir haben einen Volltreffer. Alles verschüttet, und im Keller sind vier Kinder und neun Frauen", keuchte der Mann.

„Die Spitzhacke und die beiden Schaufeln", brüllte Scharnowski in den Kellereingang hinunter.

Die beiden alten Männer keuchten die Stufen hinauf und schleppten die Geräte nach oben. Im Laufschritt eilten sie die Straße hinunter, die noch fast unberührt aussah, wenn man von glimmenden Stabbrandbomben in den Höfen absehen wollte.

Erst als sie das Krüger'sche Haus erreichten, schlug ihnen ein prasselndes loderndes Flammenmeer entgegen, das sich vom Gebäude hinter dem Krüger'schen Haus zur Straße durchfraß und sich schon nach dem von einer 1000-Pfund-Bombe getroffenen Haus des Skatbruders durchzufressen schien.

Zwei Wagen, die weiter hinten auf dem Platz für den Luftschutzkeller stationiert waren, standen in hellen Flammen. Glücklicherweise konnten die Benzintanks nicht explodieren, denn sie waren seit zwei Tagen bereits leer gefahren stehen geblieben.

Sie erreichten das Haus, sahen Flammen, die sich aus dem Obergeschoss nach unten weiterfraßen.

„Hier kommen wir nicht durch“, sagte Scharnowski lakonisch. „Das schafft keiner mehr, durch den brennenden Flur.“ Die rechte Giebelwand des Hauses war nach innen eingestürzt, als die Verbindungskrallen umknickten. Sie versperrten auch den Hintereingang zum Keller vom Hof aus, wie sie sofort feststellen konnten.

„Die andere Seite“, rief Scharnowski. Keuchend und hustend umrundeten sie das Haus. Nunmehr waren sie den Ausläufern der Flammen ausgesetzt, die verdammt nahe herangekommen waren.

„Wasser, Karl“, rief Scharnowski dem Freund zu.

Dieser lief zum Nebenhaus, das noch stand, und kam eine Minute später mit zwei Löschwassereimern zu ihnen zurück.

„Über Köpfe und Kleidung von uns dreien“, übernahm Scharnowski die Führung. Sie wurden übergossen und rannten zu einem der Kellerfenster, die mit dicken Bohlen verschalt waren. Geschickt und mit genau bemessenen Schlägen sprengte er die Bohlen los. Das zerbrochene Fenster musste ebenfalls aufgestemmt werden, da sich sein Stahlrahmen verklemmt hatte.

Als Erster glitt Scharnowski durch die Lücke und ließ sich die Spitzhacke nachreichen. Er eilte durch den von dichtem Rauch erfüllten Raum der Waschküche, und als er die Tür aufstieß, prasselten ihm Steinbrocken von der heruntergekommenen Decke entgegen. Eine scheinbar undurchdringliche Wand aus Gestein versperrte den Weg in den Luftschutzkeller, auf den ein großes Schild hinwies.

Seine beiden Helfer und zwei Luftschutzhelfer aus dem Nebenhaus folgten ihm. Für Sekunden blieben sie wie erstarrt vor dem

Trümmerhaufen stehen. Dann sprachen alle durcheinander, bis Scharnowski die Hand hob.

Sofort trat Stille ein, die vom seltsamen Geraschel der Flammen durchbrochen wurde, deren Schein nur schemenhaft von draußen einfiel.

Dann hörten die anderen es auch. Dumpf, kaum wahrnehmbar: ein gleichmäßiges Pochen. Dreimal, dann eine Pause, dann wieder dreimal, der Ruf nach Hilfe.

Sie kamen am seitlichen Rand des Geröllberges mit wilden Schaufelbewegungen an die Wand heran. Als Scharnowski sie anfühlte, zog er die Hand sofort zurück. Die Steine waren kochend heiß.

„Aufpassen!“, warnte er die anderen. Dann griff er zur Spitzhacke und schlug ein halbmannsgroßes Loch durch die Verbindungswand, und als sie den Durchbruch geschafft hatten, hörten sie die erstickten Hilferufe der Kellerinsassen. Josef Scharnowski und Karl Krüger krochen durch die Öffnung. Sie verbrannten sich die Hände, aber sie spürten es kaum, denn was sie nun im Luftschutzraum sahen, verschlug ihnen den Atem. Als erstes taumelte ihnen ein Mädchen von etwa zwölf Jahren entgegen, das ein bewusstloses Baby auf dem Arm trug.

Das Kind und das Baby wurden weitergereicht, durch die Öffnung ins Freie gewuchtet und in Sicherheit gebracht.

Die Mutter des Babys lag bereits bewusstlos auf einem der Luftschutzbetten. Auch sie wurde geborgen und durch das inzwischen erweiterte Loch in der Wand ins Freie gebracht. Drei, vier Frauen und Männer, alle im Greisenalter, kamen nach, und die anderen wurden ebenfalls ins Freie geleitet.

Als sie das Haus verließen, waren sie am Ende ihrer Kraft. Sie ließen sich Wasser über die Köpfe schütten und tranken dann gierig.

Sie hatten es geschafft. Die Geretteten wurden in die nicht getroffenen Häuser geschafft, und es sah so aus, als sei trotz der großen Verwüstungen doch noch letztlich alles gut gegangen.

Der Clown gibt seine Nachricht durch

Die abendliche Vorstellung im Zirkus Sarrasani war ausverkauft, wie schon seit Wochen zuvor. Der große Kuppelbau, der dem Zirkus als ständiges Winterquartier diente, übte nach wie vor eine große Anziehungskraft auf die Dresdener und all jene Menschen aus, die den verschiedensten Höllen zerbombter Städte und den von der Roten Armee besetzten Gegenden Deutschlands entronnen waren. Hier konnten sie sich entspannen. Hier konnten sie Vergessen finden. Hier war der Ort, wo weder die Russen noch die Bomben sie einholen würden.

Es war 21.40 Uhr, als die Zirkusleitung den Fliegeralarm übermittelt erhielt, weil er in dem Getöse der Zirkusarena nicht gehört werden konnte. Frau Stosch-Sarrasani, die Vizechefin des Zirkus, rief den Clown „August" zu sich, der soeben das große Endbild ansagen sollte.

„Hör zu, Fritze", redete sie ihn mit seinem wirklichen Namen an. „Es ist Fliegeralarm gegeben worden. Du musst es den Leuten sagen und sie bitten, sofort heimzugehen."

„In Ordnung, Chefin", meinte „August" und eilte aus dem Eingang zur Bühne auf die Menge zu, stolperte über die Umgrenzung derselben, schlug einen gekonnt komisch aussehenden Purzelbaum, stolperte weiter über seine eigenen Beine und kam in der Mitte der Manege zum Stehen.

„Meine Damen und Herren, unser letztes Bild muss ausfallen, denn unsere ‚Freunde' jenseits des Kanals haben sich wieder auf den Weg gemacht. Es ist Fliegeralarm. Bitte, gehen Sie sofort nach Hause, und genehmigen Sie sich einen Schlummertrunk. Wahrscheinlich geht auch dieser Alarm so aus, wie alle anderen vorher, denn wer wird uns hier schon angreifen?"

Er erntete zögernden Beifall, und die Menge erhob sich zivilisiert und besonnen und strebte durch die beiden Hauptausgänge ins Freie, um den Weg nach Hause anzutreten.

Zum Teil waren die Besucher des Zirkus noch auf dem Nachhauseweg, als die ersten Bomben fielen. Die offizielle Zeit war

22.09 Uhr. Nun begann das große Rennen vor dem niederheulenden Tod. Es gelang den meisten, die eigenen Häuser und die wenigen öffentlichen Luftschutzräume zu erreichen.

Währenddessen war Frau Stosch-Sarrasani nicht untätig geblieben. Alle Tiere wurden in den Unterkünften versorgt und die Boxen fest verschlossen.

Dann fielen die Bomben auch hier, und nach einigen Treffern in der Nähe begann auch die große Kuppel des Zirkus zu brennen. Es sah so aus, als würde sie halten, doch dann stürzte sie hinunter und setzte den ganzen Zirkus in Flammen.

Die Mitarbeiter des Zirkus hatten sich zu ihren Splittergräben begeben. Als die Bomben gefallen waren, begann in fieberhafter Hast die Bergung des zu rettenden Gutes. Den Tieren war bislang nicht viel geschehen. Aber der Pferdestall stand in Flammen; die Pferde waren in Sicherheit, falls nicht noch ein weiterer Angriff erfolgen sollte. Und dies war die geheime Sorge der Chefin.

Sie hatte ein untrügliches Gefühl für die erneut herannahende Gefahr, auch wenn diese sich noch durch nichts ankündigte.

„Regina, du führst die Pferdegruppe. Alle Stallburschen und die Helfer sollen mit dir gehen. Am besten auf die ostwärtigen Elbwiesen, dort, wo die beiden Ställe stehen, die wir für den Herbst aufgestellt haben."

„Geht in Ordnung, Chefin."

Die Kunstreiterin Regina Berr, die vor knapp einer Stunde noch ihre alten und jungen Besucher mit ihren phantastischen, oftmals tollkühnen Nummern begeistert hatte, so dass sich alle 5.000 Besucher von ihren Plätzen erhoben, laut Beifall riefen und eine Zugabe erbettelten, eilte zu dem Geviert aus Wagen, zwischen denen die unruhig schnaubenden und stampfenden Pferde zusammengetrieben waren. Fast jedes Pferd war ihr besonders bekannt, sie liebte alle und insbesondere ihren Hengst Apollo, der sie schnaubend begrüßte, als sie in diese „Wagenburg" trat.

Alle Tiere wurden von ihren jungen Betreuern am Halfter gehalten. Sie sprachen beruhigend auf die Tiere ein, die den Qualmdunst durch ihre Nüstern einsogen und unruhig wurden, denn

Brandgeruch ist etwas, was Pferde nicht vertragen und Flammen schon gar nicht.

„Also, Jungs und Mädels, aufsitzen. Wir reiten zu den beiden Herbstställen."

Widerwilliges Gemurmel schallte ihr entgegen.

„Keine Widerrede, die Chefin hat's befohlen", erklärte sie burschikos.

Regina saß auf und setzte sich an die Spitze der langen Gruppe, die an Frau Stosch-Sarrasani vorbeidefilierte. Die Chefin winkte ihnen allen zu, als gelte es, einen Abschied auf lange zu nehmen. Noch ahnte sie nicht, dass es ein Abschied auf immer werden sollte.

Die kleine Kavalkade erreichte die weiten Wiesen am nördlichen Elbufer, fast gegenüber den Anlegestellen der Elbschifffahrt. Sie brachten die Pferde in die Ställe und legten ihnen aus dort deponierten Haferkisten jeweils eine Extraportion Hafer vor. Die Tiere beruhigten sich bald, und auch der Qualmdunst war hier nicht mehr zu spüren, denn der Wind wehte Rauch und Brandpartikel nach Südosten fort.

Die Jungen und Mädchen kamen nach der Versorgung der Tiere ins Freie und starrten auf die Brände am jenseitigen Elbufer.

„Das ist schlimmer als im Januar", stellte Siegfried Ölker fest. Er wandte sich seiner verehrten Chefin Regina zu. „Meinst du, sie kommen noch einmal?", fragte er.

Regina schüttelte den Kopf, dass ihr langes blondes Haar flatterte. Sie deutete auf die Brände in der Altstadt.

„Das dürfte doch schlimm genug sein. Ich fürchte, dass auch der Zwinger etwas abbekommen hat und die anderen Gebäude auch."

Eine halbe Stunde darauf legten sich alle in den beiden Ställen auf den Strohschütten nieder. Aber einschlafen konnten sie nicht, und keiner von ihnen entledigte sich seiner Oberbekleidung, so, als ahnten alle, dass dies doch noch nicht alles gewesen war.

Ihre Besorgnis sollte sich erfüllen, und dies auf die schrecklichste Art.

Der Tod fällt vom Himmel

Mit dem ersten Heulen der Sirenen, deren Signal aus Mikten und Übigau zu ihnen herübergeweht wurde, sprangen alle Helfer fast gleichzeitig auf. Sie liefen ins Freie, konnten aber noch nichts erkennen. Erst als die Bomben fielen und ihr Tosen in dichten peitschenden Schallwellen gegen ihre Trommelfelle anbrandete, wussten sie, daß es ernst wurde.

Als die ersten Bomben in ihrer Nähe fielen, wurden die Pferde unruhig. Alle eilten in die beiden Ställe zurück, um die Tiere zu beruhigen. Dann aber hämmerten unzählige Bomben auf die Wiese herunter, und die Einschläge bewegten sich direkt auf die Ställe zu.

„Alle Tiere raus, schnell, schnell!“, rief Regina. Sie stürmte in den Stall und machte Apollo los. Das tänzelnde Pferd sträubte sich, den Stall zu verlassen und in die glosende Helle hinauszugehen. Regina sprach ihm zu, zog ihn mit sich ins Freie und sah, dass die anderen Pferde folgten.

„Weiter nach rechts ausweichen. Aufsitzen!“, rief Regina, als die Bomben immer näher herunterkamen und mit wildem Getöse auseinander platzten.

Sie saßen auf, jagten auf den ungesattelten Pferden zur Seite und dann – mitten in eine neue Serie von Bombenwürfen hinein, die dicht vor ihnen niederging.

Die Pferde scheuten, warfen zum Großteil ihre Reiter ab. Auch Regina wurde aus dem Sattel gerissen und fand sich auf dem Boden wieder. Sie kroch auf die nächste Deckung zu, und Siegfried, der einige Dutzend Meter weiter zurück zu Boden gegangen war, versuchte, sie zu erreichen. Aber da heulte es direkt auf sie herunter. Es krachte und dröhnte wie ein Weltuntergang. Schrilles Wiehern der Pferde, Entsetzensschreie und die gellenden Hilferufe der von den Bomben niedergemähten Menschen hallten durch das Getöse der Bombendetonationen.

Regina sah, wie Apollo in den Vorderläufen einknickte. Sie raffte sich auf, setzte zum Lauf auf dieses Tier an, als keine zehn Meter neben ihr die nächste Bombe einhieb.

Als nach einer Minute lähmenden Entsetzens Siegfried und Herbert – beide nur leicht verwundet – aufstanden und zu Regina hinüberliefen, sahen sie, daß ihre Chefin und zugleich Freundin tot war. Siegfried bettete ihren Kopf in seinen Schoß. Er hielt sie in den Armen, als wollte er sie beschützen, aber Regina Beer war bereits tot. Nicht weniger als 17 Bombensplitter hatten sie buchstäblich zerfetzt und ihr Blut überströmte den weinenden Jungen.

Sie versuchten, Hilfe zu leisten. Eines der Mädchen lebte noch. Es starb, als sie ihr einen Pressverband anlegen wollten, um den Blutstrom aus der Oberschenkelarterie zu stoppen. Das Bein war dem Mädchen oberhalb des Knies von einem riesigen Splitter durchschlagen und abgetrennt worden.

Alle Pferde waren – in wilder Flucht durch das Verderben rasend – zu Tode gekommen. Von den 16 Jungen und Mädchen der Pferdegruppe waren 14 durch Bomben getötet worden.

Dieser zweite Angriff traf den Zirkus auch entscheidend. Die Kuppel stürzte in die Manege. Alles brannte aus, und die neun Tiger der Dressurgruppe starben in ihren Stahlgitterkäfigen einen qualvollen Erstickungstod.

Zurück zum ersten Angriff auf die Stadt.

Im Sanatorium „Auf der Höhe" hörte auch Dr. Karl Arnoldi den Alarm, der alle Gehfähigen in den Keller des riesigen Baues scheuchte, der als einigermaßen sicher galt. Er versuchte, die aufgeregten Patienten seiner Abteilung zu beruhigen, aber als die ersten Bomben fielen, wusste jeder, dass nunmehr auch Dresden an der Reihe war, denn aus der Altstadt hallten die mächtigen Schläge der Bombendetonationen zu ihnen herüber. Die ersten Brände leuchteten hell auf. Ein völlig ungewohntes Bild dieser Stadt, in der die Verdunkelungsvorschriften streng eingehalten wurden.

Das auf- und abschwellende Geräusch des Vollalarms hatte alle Schwestern aufgeschreckt. Sie eilten zu ihren Patienten und halfen ihnen beim Anziehen, um sie sodann in die Kellerräume zu geleiten, wo es Sitzbänke und Liegen für die schweren Fälle gab.

„Ich glaube ja nicht, dass es uns diesmal trifft, Herr Oberarzt", meinte Schwester Hildegard, die als Nachtschwester um 20.00 Uhr ihren Dienst in der Abteilung angetreten hatte.

„Ich schätze auch, denn was sollten sie hier an kriegswichtigen Dingen haben, die des Bombens wert sind?“, bestätigte Dr. Arnoldi.

„Wo steckt denn Assistenzärztin Dr. Schultz?“, fragte der Oberarzt beiläufig. Zu beiläufig nach Schwester Hildegards Meinung.

„Seit gestern hilft sie im Zinzendorf-Hospital, Herr Oberarzt. Dort ist Dr. Höllriegel wegen Krankheit ausgefallen.“

Karl Arnoldi nickte der Schwester zu, um nach dem Rechten zu sehen. Alles war in Ordnung, deshalb stieg er auf den Dachboden hinauf, stellte die Leiter an das zur Stadtmitte liegende Dachfenster und stieg hinauf. Er schob den Stahlhebel nach vorn, das Fenster ging auf, und der Oberarzt hatte den Blick auf die Stadt frei. Er erschrak, denn was er zunächst sah, war ein riesiger Flammenherd und darüber eine schwarze Wolke, die von den Flammen aufgespießt wurde.

Er griff nach dem Fernglas, das ihm am Riemen um den Hals hing, und suchte die Stadt ab. Als das Zinzendorf-Hospital ins Blickfeld rückte, sah er, dass es brannte.

Ohne sich dessen bewusst zu werden, krallte er beide Hände in die Leitersprossen ein, dass die Knöchel der Finger weiß wurden. Er nahm noch einen Rundblick, um sodann den Weg vom Hospital herauf zum Sanatorium nachzuvollziehen. Sorgsam prägte er sich die Stellen ein, wo er einen Feuerbrand umgehen musste, und während er hinunterging, überlegte er, was er mitnehmen musste.

„Ich gehe jetzt hinunter, weil ich denke, dass ich dort unten gebraucht werde, Schwester“, verabschiedete er sich von Hildegard. „Doktor Wernher wird schon allein zurechtkommen. Außerdem ist ja der Alarm zu Ende.“

„Entwarnung wird noch nicht gegeben, Herr Oberarzt“, erwiderte die Schwester.

„Aber die Bomber sind abgehauen“, schloss Dr. Arnoldi die Unterredung.

Er zog seine Windbluse über den Pullover und eilte ins Freie. Der erste Blick auf die Stadt zeigte ihm, dass die Altstadt in Flammen stand und dass sich der Brand sicherlich auch schon bis zum Hospital ausgebreitet hatte.

Als er die ersten brennenden Häuser erreichte, legte sich ihm die Hitze und der Rauch erstickend auf die Lungen. Er rannte etwas zur Seite, wo die Luft frischer war, und sah einige Menschen, die sich hinter einem großen Brunnen in eine trügerische Sicherheit gebracht hatten.

„Achtung, der Brand hinter euch kommt näher", warnte einer der Luftschutzhelfer, der an seinem Stahlhelm zu erkennen war und außerdem eine Armbinde trug. „Hier könnt ihr nicht bleiben."

Aus einem der Häuser sah Dr. Arnoldi die ersten Menschen ins Freie kriechen. Sie riefen nach ihren Verwandten und Angehörigen, die noch im Keller waren:

„Kommt raus, hier sind bald die Flammen!", beschworen sie die Menschen, die es nicht wagten, den zunächst noch Schutz bietenden Keller zu verlassen.

Im Vorbeihasten sah er, wie sich einer der Männer einen Eimer Wasser über den Kopf und Rücken schütten ließ und noch einmal in das Haus eindrang, dessen Dachstuhl und obere Etage bereits in hellen Flammen standen.

Das Prasseln der Brände hatte sich zu einem ohrenbetäubenden Brausen verdichtet, als er die Straße zum Zinzendorf-Hospital erreichte. Die Hitze raubte ihm fast den Atem. Taumelnd bahnte er sich durch die Lücken in der Mauer aus Feuer einen Weg und erreichte durch eine Toröffnung eine schmale Straße, die direkt zum Hintereingang des Hospitals führte.

Der Asphalt kochte hier bereits und warf blubbernde Blasen. Wer hier weiterlief, der blieb unweigerlich nach den nächsten Metern stecken. Auch er konnte diesen Weg nicht nehmen.

Die Mauer umrundend versuchte er, sich auszumalen, was dort im Hospital vor sich gehen musste, und diese Vorstellung ließ ihn neuen Mut fassen und weiterlaufen.

Er erreichte die Straße, die vor dem Zinzendorf-Hospital entlangführte. Sie war noch einigermaßen intakt, und Menschen eilten an ihm vorbei in Richtung Altmarkt, den er umrundet hatte.

„Zum Großen Garten“, vernahm er eine befehlsgewohnte Stimme. „Dort sind wir alle in Sicherheit!“

Die Menschen nahmen diesen Ruf auf und rannten und taumelten dieser Oase der Sicherheit entgegen. Einige waren – das sah Dr. Arnoldi im Licht der aufzuckenden Flammen – von Brandwunden bedeckt.

Schnell näherte er sich dem Eingang des Hospitals mit der großen Toröffnung. Er sah die Flammen, die aus dem Dachstuhl ins Freie loderten. Aber das Gebäude stand noch. „Was mochte dort geschehen sein?“, fragte er sich, als er plötzlich Menschen aus dem Hauptportal ins Freie rennen sah.

Er hielt einen von ihnen an. „Was ist dort passiert?“, fragte er. „Alles voller Wasser, sie ertrinken alle“, keuchte die Frau und rannte hinter einer Gruppe Fliehender her, die zum Großen Garten wollten.

Karl Arnoldi stockte der Herzschlag. Er taumelte, hielt sich an einem der alten Bäume des Vorplatzes fest. Was war mit den Menschen da drinnen geschehen? Was war mit Hildegard?

Als der Alarm gellte und die Menschen mit Furcht erfüllte, befand sich Dr. Hildegard Schultz auf der Abteilung, die sie vertretungsweise übernommen hatte. Sie ging mit der Nachtschwester zu den beiden Betten, in denen die frisch Operierten lagen. Auch sie erschrak, aber ihre Vernunft sagte ihr, dass dies nur einer der vielen Alarme sein könne, die sie schon so oft erlebt hatte, wenn feindliche Bomber dicht an Dresden vorbei in Richtung Pilsen oder aber mit einer Drehung nach Norden auf Berlin einschwenkten.

„Die Gehfähigen machen sich fertig. Es ist nur eine Vorsichtsmaßregel“, erklärte die junge Ärztin. „Keine Angst, es wird schon nichts passieren.“

Drei Minuten später hämmerten die ersten Bomben auf Dresden ein. Nun war Eile geboten. Die Gehfähigen eilten in ihren Bademänteln oder auch anderen Mänteln auf den Flur, wo die beiden Stationsschwestern ihre Führung in den Luftschutzkeller übernahmen.

Sie gingen auch diszipliniert weiter, als sich das Bombengedröhne verstärkte. Die Treppe hinunter bis zum Keller, der neben dem Heizungskeller lag und verhältnismäßig warm war, konnten sie sich zunächst in Sicherheit bringen.

Dann schlugen mehrere Bomben ganz in der Nähe ein. Eine der Frauen begann laut zu beten. Ihre Stimme versagte schließlich mit einem leisen Schluchzer den Dienst.

„Die beiden Beinbrüche erhalten die Liegen rechts und links der Tür", befahl Schwester Bettina, ein „im Krankendienst ergrautes Schlachtross", wie sie sich selbst scherzhaft bezeichnete.

Es vergingen keine zehn Minuten, und das Getöse der fallenden Bomben kam immer näher. Der Keller schien plötzlich unter dem Einschlag von drei oder vier Bomben zu schwanken. Ein Teil der Decke senkte sich beängstigend weit herunter. Steinbrocken prasselten auf die Menschen herunter, und noch immer riss der Strom der Menschen, die in diesem Keller Schutz suchten, nicht ab.

„Wir sind voll, Schwester Bettina. Wir können nicht mehr aufnehmen", rief das Faktotum, das die Heizung versorgte und nebenbei auch für den Luftschutzkeller verantwortlich war.

„Die Tür wird nicht verriegelt", befahl die Schwester. „Wer hierher kommt, wird nicht in den Bombenhagel zurückgeschickt."

Immer noch mehr Menschen kamen. Nun auch bereits einige Frauen, die nicht im Krankenhaus behandelt wurden, sondern aus den benachbarten Häusern geflohen waren, weil hier Sicherheit und ärztliche Versorgung möglich war.

Frau Dr. Schultz behandelte oben im Ordinationszimmer die Menschen, die mit ihren Brandverletzungen zu ihr kamen. Sie sah Verbrennungen, die ihr Schauder des Entsetzens über den Rücken jagten. Aber sie versuchte, freundlich und positiv zu bleiben und den Menschen Trost zu geben. Die Brandsalbe ging zur

Neige. Es war nur noch eine Frage von wenigen Minuten, dann musste sie zu Improvisationen greifen.

Rechts durch das große Fenster, das den Blick auf die Gartenterrasse hinaus freigab, sah sie die Flammen aufzüngeln. Das hintere Torhaus und die Gärtnerei standen bereits in Flammen. Der erste der großen Lindenbäume fing Feuer. Sie wandte den Blick ab und konzentrierte sich ganz auf das Kind, das von seiner Mutter auf dem Arm gehalten wurde. Sein Kopf war kahl gesengt und eine dicke Blase zeigte sich über der Stirn bis zu der Stelle, wo der Haaransatz gewesen war.

Dr. Schultz gab dem Mädchen eine schmerzstillende Spritze und versuchte, die Brandblase mit Salbe zu bestreichen und dann abzudecken.

In dem Moment, als sie die Mutter mit einem Kopfnicken verabschiedete, hämmerte es abermals aus dem Himmel auf sie herunter. Eine, zwei, dann drei Bomben schlugen auf der Rückseite in das Hospital ein und rissen eine Wand herunter, die mit Donnergetöse auf den Gartenbrunnen fiel.

„Wasserrohrbruch", hörte Schwester Bettina unten im Keller die Stimme des Faktotums, das soeben den Vorraum inspizierte. „Achtung, das Wasser kommt!", brüllte es noch einmal, ehe es mit schreckensbleichem Gesicht vor dem Wasserstrom zurückwich, der sich aus der zerborstenen Hauptleitung einen Weg suchte und nun durch den Vorraum in den Luftschutzkeller eindrang.

„Nehmen Sie die Beine hoch", befahl Schwester Bettina. „Sie haben sich ja alle gewaschen", fügte sie in einer Art von Galgenhumor hinzu.

Das Wasser schoss in breitem Strahl in den Raum hinein. Dann ein mächtiger, fürchterlicher Schlag, dem ein grelles Heulen folgte. Das ganze Hospital schien in Bewegung zu geraten. Der Keller selbst schwankte wie ein Schiff auf hoher See. Und das Wasser stieg und stieg.

„Sie sollten die Hauptleitung ausschalten, Hermann", meinte die Schwester. Das Faktotum verließ den Raum, watete durch das Wasser und suchte die Hauptleitung. Als es sie erreichte, war in diesem Raum bereits alles angesengt. Die Hitze drang durch die Wände, die noch immer standhielten, aus dem brennden Teil des Gebäudes herein. Hermann griff an das Hauptwasserrad und zuckte zurück, als er sich die Hand verbrannte. Er riss eines der Handtücher vom Haken, wickelte es um die rechte Hand und drehte die Leitung zu, aber das Wasser lief weiter.

Der Bombenanschlag hatte die Leitung vor dem Absperrventil getroffen. Es gab keine Möglichkeit mehr, das Wasser zu stoppen.

Hermann eilte zurück in den Luftschutzkeller, wo das Wasser inzwischen auf etwa 30 Zentimeter Höhe angestiegen war. Schwester Bettina eilte ihm entgegen.

„Was ist, Hermann? Warum läuft das Wasser noch?“, fragte sie halblaut.

„Die Hauptleitung ist abgedreht, aber das Rohr muss davor gebrochen sein. Nichts zu machen!“

Schwester Bettina fluchte unchristlich. Sie wandte sich den Patienten zu. „Keine Bange, das Wasser wird gleich abgedreht. Hebt eure Beine hoch, damit sie nicht nass werden.“

Als sie bis zu den Knien im Wasser standen, begannen zwei Kinder zu weinen. Es war so, als würden plötzlich die Schleusen geöffnet. Frauen weinten mit, andere jammerten, bis Schwester Bettina mit voller Stimme, die nicht ein bisschen zitterte, zu singen begann:

„Jesus, meine Zuversicht, und mein Heiland ist im Leben.
Soll ich, oder sollt ich nicht, mich damit zufrieden geben.
Was die lange Todesnacht mir auch für Gedanken macht.“

Zuerst unsicher, dann aber mehr und mehr, fest und kräftig, schallte dieser Gesang durch den Keller. Alle sangen mit, und als die letzte Strophe begann, gab es niemanden mehr, der nicht fest an seine Rettung glaubte:

„Jesus, er mein Heiland lebt, und ich werd' auch das
Leben schauen.
Sein, wo mein Erlöser schwebt, warum sollte mir denn
grauen?“

Die letzten beiden Liedzeilen gingen in Freudenrufen unter,

denn plötzlich stand das Wasser und ging langsam wieder zurück, verlief sich scheinbar ins Nichts der Keller und Gänge.

Doch die Heimsuchungen ging weiter, und bei einer der letzten Bombenserien traf es noch einmal das Zinzenberg-Hospital, worauf binnen weniger Minuten einige der Nebenkeller in Flammen standen, und auch die Koksvorräte begannen zu glimmen und entwickelten sich zu einer gewaltigen Zeitbombe, von denen immer noch Dutzende in der Altstadt hochgingen.

Die Luft im Luftschutzkeller wurde zum Zerschneiden dick. Sein Ausgang zum Hof war nun bereits eine Feuerhölle geworden.

„Wir müssen hier raus!“, brüllte Hermann, der dies aus Köln kannte. „Wenn wir nicht sofort rausgehen, werden wir hier eingeschlossen.“

In dieser Sekunde erreichte Dr. Arnoldi die vorderste Terrasse des Hospitals. Er versuchte, durch das Portal hineinzugelangen, vergebens. Dort brannte bereits alles. Mit einem abgeschlagenen Ast schlug er die Scheibe der Terrassentür ein und stieß sie auf. Er eilte durch den kochend heißen Flur zum Ordinationszimmer. Als er die Tür aufriss, sah er, wie Hildegard eben einen kleinen Jungen auf den Arm nahm und dessen Mutter am Ellenbogen zur Tür führte.

Dr. Arnoldi griff nach dem Kind und nahm es der Ärztin ab. Er eilte auf demselben Wege zurück, gefolgt von der Kindesmutter. Als er dieser das Kind übergab, sah er, dass seine Verlobte, Dr. Schultz, bereits wieder ins Gebäude gerannt war. Er folgte ihr und erreichte den Kellerabgang zum Luftschutzraum. Sie sahen, dass ihnen die ersten Menschen entgegenkamen, halfen den an Krücken Gehenden empor und zeigten ihnen den Weg ins Freie.

„Nicht stehen bleiben! Sofort weitergehen! Und alles in Richtung Großer Garten halten.“

„Frau Knesemeier ist noch unten und der alte Hermann auch“, keuchte Schwester Bettina, die den letzten Gehfähigen die Treppe emporgeholfen hatte, deren Betonstufen ebenfalls bereits glühend heiß geworden waren.

„Einer kommt mit mir!“, rief Dr. Arnoldi. Auch er ließ sich mit einem Eimer Wasser übergießen und legte sich noch eine im Wasser getränkte Decke über den Kopf, ehe er die Stufen hinuntereilte und in den Luftschutzkeller eindrang. Keine zwei Meter vom Eingang entfernt lag der alte Hermann, und Frau Knesemeier kroch bereits auf allen vieren durch den Hauptgang.

Einer der Assistenzärzte, der sich mit einigen Helfern darum bemüht hatte, die Brandbomben aus dem Dachgeschoss zu entfernen, hievte sich den schmalen Mann auf die Schulter, während Dr. Arnoldi die schwer gehbehinderte Frau auf beide Arme nahm. So keuchten sie durch den Gang, erreichten die Treppe und stolperten empor. Oben reckten sich ihnen hilfreiche Hände entgegen, die ihnen die Lasten abnahmen.

Der Weg zum Großen Garten erwies sich als nicht begehbar, zumal sie einige Bahren vor sich herzuschieben hatten, auf denen die nicht Gehfähigen lagen. Sie versuchten, nach Süden auszuweichen, erreichten eine der breiteren Ausfallstraßen nach Südosten, schwenkten nach einigen hundert Metern wieder ein und erreichten schließlich doch noch den Güntzplatz und dann die Ilgen-Kampfbahn, wo sie zunächst in Sicherheit waren.

Mit seiner Verlobten machte sich Dr. Arnoldi an die Arbeit, die Verletzten zu versorgen. Es war nur ein Tropfen auf den heißen Stein, aber es beschäftigte sie, und die Menschen in ihrer Nähe schöpften neue Hoffnung.

Der Angriff war vorbei, bald würden die Helfer kommen, und dann waren sie in Sicherheit.

Der Hauptbahnhof – Stätte des Grauens

Als die Alarmsirenen heulten, war der Dresdener Bahnhof voller Menschen. Die beiden Stockwerke – das obere für die Fernzüge und das untere für den Nahverkehr – wurden von Flüchtlingen und Heimkehrern völlig verstopft. Es war kaum noch ein Durchkommen für die Bediensteten.

Im Untergeschoss standen allein vier Flüchtlingszüge, die auf die Weiterfahrt warteten. Aber da diese Unterstation ein Kopfbahnhof war, hätten die Züge alle in einer Richtung wieder ausfahren und durch das Gewirr der Stellwerke und Gleisanlagen zu den einzelnen Zielen geleitet werden müssen.

Da nicht sicher war, ob nicht einige Stellwerksanlagen durch die ersten Bombenwürfe beschädigt worden waren, hatten alle Züge im Bahnhof zu bleiben.

In den Kellern und Gängen herrschte das Chaos. Tausende Menschen, überwiegend Flüchtlinge, waren hier auf engstem Raum zusammengedrängt. Sie alle vernahmen das grelle Kreischen der niedersausenden Bomben und die harten Einschläge, die den ganzen Bahnhof in wilde Schwingungen zu versetzen schienen. Es wurde heiß und erstickend. Die Unterkellerung des Hauptbahnhofs wies keinerlei Entlüftungsanlage auf. Die wurde vielen Hunderten in dem völlig überfüllten Keller zum Verhängnis. Die Menschen ergaben sich in ihr Schicksal, zumal über ihnen die Hölle los war und die Einschläge immer dichter fielen.

„Was ist denn mit unserer Flak?", fragte einer der alten Männer, die in dem Raum Zuflucht gefunden hatten.

„Die steht jetzt bei Brüx", konnte ein junger Flakhelfer berichten, der in der Kaffeeküche des Bahnhofs Dienst gehabt und die Flüchtlinge mit Suppe und Kaffee zu versorgen hatte.

Kinder rangen keuchend nach Atemluft, sie weinten und ihr Weinen wurde von röchelnden Lauten überdeckt, wenn sie mit rasselnden Lungen nach Luft schnappten. Das qualvolle Röcheln hallte wie Todesschreie durch den Luftschutzkeller.

Ebenso erging es den Menschen, die den provisorischen Luftschutzraum auf dem Bismarckplatz aufgesucht hatten. Auch hier am Hauptbahnhof war kein Entlüftungssystem installiert worden. Auch hier kämpften die Menschen voller Entsetzen um jeden Atemzug, auch hier erstickten sie zu Hunderten.

Da es in der Bismarckstraße keinen Notausstieg gab, war es für die Retter, die unmittelbar am Ende des Bombardements ans Werk gingen, zunächst unmöglich, an die Menschen heranzukommen, weil der Hauptausgang verschüttet worden war. Beherzte Männer, darunter eine Pioniergruppe, die Major Hugo Eichhorn, Kommandeur der Ersatzabteilung eines Pionier-Regimentes, unmittelbar nach Ende des ersten Angriffs dorthin befohlen hatte, konnten schließlich den Eingang freischaufeln und die noch lebenden Menschen herausholen.

Mit dem Gros der Männer aber war Major Eichhorn unmittelbar nach dem von ihm beobachteten Abflug der Bomber aufgebrochen.

Er hatte bereits während des Angriffs aus dem Splittergraben am Ende des Kasernengeländes die Brände erkannt und konnte sie alle lokalisieren. Mit seinem Adjutanten stellte er die einzelnen Rettungstrupps zusammen und ließ sie in die Stadt abrücken. Sie hatten alles an Pioniergerät dabei, wa sie bei solchen Bergungsarbeiten benötigten.

Vor dem Bahnhof, in einiger Entfernung zu dem Gebäude, stand ein D-Zug-Wagen, der an einen der nach Westen abgehenden Züge angekoppelt und abgefahren werden sollte.

Die Rangierlock war mit Beginn des Angriffs stehen geblieben. Ebenso auch dieser Wagen, in dem sich etwa sechzig Kinder aus dem nahe gelegenen Kinderlandverschickungsheim befanden, die mit ihrem Lehrer auf den Weitertransport nach Westen warteten.

Als die ersten Sprengbomben fielen, der ganze Wagen wie ein Boot auf hoher See schwankte, als die ersten Fenster zerplatzten und der grelle Lichtschein der aufzuckenden Brände durch die Nacht stach, begannen die Kinder zu weinen. Ihr Lehrer versuchte sie zu beruhigen.

Das Bombardement steigerte sich von einer Minute zur anderen zu einem wilden Crescendo der Vernichtung. Dann hagelte es Brandbomben vom Himmel, und auch Phosphorkanister wurden abgeworfen. Einer davon traf das Wagendach, und Sekunden darauf floss eine grünlich schillernde Masse durch eines der Fenster ins Wageninnere.

Ein Luftwaffenoffizier, der den Bahnhof und das Gelände inspizierte, riss die erste Abteiltür auf und rief:

„Der Wagen brennt schon. Alles hier raus! Alles in den Bunker hinter dem Bahndamm."

„Also, Kinder, gehen wir. Alle beieinander bleiben. Einer fasst den anderen an. Dass mir keiner verloren geht", bemühte sich der Lehrer um einen forschen Ton.

Sie verließen die Abteile, sprangen von der untersten Stufe auf den Schotter des Bahnkörpers, fassten einander an den Händen und stolperten zum Bahndamm hinüber, wo für sie Sicherheit sein würde.

Als sie am Bahndamm ankamen und den Bunker betreten wollten, wurden sie abgewiesen. „Kein einziger Platz mehr frei. Gehen Sie weiter nach Westen. In etwa 1.000 Meter Entfernung ist ein Graben, der als Splittergraben dienen kann."

„Kommt, Kinder! Keine Müdigkeit vorschützen", rief der Lehrer und nahm einen der Kleinsten auf die Schulter und zwei weitere an beide Hände. Solcherart „ausgelastet" schritt er seiner Klasse voraus, an deren Ende er die beiden Ältesten, Kalle Peters aus Hamburg und Jochen Stock aus Trier, gestellt hatte, um alle Schäflein zusammenzuhalten.

Es gelang ihnen, den nächsten Schutzraum weiter im Westen zu erreichen. Hier waren sie in Sicherheit.

Mit dem Haupttrupp arbeitete sich Major Eichhorn mitten in das Zentrum des Untergangs vor. Sie kämpften sich durch die brennenden Straßen zu einem der wenigen Luftschutzkeller durch und befreiten die dort eingeschlossenen Menschen. Weiter vorstoßend sahen sie die Bilder des Grauens. Menschen, die sich an Eisengeländer festklammerten, um nicht von dem Sog fortgerissen zu werden, verbrannten sich die Hände und Arme. Wenn sie losließen, würden sie wie Blätter vom Wind weitergerissen.

Sie kamen an verschütteten Kellern vorbei und leisteten Hilfestellung bei der Bergung. Sie gaben nicht auf, auch wenn sie durch dichten Rauch steigen und unter halb herabgestürztem

Mauerwerk nach Verschütteten suchen mussten, selbst in der drohenden Gefahr, jederzeit von weiteren herabstürzenden Gesteinsmassen vernichtet zu werden.

Einer der kleineren Rettungstrupps, der zu einem unter Wasser geratenen Keller gerufen wurde, musste dort die Ertrunkenen aus dem heißen Wasser herausholen. Es war ein fürchterlicher Anblick, inmitten der Flammenhölle auf solche Weise ums Leben gekommene Menschen zu bergen.

Junge Mädchen des Reichsarbeitsdienstes, die in ihren provisorischen Kellern untergekrochen waren, wurden verschüttet, einfach ausgelöscht. Andere Gruppen hatten durch nahebei einschlagende Minenbomben scheinbar keinerlei Verletzungen davongetragen. Nur dass ihre Lungen von dem Luftdruck zerrissen worden waren.

Als dann die Rettungstrupps sich bis zum Hauptbahnhof vorgekämpft hatten, fanden sie dort nichts als Tote, Verstümmelte und zerrissene Körper vor. Wie viele es waren, konnten sie nur schätzen. Major Eichhorn machte sich Notizen über die ungefähre Anzahl derselben, die seine Pioniere auf die einzelnen Leichenberge förmlich stapelten, weil sonst kein Platz mehr vorhanden sein würde.

Noch ahnten sie nicht, dass dieses noch nicht das volle Grauen dieser Nacht sein würde. Noch hoffte jeder, dass dieser grausame Schlag gegen ihre Stadt und gegen sie alle das Ende des Terrors gewesen sein möge.

Der alles vernichtende Schlag!

Dr. Arnoldi und seine Verlobte hatten aus dem Krankenhaus alles mitgenommen, was an Verbandsmaterial und Narkotika greifbar war. Auf ihrem Wege mit den Kranken, von denen einige auf Bahren gefahren werden mussten, konnten sie Not lindern. Aber das erbärmliche Sterben der vielen Tausende, an denen sie vorbeihasteten, war nicht zu lindern. So erreichten sie den Großen

Garten und waren in einer, wenn auch trügerischen, so doch momentanen Sicherheit.

Hier waren einige Helferinnen zur Stelle. Mädels vom BdM und auch Luftwaffenhelferinnen. Sie versorgten die Kranken. Ein Priester eilte durch die Menge der am Boden auf Decken liegenden Menschen und spendete die Sterbesakramente.

„Auf dem Ausstellungsgelände an der Stübelallee warten Hunderte auf Hilfe", meldete ein Mann vom Sicherheits- und Hilfsdienst, der mit seinem Fahrrad einen Weg durch die Trümmerwüste gefunden hatte.

„Zwei freiwillige Helferinnen zu uns", rief Dr. Arnoldi. Zwei Mädel von etwa 17 Jahren eilten an seine Seite. Gemeinsam gingen sie mit Dr. Hildegard Schultz in Richtung des Ausstellungsgebäudes. Die Lennéstraße war noch passierbar, aber als sie vom Stübelplatz in die Stübelallee einschwenkten, kamen ihnen bereits diejenigen Menschen entgegen, die aus dem provisorischen Luftschutzkeller entkommen waren.

Sie hasteten an ihnen vorbei und ließen sich durch nichts aufhalten. Alle wollten zum Großen Garten, und Dr. Arnoldi hatte so eine Ahnung, dass dieser auch bald an der Reihe sein werde, denn die Bombenwürfe verlagerten sich genau in diese Richtung.

Sie erreichten das brennende Gebäude, umrundeten es und sahen, wie aus dem Notausstieg des Kellers die benommenen Menschen ins Freie taumelten, einige stürzten zu Boden, schleppten sich kriechend zur Seite. Andere wurden einfach wieder zu Boden getrampelt.

„Ruhe bewahren! Kommen Sie hierher", rief Dr. Arnoldi den Menschen zu, die beinahe blindlings zur Lennéstraße laufen wollten. Er schaffte es, die ins Freie Kommenden über die Stübelallee weiter aus dem Stadtkern hinauszubringen.

Dazwischen aber mussten sie Notverbände anlegen, gebrochene Arme schienen und Brandverletzungen behandeln.

Die beiden Mädel halfen nach Kräften. Zwei Frauen gesellten sich zu ihnen. Eine war die Vorsitzende der Dresdener NS-Frauenschaft. Sie arbeiteten wie besessen. Was behandelt war, wurde auf den Weg nach Südosten in die Vororte geschickt.

Und das war gut so, denn als auch der Große Garten unter dem Bombenhagel einiger Gruppen lag, fielen weiter rechts im Ausstellungsgelände ebenfalls Bomben.

Der Luftschutzkeller war nun von den Lebenden geräumt worden. Aber auf den Bänken und in den Gängen lagen die Leichen all jener, die den Ausgang nicht mehr erreichen konnten und schon vorher gestorben waren.

Vor den Bomben musste Dr. Arnoldi und seine Verlobte in volle Deckung gehen. Sie fanden diese in einem Erdaufwurf, unter dem ein Keller des Ausstellungsgebäudes lag. Mit ihnen suchten etwa 20 bis 25 Menschen hier Schutz. Sie hörten das Heulen der niedersausenden Bomben und die mächtigen Einschläge. Sie spürten das Wanken der Erdem und durch den Korditqualm sahen sie, dass das Dach dieses Gebäudes ebenfalls in Flammen stand und dass dennoch Menschen dort oben mit Feuerpatschen und Beilen dabei waren, den brennenden Dachstuhl zu entfernen.

Einer dieser Helfer stürzte wild mit den Armen rudernd vom Dachfirst herunter und rollte zur Dachkante, hielt sich einen Augenblick lang an der Dachrinne fest, stürzte dann ab.

„Du bleibst hier“, rief Dr. Arnoldi der Ärztin zu und rannte bereits tief geduckt los.

Als er die Stelle erreichte, an der der Abgestürzte liegen musste, sah er diesen bereits wieder aufgerichtet am Stamm der Linde stehen, deren weit ausladende Äste seinen Fall mehrfach abgefedert hatten.

„Sind Sie verletzt?“, fragte der Arzt. Der Mann hielt sich den linken Arm, schüttelte aber den Kopf.

„Nichts gebrochen, nur verstaucht“, meinte er sachkundig. Dr. Arnoldi untersuchte den Arm und musste die Diagnose des Mannes bestätigen, von dem er dann erfuhr, dass er Sanitäter und Hilfskraft im Ausstellungsgelände sei.

Sie rannten zurück, erreichten ihre Deckung und warfen sich zu

Boden, denn noch einmal ging eine Serie von mehreren Bomben nieder, ohne sie jedoch erreichen zu können.

Dr. Arnoldi und seine Verlobte drangen dann mit dem Sanitäter in den Luftschutzkeller ein. Sie fanden noch 19 Lebende, alle bereits am Rande des Todes stehend, schleppten sie hinaus und versuchten, sie ins Leben zurückzuholen.

Schon wollten sie ihre Suche beenden, als sie ein leises Wimmern vernahmen, das aus einem Winkel des Raumes vom Boden her zu ihnen drang. Hildegard Schultz lief dorthin und fand – halb von seiner toten Mutter verdeckt – ein Baby, das, in feuchte Tücher gehüllt und dicht am Boden gepresst, diese Hölle ebenfalls überlebt hatte. Sie trug es auf ihren Armen ins Freie, und jetzt, da alles getan war, was sie hätte tun können, brach sie angesichts dieses Säuglings in Tränen aus, auch wenn das Kind keinerlei Verletzungen aufwies und sehr rasch wieder zu Kräften kam.

Die Hitlerjungen als Retter

Die 18 Jungen, die sich um ihren Bannführer scharten, hatten den ersten Teil des Angriffs in ihren Häusern heil überlebt. Als der Kurier sie herausholte, trugen sie bereits die Überfallhosen und die hohen Stiefel. Alle waren mit Stahlhelmen und Werkzeugen bewaffnet und gingen nun systematisch in Richtung Zentrum vor.

Als sie die Flammenhölle erreichten, die ihnen fauchend und Funken sprühend den Weg versperrte, versuchten sie es durch eine Nebenstraße. Aber ihr Bannführer warnte sie, zurückzubleiben, denn er hatte gesehen, wie keine 60 Meter weiter einige Menschen in dem flüssigen Feuer des Straßenbelages versanken, sich nur mit größter Mühe befreien und den Straßenrand erreichen konnten.

Die Bomben der zweiten Welle heulten herunter. Sie gingen hinter einer zusammengekrachten Hauswand in Deckung.

„Bretter müssen her!“, rief der Bannführer.

Sie fanden einige in der Baugerätehandlung hundert Meter weiter seitlich, die noch nicht brannten, und schleppten sie jeweils zu zweit heran.

Noch fielen die Bomben, als sie die Bretter am Straßenrand entlang über den Asphalt warfen und sich vorsichtig darüber hinweg zu jenen beiden Gestalten hinbewegten, die in dem brodelnden Asphalt stecken geblieben waren.

Rechts und links von ihnen schrien Verletzte um Hilfe. Das Dach eines Hauses, schräg rechts von ihnen in der Häuserzeile, begann zu brennen, als Dutzende Stabbrandbomben darin einhieben. Einige Männer warfen die Brandbomben auf die Straße, so dass sie aufpassen mussten, nicht davon getroffen zu werden.

Sie erreichten die im Teer steckenden beiden Menschen: eine alte Frau, die von ihrer Tochter gestützt wurde.

Ein quer gelegtes Brett führte direkt zu ihnen. „Krümel, du gehst rüber zu ihnen und hilfst ihnen auf die Beine“, befahl der Bannführer.

Der Kleinste der Gruppe schritt vorsichtig über die lange Planke, die sich nur unmerklich in den Teer eingrub. Er erreichte das Mädchen, das den Oberkörper der alten Frau hielt, und nahm ihr das hilflose Bündel ab. Das Mädchen kroch auf allen vieren hinter Krümel her, der schon den Straßenrand erreicht hatte und seine Last atemlos den zupackenden Jungen anreichte.

Sie zogen der alten Frau die Gummigaloschen, die bereits angesengt waren, und die ebenfalls hohen Schuhe aus, die sie geschützt hatten. Darüber wiesen beiden Beine arge Verbrennungen auf. Die Socken, die sie trug, waren an der Haut festgeklebt.

„Sie muss sofort in ärztliche Behandlung“, meinte der Bannführer. „Zwei Mann bringen sie zu Dr. Hubricht, dort sind noch keine Bomben gefallen.“

Das Mädchen schloss sich den beiden Jungen an und tröstete seine Mutter.

Die anderen Jungen eilten weiter, umgingen den kochenden Asphalt. In diesem Moment schlugen nur wenige hundert Meter voraus weitere Bomben ein. Das Eckhaus der Straße fiel wie ein Kartenhaus in sich zusammen. Dieser vierstöckige Bau barst wie ein rohes Ei, auf das ein Hammer niedersaust, in viele Teile auseinander. Der Luftdruck fegte über die Jungen hinweg, die sich zu Boden geworfen hatten. Sie rannten in Richtung Elbe. Ein Mann schrie immer wieder den Namen seiner Frau in das wilde Getöse dieser Nacht hinaus. Er rannte auf eines der ebenfalls getroffenen Gebäude zu. Zwei Jungen und der Bannführer warfen sich ihm entgegen, doch er riss sich von ihnen los und rannte mitten in die Flammen hinein und verschwand im Haus.

Sie liefen näher heran, sahen ihn wieder herauskommen, sein ganzer Rücken brannte. Auf den Armen hielt er seine bewusstlose Frau, die er aus der Flammenhölle gerettet hatte.

Sie sprangen ihm bei, er konnte nur noch den Namen der Frau murmeln, ehe er bewusstlos zusammenbrach.

Auch er wurde auf einer ausgehängten Türe zu Dr. Hubricht geschafft. Ebenso seine Frau, die das Bewusstsein noch nicht wiedererlangt hatte und der so schnell wie möglich geholfen werden musste.

So versuchten 18 Jungen zu retten, was zu retten war. Sie leisteten Übermenschliches, wurden von Brandbomben übersät, erlitten Arm- und Beinbrüche und kämpften bis zum Umfallen um jeden einzelnen Bürger.

In ihrem Haus in der Breiten Straße hockten die Bewohner auf den Sitzgelegenheiten, die sie im Verlauf der letzten Wochen gebastelt hatten. Sie waren nach den ersten Bombenwürfen erneut in den Keller geeilt, und Frau Schrings war von Scharnowski hinuntergebracht worden. Alle Eimer waren wieder mit Löschsand und Wasser gefüllt, alles war zur Abwehr der nächsten Gefahr bereit, denn Scharnowski hatte so einen „Ahnimus", wie er es bezeichnete, dass dies noch nicht das Ende gewesen sein konnte.

Er sollte Recht behalten. Als Herbert und Heinz Kleine durch Siegfried und einen anderen Jungen als Dachwache abgelöst wurden, waren bereits Motorengeräusche zu vernehmen, die von den Jungen als „Mosquitos" erkannt wurden.

Dann fielen die ersten Leuchtmarkierungszeichen, und als die

Bomberei einsetzte, hatte Siegfried schon alle in den Keller gescheucht, einschließlich Irmchen, die sich schlafen gelegt hatte und total erschöpft war.

Sie hörten die Einschläge, wieder begann das zermürbende Getöse der Flammen, und als die ersten Bomben auf ihr Viertel herunterheulten, als Brandbomben über Brandbomben in die teilweise schon abgedeckten Häuser fielen, waren neben Siegfried und seinem Kameraden auch die beiden Kleine-Brüder auf dem Dachboden. Sie hatten sich Dreckschippen besorgt, und wie die Bomben auf den Boden fielen, wie sie die Dachziegel durchschlagend vor ihren Füßen landeten, sprangen sie unter dem deckenden Stempel hervor und schaufelten sie mit weitem Bogen wieder ins Freie.

Es war ein Spiel mit dem Feuer. Dann, als eine Brandbombe einige Sekunden liegen geblieben war, weil zu viele wegzubefördern waren, begann sie zu zischen.

Siegfried Scharnowski sprang hinzu und beförderte sie hinaus. Noch in der Luft, aber bereits außerhalb des Dachbereiches, platzte sie auseinander und verstreute Phosphor in die Gegend.

Sie schafften es, das Dach sauber zu halten. Aber ihre Kleider, die Haare und Gesichter waren teilweise angesengt. Sie tranken aus der Wasserkanne, die zugedeckt neben ihnen stand, und spürten, wie ihre Kehlen wieder freier wurden.

Dann aber krachte ein Einschlag an der rechten Flanke ihres Hauses. Eine Wand neigte sich wie in der Zeitlupe zur Seite und krachte dann auf die Straße. Es war die Vorderwand, und durch die Trümmer wurde der Hauseingang verschüttet. Der nächste Einschlag im Hof deckte auch den Kellerausgang dicht zu. Damit waren die im Keller hockenden Menschen eingeschlossen.

Die vier Jungen rannten hinunter, als klar war, dass hier keine Brandbomben mehr fallen würden. Sie sahen, dass nach vorn hin nichts zu machen war, rannten auf die Hausrückseite und bahnten sich mit den im Schuppen ebenfalls bereitstehenden Hacken einen Weg zum Kellerinneren.

Nach einer halben Stunde, während das Bombardement zu

Ende gegangen war und nur noch Zeitzünderbomben explodierten, hatten sie die erste Öffnung geschafft, und als sie einhielten, hörten sie die krächzende Stimme von Hauer Scharnowski:

„Vorsichtig, Jungs, dass die Wand über dem Ausgang nicht herunterkommt und euch erschlägt. Ich setze erst ein paar Stempel unter den Sturz."

Einige Sekunden vergingen, dann hörten sie die dumpfen Hammerschläge, mit denen Anton Scharnowski die Stempel festschlug, dass sie sich stramm unter den Sturz des Kellerausganges drückten.

Nachdem er vier Stempel gesetzt und in der Mitte einen meterbreiten Durchgang freigelassen hatte, befahl er, die Steine und das Geröll beiseite zu schaufeln. Auch er machte sich an die Arbeit und nach einer halben Stunde war es geschafft.

„Wie sieht es aus, Vater?", fragte Siegfried.

„Alles gesund. Und was macht unser Dachstuhl?"

„Leicht beschädigt und schnell wieder aufzubauen, wenn wir Dachziegel bekommen."

Es packte den alten Bergmann aus Oberschlesien, als er seinen Sohn in dieser Weise reden hörte, der trotz der Untergangsstimmung, die sich allenthalben breit machte, nach vorne schaute und die Zukunft anvisierte.

Anlage II

Die Marsch- und Gefechtsordnung zum Angriff auf Dresden wurde wie folgt vom Bomber Command gewählt:

1. Einsatzverband:
1. Luftdivision mit 12 Bombergruppen gegen Dresden.

1. Kampfgruppe:
1-A: 398. Bomber Group
1-B: 91. Bomber Group
1-C: 381. Bomber Group

41. Kampfgruppe:
41-A: 398. Bomber Group
41-B: 303. Bomber Group
41-C: 384. Bomber Group

40. Kampfgruppe:
40-A: 305. Bomber Group
40-B: 92. Bomber Group
40-C: 384. Bomber Group

94. Kampfgruppe:
94-A: 401. Bomber Group
94-B: 457. Bomber Group
94-C: 35. Bomber Group

Wie Air Marshall Harris befohlen hatte, sollte es in dieser Formation und Reihenfolge nach Dresden gehen.

Der „marshalling yard" – Verschiebebahnhof von Dresden – war das allen Bomben zugewiesene Ziel, allerdings wurde den Masterbombern und den Wing Commandern ein anderes Ziel zugewiesen. Es lautete:

"Primary target – visual – is the center of built up area of Dresden.

Secondary targets – visual – M/Y Chemnitz.

H2X – center of Dresden.

Last resort – any military objective positively identified as being Germany and east of the current line." (Siehe: Report Headquarter Bomber Command: to Dresden, a. a. O.)

Die genauesten Daten über die Angriffszahlen bietet der Bericht des Intelligence Narrative of Operations, Nr.: 1007, 13./14th February, 1945:

Der 1. Angriff:
5. Bomber Group mit:
235 Lancasters (inkl. Markierer und Beleuchter)
9 Mosquitos (Masterbomber und Zielmarkierer)
Zeit der Bombardierungen: 22.03–22.28 Uhr.
Höhe der Angriffsabwürfe: 3.400–5.400 Meter.
Geworfene Bombenmenge und -art:
172 4000 lb. H. C. Minenbomben
26 2000 lb. H. C. Minenbomben
72 1000 lb. Sprengbomben
648 500 lb. Sprengbomben
Gesamtmenge der geworfenen Bomben: 507,100 Tonnen
171000 lb. Zielmarkierer
925 Leuchtkaskaden („Christbäume")
128550 4 lb. Stabbrandbomben
8250 4 lb. Stabbrandbomben mit Sprengsatz
68628 4 lb. Stabbrandbomben in Abwurfbehältern
205428 Stabbrandbomben insgesamt.
Gesamtmenge der geworfenen Stabbrandbomben: 374,00 Tonnen

Der 2. Angriff:
8., 1., 3. und 6. Bomber Group mit:
524 Lancasters. Davon:
8. Bomber Group mit Masterbomber, Markierer, Beleuchter
90 Lancasters
Zeit der Bombardierungen: 01.21–01.45 Uhr.

Höhe der Abwürfe: 3.400–6.300 Meter.
27 4000 lb. H. C. Minenbomben
94 1000 lb. Sprengbomben
159 500 lb. Sprengbomben
Gesamtmenge der geworfenen Bomben: 125,50 Tonnen
90 250 lb. Zielmarkierer 10 Tonnen
550 Leuchtkaskaden („Christbäume“)

1. Bomber Group:
248 Lancasters
Zeit der Bombardierungen: 01.23–01.52 Uhr.
Höhe der Angriffsabwürfe: 4.800–6.400 Meter.
Geworfene Bombenmenge und -art:
145 5000 lb. Minenbomben
101 2000 lb. Minenbomben
111 500 lb. Sprengbomben
Gesamtmenge der geworfenen Bomben: 387,30 Tonnen
213933 4 lb. Stabbrandbomben
28467 4 lb. Stabbrandbomben mit Sprengsatz
70266 4 lb. Stabbrandbomben als Bündel in Abwurfbehältern
Stabbrandbomben insgesamt 312666 mit 558,30 Tonnen

3. Bomber Group mit
151 Lancasters
Zeit der Bombardierungen: 01.25–01.55 Uhr.
Höhe der Angriffsabwürfe: 5.000–7.000 Meter.
1 8000 lb. H. C. Minenbomben
119 4000 lb. H. C. Minenbomben
84 500 lb. Sprengbomben
Gesamtmenge der geworfenen Bomben: 234,80 Tonnen
23940 4 lb. Stabbrandbomben
1260 4 lb. Stabbrandbomben mit Sprengsatz
105.292 Stabbrandbomben als Bündel in Abwurfbehältern
Stabbrandbomben insgesamt: 103.492 mit 233,0 Tonnen

6. Bomber Group mit
65 Lancasters
Zeit der Bombardierungen: 01.27–01.45 Uhr.
Höhe der Angriffsabwürfe: 5.400–6.300 Meter.
65 4000 lb. H. C. Minenbomben
374 500 lb. Sprengbomben
155 250 lb. Sprengbomben
Gesamtmenge der geworfenen Bomben: 216,80 Tonnen

Gesamtmenge der in beiden Nachtangriffen geworfenen Bomben:
1 8000 lb. H. C. Minenbomben
528 4000 lb. H. C. Minenbomben
127 2000 lb. H. C. Minenbomben
1375 500 lb. Sprengbomben
155 250 lb. Sprengbomben
Gesamtmenge der geworfenen Bomben: 1.471,70 Tonnen
648586 4 lb. Stabbrandbomben
17 1000 lb. Zielmarkierer
90 250 lb. Zielmarkierer
Gesamtmenge der Brandbombenabwürfe: 1.175,70 Tonnen
Leuchtkaskaden („Christbäume“), ohne Gewichtsangabe: 1.475 Stück

Anlage III

Liste der Luftangriffe gegen Raum und Stadt Dresden:

24. 08. 1944	12.59–13.05 Uhr	Freital	62 B 17	154,00 Tonnen (S)
07. 10. 1944	12.36–12.44 Uhr	Dresden	29 B 17	70,00 Tonnen (S)
16. 01. 1045	12.12–12.17 Uhr	Dresden	127 B 24	264,80 Tonnen (S)
				41.60 Tonnen (B)
13. 02. 1945	22.03–22.28 Uhr	Dresden	243 Lancaster	
14. 02. 1945	01.23–01.55 Uhr	Dresden	529 Lancaster	
				1.477,70 Tonnen (S)
				1 × 8000 lb., 529 × 4000 lb.
				sowie 1.181,10 Tonnen (B)
14. 02. 1945	12.17–12.30 Uhr	Dresden	311 B 17	474,50 Tonnen (S)
				296,50 Tonnen (B)
15. 02. 1945	11.51–12.01 Uhr	Dresden	210 B 17	463,40 Tonnen (S)
02. 03. 1945	10.27–11.03 Uhr	Dresden	406 B 17	940,30 Tonnen (S)
				140,50 Tonnen (B)
17. 04. 1945	13.48–15.12 Uhr	Dresden	580 B 17	1.544,70 Tonnen (S)
				164,50 Tonnen (B)
19. 04. 1945	12.05–12.20 Uhr	Pirma	115 B 17	337,50 Tonnen (S)

Gesamtzahl der geworfenen Sprengbomben:	5.736,90 Tonnen
Gesamtzahl der gworfenen Brandbomben:	1.824,20 Tonnen
Gesamtzahl der beteiligten Flugzeuge:	2.612

Anlage IV

Kurzdaten der wichtigsten Flugzeugtypen, welche den Luftkrieg über Deutschland führten:

AVRO LANCASTER (Mark I)
Schwere Bomber, von 1942 bis 1945 im Kriegseinsatz

Technische Daten

Triebwerke:	vier 1.460 PS Rolls-Royce Merlin 20 oder 22 oder: 1.640 PS Merlin 24 12-Zylinder-Motoren
Spannweite:	31,09 m
Länge:	21,11 m
Höhe:	6,00 m
Leergewicht:	16.700 kg
Fluggewicht:	31.000 kg (mit der „Grand Slam"-Bombe 31.800 kg)
Besatzung:	7 Mann
Höchstgeschwindigkeit:	460 km/h in 3.500 m Höhe
Dienstgipfelhöhe:	7.400 m
Größte Reichweite:	2.660 km
Bewaffnung:	10.303 Browning-MG 7,6 mm
Zuladung:	6.350 kg Bombenlast

HANDLEY PAGE HALIFAX (Mark III)
Schwere Bomber, von 1940 bis 1945 im Kriegseinsatz

Technische Daten

Triebwerke:	vier 1.650 PS Bristol Hercules XVI Doppelsternmotoren
Spannweite:	31,75 m

Länge:	21,37 m
Höhe:	6,32 m
Leergewicht:	17.400 kg
Fluggewicht:	24.700 kg
Besatzung:	7 Mann
Höchstgeschwindigkeit:	435 km/h in 4.110 m Höhe
Dienstgipfelhöhe:	7.320 m
Normale Reichweite:	1.650 km
Bewaffnung:	neun 7,7 mm Browning-MG
Zuladung:	5.900 kg Bombenlast

DE HAVILLAND MOSQUITO (Mark XVI)
Jagdbomber und Jagdflugzeug, von 1941 bis 1945 im Kriegseinsatz

Technische Daten

Triebwerke:	zwei 1.290 PS Rolls-Royce Merlin 73 V-12-Motoren
Spannweite:	16,54 m
Länge:	12,35 m
Höhe:	3,81 m
Leergewicht:	7.050 kg
Fluggewicht:	8.660 kg
Besatzung:	2 Mann
Höchstgeschwindigkeit:	635 km/h in 9.749 m Höhe
Dienstgipfelhöhe:	11.300 m
Normale Reichweite:	2.195 km
Bewaffnung:	bis zu 1.815 kg Bombenzuladung

(bei der Mark XIX): vier 20-mm-Hispano-Kanonen

BOEING B-17 FLYING FORTRESS (B 17 G)
Bomber, von 1941 bis 1945 im Kriegseinsatz

Technische Daten

Triebwerke:	vier 1.200 PS Wright GR-1820-97 Cyclone Doppelsternmotoren
Spannweite:	31,64 m
Länge:	22,26 m
Höhe:	5,80 m
Leergewicht:	14.850 kg
Fluggewicht:	25.000 kg
Besatzung:	10 Mann
Höchstgeschwindigkeit:	480 km/h in 9.150 m Höhe
Dienstgipfelhöhe:	11.400 m
Größte Reichweite:	2.960 km
Bewaffnung:	13 MG, Kaliber 12.7 mm
Zuladung:	bis zu 7.850 kg (bei kurzer Reichweite)

CONSOLIDATED B-24 LIBERATOR (B 24J)
Langstreckenbomber, von 1941 bis 1945 im Kriegseinsatz

Technische Daten

Triebwerke:	vier 1.200 PS Pratt & Whitney R-1830-65 Twin Wasp Doppelsternmotoren
Spannweite:	33,55 m
Länge:	21,16 m
Höhe:	5,49 m
Leergewicht:	17.250 kg
Fluggewicht:	26.000 kg
Besatzung:	12 Mann
Höchstgeschwindigkeit:	480 km/h in 9.150 m Höhe

Dienstgipfelhöhe:	8.550 m
Normale Reichweite:	3.360 km
Bewaffnung:	zehn 12,7-mm-MG
Zuladung:	2.275 kg (für kurze Reichweiten bis zu 5.450 kg)

Anlage V

Bombardierungstechniken 1944/45

Markierung des Luftraums durch Oboe (Musical Wanganui)
Blinde Markierung des Luftraums durch Oboe. – Die Hauptkräfte fliegen normalerweise in derselben Richtung an wie vorher die mit Oboe ausgerüsteten Markierungsflugzeuge und werfen bei einer Fluggeschwindigkeit von 165 Meilen pro Stunde bei Windgeschwindigkeit null nach dem Bombenzielgerät.

Oboe-Bodenmarkierungen (Musical Paramatta)
Blinde Bodenmarkierungen mit dem Gerät Oboe, wenn notwendig mit zusätzlichen Zielanzeigen verschiedener Farben. Die Hauptkräfte zielen vor allem auf die Oboe-Zielanzeiger.

Kontrollierte Oboe-Verfahren
Die Oboe-Zielanzeiger werden vom Leitbombenschützen ausgewertet, der die Hauptkräfte über Sprechfunk einweist und manchmal die besten Oboe-Markierungen durch weitere farbige Zielanzeiger ergänzt.

Sichtverfahren der 8. Group
Gleicht etwa dem kontrollierten Oboe-Verfahren (außerhalb der Reichweite von Oboe kann dabei das Gerät H_2S eingesetzt oder auf Sicht markiert werden). Der Leitbombenschütze kontrolliert auf Sicht die Oboe-Markierungen und ergänzt sie auf Sicht.

Bodenmarkierungen mit dem Gerät H_2S (H_2S Paramatta)
Ähnlich wie die Bodenmarkierungen mit Oboe, aber weil das H_2S-Gerät weniger zuverlässig ist, werden mehr Anfangsmarkierungen gesetzt, und die nachfolgenden Flugzeuge zielen auf den Hauptzielpunkt. Die Hauptkräfte zielen auf die berichtigten Markierungen und nicht auf die mit H_2S gelegten.

Markierung des Luftraums mit H_2S Wanganui
Ähnlich wie das Verfahren mit Oboe.

H_2S Newhaven
Eine Abart des Sichtverfahrens der 8. Group. Beginnt ebenso wie H_2S Paramatta, aber es werden auch Leuchtkugeln abgeworfen. Dann markieren Pathfinder-Markierungsflugzeuge den Zielpunkt auf Sicht.

Musical Newhaven
Wie H_2S Newhaven, aber mit vorangehenden groben Markierungen mit Oboe.

Sichtverfahren der 5. Group
Leuchtkugeln und grobe Markierungen gefolgt von im Sturzflug auf Sicht gelegten Markierungen und Verzögerungszündern.

Oboe-Formationsverfahren (bei Tage)
Die Flugzeuge fliegen im Verband. Das Leitflugzeug wirft die Bomben auf ein durch Oboe ausgelöstes Signal, und die folgenden Flugzeuge werfen auf ein Signal des Leitflugzeugs. Die Sichtverhältnisse genügen, wenn die Piloten die Nachbarflugzeuge sehen können.

G-H-Formationsverfahren (bei Tage)
Ähnlich wie das vorige Verfahren, aber anstelle des Geräts Oboe wird G-H verwendet.

Anlage VI

Abwurfmenge auf besonders schwer vom Luftbombardement betroffene deutsche Städte (1940–1945)

Stadt	Abwurf durch Bomber Command (in t)	Abwurf durch 8. US Air Force (in t)	Gesamtmenge (in t)
Berlin	45.517	22.768	68.285
Köln	34.712	13.302	48.014
Hamburg	22.583	15.736	38.319
Essen	36.420	432	36.852
Duisburg	30.025	510	30.535
Kiel	16.748	13.198	29.946
Frankfurt/M.	15.696	12.513	29.209
Bremen	12.844	12.669	25.513
Mannheim	18.114	7.067	25.181
Stuttgart	21.014	3.905	24.919
Dortmund	22.242	2.541	24.783
Hannover	14.776	8.275	23.051
Gelsenkirchen	19.606	3.279	22.885
Nürnberg	13.020	7.381	20.401
München	7.858	10.993	18.851
Düsseldorf	17.769	883	18.652
Leipzig	6.206	5.221	11.427
Bochum	10.784	393	11.177
Karlsruhe	7.632	2.966	10.598
Magdeburg	3.942	5.972	9.914

Abwurfmenge Bomber Command	377.498 t
Abwurfmenge 8. USAAF	150.008 t
Gesamtmenge der Abwürfe	527.506 t

Anlage VII

Vom Bomber Command und von der 8. US Air Force abgeworfene Bombenlast auf Zielgebiete des Territoriums der ehemaligen DDR

Stadt/Zielgebiet	Abwurf durch Bomber Command (in t)	Abwurf durch 8. US Air Force (in t)	Gesamtmenge (in t)
Leuna/ Merseburg	5.401	12.691,0	18.092,0
Leipzig	6.206	5.221,8	11.427,8
Magdeburg	3.942	5.972,7	9.914,7
Chemnitz	4.088	3.272,8	7.360,8
Dresden	2.663	4.221,3	6.884,3
Böhlen	3.586	2.023,6	5.609,6
Lützkendorf	2.879	2.299,7	5.178,7
Zeitz-Tröglitz	1.334	3.519,4	4.853,4
Plauen	1.219	3.624,9	4.843,9
Oranienburg	–	3.599,9	3.599,9
Dessau	1.862	1.181,7	3.043,7
Rostock	990	1.951,9	2.941,9
Nordhausen	2.386	296,0	2.682,0
Potsdam	1.753	259,0	2.012,0
Halberstadt	–	1.379,4	1.379,4
Cottbus	–	1.256,9	1.256,9
Zwickau	–	1.027,4	1.027,4
Weimar	0,9	964,3	965,2
Jena	5,3	870,2	875,5
Wismar	463	398,5	861,5
Anklam	–	795,8	795,8
Saßnitz	680	–	680,0
Erfurt	387	282,7	669,7
Schwerin	–	588,7	588,7
Stralsund	–	520,3	520,3

Abwurfmenge Bomber Command	39.845,20 t
Abwurfmenge 8. USAAF	48.219,90 t
Gesamtmenge der Abwürfe	88.065,10 t

Anlage VIII

Großangriffe der 8. US Air Force zwischen Februar und April 1945

Zeitpunkt	Stadtgebiet	Angreifende Flugzeuge	Bombenlast (in t)
3. Februar 1945	Berlin	937	2.266
3. Februar 1945	Magdeburg	362	841
6. Februar 1945	Chemnitz	474	916
9. Februar 1945	Magdeburg	418	727
9. Februar 1945	Magdeburg	278	637
9. Februar 1945	Weimar	198	417
14. Februar 1945	Dresden	311	771
14. Februar 1945	Chemnitz	294	718
14. Februar 1945	Magdeburg	340	811
15. Februar 1945	Cottbus	435	1.064
15. Februar 1945	Dresden	210	462
15. Februar 1945	Magdeburg	353	898
17. Februar 1945	Frankfurt/M.	260	641
20. Februar 1945	Nürnberg	831	2.103
21. Februar 1945	Nürnberg	1.205	2.859
25. Februar 1945	München	315	989
26. Februar 1945	Berlin	1.066	2.795
27. Februar 1945	Halle	314	724
27. Februar 1945	Leipzig	717	1.929
5. März 1945	Chemnitz	233	563
9. März 1945	Frankfurt/M.	410	1.090
9. März 1945	Kassel	318	675
12. März 1945	Swinemünde	661	1.608
18. März 1945	Berlin	1.221	3.091
19. März 1945	Zwickau	177	494
19. März 1945	Jena	197	563
19. März 1945	Plauen	436	1.103
28. März 1945	Berlin	384	1.038
28. März 1945	Hannover	466	1.362

Zeitpunkt	Stadtgebiet	Angreifende Flugzeuge	Bombenlast (in t)
31. März 1945	Brandenburg	265	719
31. März 1945	Braunschweig	371	989
31. März 1945	Halle	369	1.069
6. April 1945	Halle	194	438
6. April 1945	Leipzig	321	828
10. April 1945	Oranienburg	417	1.211
17. April 1945	Dresden	590	1.732
21. April 1945	Ingolstadt	212	519
25. April 1945	Pilsen	276	715

Angreifende Fluzeuge: Gesamtzahl: 16.856 / Bombenlast: 41.977 t

Anlage IX

Die schwersten Städteangriffe des Bomber Command 1945

Zeitpunkt	Stadt	Gestartete Flugzeuge	Flugzeugverluste	Sprengbomben (in t)	Brandbomben (in t)
Nacht zum 02. 01. 1945	Nürnberg	521	6	1.573	494
Nacht zum 05. 01. 1945	Hannover	664	31	1.688	676
Nacht zum 06. 01. 1945	Hanau	486	6	790	843
Nacht zum 07. 01. 1945	München	654	15	1.162	1.013
Nacht zum 16. 01. 1945	Magdeburg	371	17	419	641
Nacht zum 02. 02. 1945	Wiesbaden	507	7	1.243	788
Nacht des	Dresden	805	9	1.473	1.262
13./14. 02. 1945	Chemnitz	717	13	789	1.320
Nacht zum 14. 02. 1945	Dortmund	528	14	800	1.439
Nacht zum 20. 02. 1945	Worm	340	11	356	575
Nacht zum 21. 02. 1945	Essen	342	1	388	370
23. 01. 1945	Pforzheim	375	12	727	820
Nacht zum 23. 02. 1945	Mannheim	478	3	825	517
01. 03. 1945	Köln	858	10	2.870	–
02. 03. 1945	Chemnitz	720	22	1.110	873
Nacht zum 05. 03. 1945	Saßnitz	198	1	665	–
Nacht zum 06. 03. 1945	Dessau	526	18	744	953
Nacht zum 07. 03. 1945	Essen	1.079	3	4.737	–
11. 03. 1945	Dortmund	1.107	2	4.898	–
12. 03. 1945	Wuppertal-Barmen	354	–	896	256
13. 03. 1945	Zweibrücken	230	–	806	–
Nacht zum 14. 03. 1945		267	10	375	561
Nacht zum 15. 03. 1945	Hagen	293	24	499	614
Nacht zum 16. 03. 1945	Nürnberg	236	6	392	578
Nacht zum 16. 03. 1945	Würzburg	322	8	400	560
Nacht zum 18. 03. 1945	Witten	285	1	525	656
Nacht zum 18. 03. 1945	Hanau	235	4	432	14
22. 03. 1945	Hildesheim	275	1	561	627
25. 03. 1945	Hannover	276	–	686	567

Zeitpunkt	Stadt	Gestartete Flugzeuge	Flugzeugverluste	Sprengbomben (in t)	Brandbomben (in t)
27. 03. 1945	Paderborn	258	2	1.158	–
03. 04. 1945	Nordhausen	252	1	1.216	–
04. 04. 1945	Nordhausen	315	–	1.125	–
Nacht zum 10. 04. 1945	Plauen	512	1	1.716	–
Nacht zum 14. 04. 1945	Potsdam	767	2	960	–
22. 04. 1945	Bremen	112	–	506	–
24. 04. 1945	Bad Oldesloe				

Gesamtzahl gestartete Flugzeuge: 16.351
Flugzeugverluste: 262
Geworfene Sprengbomben: 31.503 t
Geworfene Brandbomben: 17.267 t

Anlage X

Im Zweiten Weltkrieg von amerikanischen und britischen Luftstreitkräften abgeworfene Bombenlast auf Europa (1. 1. 1941–8. 5. 1945)

Land	Abwurf der USAF (in t)	Abwurf der RAF (in t)	Insgesamt	In %
Deutschland	673.782	676.539	1.350.321	50,5
Frankreich	279.572	303.746	583.318	21,8
Italien	257.131	109.393	366.524	13,7
Österreich/Ungarn/ Balkan	158.827	22.001	180.828	6,8
Niederlande/Belgien	28.936	59.803	88.739	3,3
Südeuropa und Mittelmeerraum	34.829	41.676	21.419	2,9
Tschechoslowakei/ Polen	18.637	2.782	5.297	0,8
Norwegen/ Dänemark	1.726	3.571	564	0,2
Seeziele	98	466	93	0,002
Britrische Kanalinseln	93	–	–	0,0003
Insgesamt	1.453.631	1.219.977	2.673.608	100

Anlage XI

Vom Bomber Command und der 8. US Air Force zwischen 1939 und 1945 auf Deutschland abgeworfene Bombenlast (in t)

Jahr	Bomber Command	In % der Gesamtmenge	8. US Air Force	In % der Gesamtmenge
1939	6	0,0009	–	–
1940	7.022	1,07	–	–
1941	22.996	3,49	–	–
1942	37.191	5,66	–	–
1943	136.433	20,75	26.477	5,35
1944	275.559	41,89	289.055	58,47
1945	178.461	27,14	178.865	36,18
Insgesamt	657.668	100,0	494.397	100,0

Anlage XII

Wohnraumverluste 1943–1945:

Stadt	Wohnungs-bestand 1943	Wohnraum-verlust bis Mai 1945	Verlust (in %)
Berlin	1.543.556	556.500	36,0
Hamburg	554.200	295.654	53,2
Köln	252.631	176.600	69,9
Dortmund	160.739	105.500	65,6
Essen	199.100	100.000	50,2
Dresden	219.011	86.000	39,2
Düsseldorf	169.300	86.500	51,0
Duisburg	127.100	82.000	64,5
München	248.700	82.000	32,9
Frankfurt/M.	177.547	80.575	45,3
Hannover	149.600	75.378	50,3

Wohnraumbestand insgesamt: 3.801.511
Wohnraumverluste insgesamt: 1.746.707
Verluste insgesamt in % ca. 46%

Anlage XIII

Chronologie der Angriffe auf Dresden

21.15 Uhr: Vorwarnung der Dresdener Luftschutzbehörde.
21.30 Uhr: Dresdener Luftschutzbehörde nimmt Arbeit auf.
21.37 Uhr: Die erste Meldung über feindliche Flugzeuge geht bei der Örtlichen Luftschutzleitung ein.
21.39 Uhr: Für Dresden wird Fliegeralarm gegeben.
21.40 Uhr: „Fliegergeräusche über der Stadtmitte."
21.40 Uhr: „Bomberverbände aus dem Raum Halle auf Ostkurs."
21.53 Uhr: „Schwerer Kampfverband im Raume Chemnitz-Freiberg."
21.54 Uhr: Die ersten Bomben fallen in Böhlen.
21.56 Uhr: Neun Mosquitos 24 km südlich Chemnitz gemeldet.
21.59 Uhr: „Feindliche Kampfverbände im Raume Dresden-Pirna kreisend."
22.02 Uhr: „Feindliche Kampfverbände mit Kurs auf Bischofswerda."
22.03 Uhr: Beleuchter und Erstmarkierer über Dresden. Abwurf verschiedener Markierungsbomben und Leuchtkaskaden.
22.04 Uhr: 1. Jagddivision-Sender „Horizont" in Döberitz meldet: „Verband schneller Kampfflugzeuge von Martha-Heinrich 1 nach Martha-Heinrich 8 kreisend."
22.05 Uhr: „Weiße Kaskaden schweben über Blasewitz und über Stadtmitte."
22.05 Uhr: Tiefflug der Mosquitos und Abwurf roter Zielmarkierer über dem Platz des Dresdener Sport-Clubs.
22.06 Uhr: Warnung über Drahtfunk: „Achtung! Achtung! Achtung! Spitzen der großen feindlichen Bomberverbände haben Kurs geändert und befinden sich im Anflug auf das Stadtgebiet. Es ist mit Bombenabwürfen zu rechnen. – – –"

22.06 Uhr: „Starke Bomberverbände im Raume Halle-Leipzig."
22.07 Uhr: „Erste Bombenabwürfe über der Stadt."
22.08 Uhr: „Masse der Bomber bewegt sich immer noch im Raume Dresden-Leipzig und Dessau-Aschersleben."
22.09 Uhr: „Bombenabwurfsbeginn" (Meldung einiger Beobachter).
22.11 Uhr: „Die Flugzeuge ändern ihren Kurs!"
22.11 Uhr: Masterbomber Smith kreist über der Stadt und befiehlt den Angriff.
22.12 Uhr: Angriff auf Böhlen ist beendet.
22.12 Uhr: Masterbomber befiehlt der Platerack-Gruppe zu bombardieren.
22.13 Uhr: Der eigentliche Bombenabwurf auf Dresden beginnt.
22.14 Uhr: „Weitere Bombenabwürfe über der Stadtmitte."
22.15 Uhr: „Achtung! Achtung! Hier spricht die Örtliche Luftschutzleitung. Bombenabwürfe über dem Stadtgebiet. Volksgenossen, haltet Sand und Wasser bereit." (Letzte Nachricht der Örtlichen Luftschutzleitung über den Drahtfunk.)
22.20 Uhr: Der Masterbomber weist die Ziele neu zu.
22.21 Uhr: Verbindungsflugzeug gibt auf Weisung des Masterbombers ins Hauptquartier durch, dass das Ziel erfolgreich angegriffen sei.
22.28 Uhr: Die letzten Bomben fallen. (Angabe der britischen Beobachter.)
22.30 Uhr: Die 5. Bomber Group (die Dresden angegriffen hat) befindet sich auf dem Rückflug.
22.40 Uhr: Es wird Vorentwarnung gegeben.
23.28 Uhr: Es erfolgt Entwarnung. Der zweite Angriff des Bomber Command wurde nicht mehr von der Öffentlichen Luftschutzleitung angesagt und kommentiert, da alle Verbindungen ausgefallen waren.

Im Folgenden die Kerndaten desselben:
00.52 Uhr: In der Telefonzentrale der Dresdener Luftschutzlei-

tung geht die Meldung ein: „Die Spitze eines neuen Bomberverbandes erreicht Bamberg und nimmt Nordostkurs. Außerdem wurden aus dem Raume Mainz-Aschaffenburg starke Bomberverbände gemeldet, die Ostkurs halten."

01.30 Uhr: (Notiz der Örtlichen Luftschutzleitung Dresden): „Schnelle Kampfflugzeuge überfliegen die Linie Egger–Plauen mit Nordostkurs."

01.07 Uhr: Ab diesem Zeitpunkt bereits Sirenenwarnung. (Nicht in der Innenstadt, wo alle Sirenen ausgefallen waren.)

01.16 Uhr: Beginn des zweiten Angriffs auf Dresden.

01.22 Uhr: Erste Leuchtbomben fallen.

01.28 Uhr: Der Masterbomber ist über Dresden eingetroffen. Er trifft neue Entscheidungen und befiehlt entsprechende Abwürfe.

01.30 Uhr: Die ersten Bombenreihen fallen.

01.28–01.37 Uhr: Eine Lancaster filmt die brennende Stadt.

01.42 Uhr: „Bombardieren Sie die Mitte des Feuers!!!" (Letzte Instruktion des Masterbombers.)

01.55 Uhr: Die letzten Bomben fallen auf die Stadt.

02.15 Uhr: Es wird Entwarnung gegeben.

Anlage XIV

Zwei gewichtige Stimmen zu den Verlusten in Dresden

Auszug aus dem Tagesbefehl Nr. 47 des Befehlshabers der Ordnungspolizei Dresden, Oberst Grosse:

„Bis zum 2. März 1945 abends wurden 202.040 Tote, überwiegend Frauen und Kinder, geborgen. Es ist damit zu rechnen, daß die Zahl der Toten auf 250.000 ansteigen wird."

Aus einem Gedächtnisprotokoll, in dem der Oberstleutnant a. D. der Bundeswehr, E. Matthes, aus dem Führerhauptquartier berichtete. Darin sind folgende Zahlen enthalten:

Identifizierte Opfer:	30.000
Nicht identifizierte Opfer: (Von ihnen konnten jedoch Ringe und andere Kennzeichen geborgen werden.)	50.000
Nicht mehr identifizierbare Opfer: (Diese befanden sich infolge ihrer Verstümmelung und der bis zur Unkenntlichkeit verbrannten Körper in einem nicht identifizierbaren Zustand.)	168.000
Gesamtzahl der Opfer danach:	248.000 Tote

Was aber blieb, war das blanke Entsetzen über ihr fürchterliches, sinnloses Sterben, über die Schrecklichkeit ihres Todes und die Erinnerung an alle jene, die dieses Schicksal erlitten.

Für „Feiern" jedweder Art bleibt da kein Raum.

QUELLENANGABEN UND LITERATURVERZEICHNIS

(im Auszug)

Aders, Gerhard: Geschichte der deutschen Nachtjagd, Stuttgart 1978.

Alman, Karl: Sprung in die Hölle, Rastatt 1964.

ders.: Großadmiral Karl Dönitz, Berg 1983.

Ardenne, Manfred von: Memoiren, Zürich – München 1972.

Arnold, Henry H.: Global Mission, New York 1951.

Audenrieth, H.: Aus Pforzheims schwersten Tagen, Pforzheim 1959.

Bagge, Erich und Diebner, Kurt: Von der Uranspaltung bis Calder Hall, Hamburg 1957.

Barker, Ralph: The Thousand Plan, London 1965.

Bartz, Karl: Als der Himmel brannte, Hannover 1955.

Baumbach, Werner: Zu spät? Buenos Aires und München 1948.

Bekker, Cajus: Angriffshöhe 4000, Oldenburg/Hamburg 1964.

Below, Nicolaus von: Als Hitlers Adjutant 1937–1945, Mainz 1980.

Bell, Dr. George: Rede im Home of Lords. Parliamentary Debates Home of Lords, Bd. 130, S. 739 ff., London 1944.

ders.: Keine vertretbare Form der Kriegsführung, in: The Times vom 10. und 11. 02. 1944.

Bennett, D. C. T.: Pathfinder, London 1958.

Bergander, Götz: Dresden im Luftkrieg – Vorgeschichte – Zerstörung – Folgen, Weimar – Köln – Wien 1994.

Bley, Dr. Kurt: Geheimnis Radar, Hamburg 1949.

Bowyer, Michael J. F.: 2. Group R.A.F. A complete History 1936–1945, London 1976.

ders.: Mosquito, London 1971.

Bradley, Omar N.: A Soldiers Story, New York 1964.

Brunswig, Hans: Feuersturm über Hamburg, Stuttgart 1978.

British Foreign Office: CAB 99-38-8461: The Teheran, Yalta and Potsdam.

Archives: Conferences Documents, London 1946.
Brustat-Naval, Fritz: Unternehmen Rettung, Herford 1970.
Bundesarchiv-Militärarchiv: Diverse Unterlagen aus RL 1 bis RL 27, Bundesministerium für Vertriebene.
Flüchtlinge und Kriegsgeschädigte: Dokumente deutscher Kriegsschäden, Bonn 1958–1962.
Butcher, Harry: Drei Jahre mit Eisenhower, Bern 1946.
Cartier, Raymond: Der Zweite Weltkrieg, 2. Bd., München 1967.
Churchill, Winston: Der Zweite Weltkrieg, Stuttgart 1984.
ders.: Memoiren, Bd. I–VI, Bern 1944–1949.
Clay, Lucius: Entscheidung in Deutschland, Frankfurt 1950.
Crave, Wesley F. und Cate, James, L.: The Army Air Force in World War II, Vol. III., Europe, Chicago 1951.
Czesany, Maximilian: Alliierter Bombenterror – Der anglo-amerikanische Luftkrieg gegen die Zivilbevölkerung Europas, Leoni 1986.
Dahms, Hellmuth G.: Geschichte des Zweiten Weltkrieges, Tübingen 1965.
ders.: Die Geschichte des Zweiten Weltkrieges, München – Berlin 1983.
Douhet, Giulio: Luftherrschaft, Berlin 1935.
Department of State USA: Die Yalta-Dokumente, Roosevelt, Churchill und Stalin. Auf der Krimkonferenz, Februar 1947, Berg 1987.
Eisenhower, Dwight D.: Crusade in Europe, New York 1948.
Feuchter, Georg: Der Luftkrieg, Bonn 1954.
Frankland Noble and Webster, Sir Charles: The Strategic Air Offensive against Germany, 4 Bd., London 1961.
Freeman, Roger A.: The US Strategic Bombers, London 1975.
ders.: The Mighty Eight War Diary, London 1981.
Fuller, J. C. F.: Der Zweite Weltkrieg 1939–1945, Wien 1952.
Galland, Adolf: Die Ersten und die Letzten, Darmstadt 1953.
Girbig, Werner: Im Anflug auf die Reichshauptstadt, Stuttgart 1970.
ders.: Mit Kurs auf Leuna, Stuttgart 1980.

ders.: 1000 Tage über Deutschland, München 1964.
Green, W.: Famous Fighters of the Second World War, London 1957.
Groehler, Olaf: Geschichte des Luftkrieges 1910 bis 1970, Berlin-Ost 1975.
ders.: Bombenkrieg gegen Deutschland, Berlin 1990.
Grenfell, Russell: Bedingungsloser Haß?, Tübingen 1954.
Hampe, Erich: Ziviler Luftschutz im Zweiten Weltkrieg, Frankfurt/Main 1963.
ders.: Unterlagen an den Autor.
Harris, Sir Arthur: Bomber Offensive, London 1947.
Hastings, Max: Bomber Command, New York 1979 und London 1982.
Hillgruber, Andreas u. Hümmelchen, Gerhard: Chronik des Zweiten Weltkrieges, Biberach 1989.
Holliday, Joe: Mosquito, das hölzerne Wunderflugzeug, Stuttgart 1973.
Ingersoll, R.: Top Secret, New York 1946.
Irving, David: Der Untergang Dresdens, Gütersloh 1964.
ders.: Und Deutschlands Städte starben nicht, Zürich 1963.
Int. Komitee vom Roten Kreuz: Commission préparatoire de Desarmement, Genf 1932.
Int. Militärgerichtshof: Der Nürnberger Prozeß gegen die Hauptkriegsverbrecher vom 14. November 1945–1. Oktober 1946, München und Zürich 1984.
Jablonski, Edward: Fyling Fortress, New York 1965.
Jones, R. V.: Most Secret War, London 1960.
Kaufman, Theodore Nathan: Germany must perrish, New York 1941.
Klass, Gerd von: Aus Schutt und Asche, Tübingen 1961.
Klöss, Erhard: Der Luftkrieg über Deutschland, München 1963.
Kolko, Gabriel: The Politics of War: The World and the United States Foreign Policy 1943–1945, New York 1968.
Kurowski, Franz: Luftkrieg über Deutschland, Düsseldorf 1977.
ders.: Luftkrieg über Deutschland, Klagenfurt 1993.

ders.: Der Seenotdienst der deutschen Luftwaffe, Stuttgart 1979.
ders.: Endkampf um das Reich, Friedberg 1987.
ders.: Bedingungslose Kapitulation, Leoni 1983.
ders.: Balkenkreuz und roter Stern – Der Luftkrieg über Rußland, Dorheim 1984.
ders.: Zu Lande, zu Wasser, in der Luft, Bochum 1969.
ders.: Luftwaffe über Rußland, Rastatt 1989.
ders.: Mit Eichenlaub und Schwertern, Rastatt 1971.
ders.: Kampf um die Festung Holland, Herford 1978.
ders.: Alliierte Jagd auf deutsche Wissenschaftler, München 1982.
ders.: Unternehmen Paperclip, Rastatt 1988.
ders.: Luftwaffe am Feind, Dülmen 1988.
ders.: Air Force Aces, Winnipig 1995.
ders.: Heimatfront, die Tragödie der Daheimgebliebenen und Verfolgten, Bayreuth 1980.
ders.: Von den Ardennen zum Ruhrkessel, Herford 1965.
ders.: Armee Wenck – Die 12. Armee zwischen Elbe und Oder, Neckargemünd 1967.
ders.: Bratsche auf Dortmund, Terrorangriffe gegen eine Stadt, Rastatt 1958.
Lawrence, W. J.: No 5 Bomber Group, R.A.F. 1939–1945, London 1951.
MacMillan, Norman: The Chosen Instrument, London 1938.
Mansfield, Harold: VISION – The Story of Boeing, New York 1966.
Marshall George C.: Remarks, by Secretary Marshal, June 5, 1947.
McKee, Alexander: Entscheidung über England, Eßlingen 1960.
ders.: Dresden 1945 – Das deutsche Hiroshima, Wien – Hamburg 1983.
McNeill, W. H.: America, Britain und Russia – Their Cooperation and Conflict, London 1953.
Messenger, Charles: „Bomber Harris" and the Strategic Bombing Offensive 1939–1945, London 1983.
Middlebrook, Martin E. C.: The Bomber Command War Diaries, London 1985.

ders.: The Berlin Raid, London 1988.

ders.: The Battle of Hamburg, London 1980.

Moessner-Heckner, Ursula: Pforzheim, Code „Yellowfin", eine Analyse der Luftangriffe 1944–45, Siegmaringen 1991.

Morgenthau, H. J.: Germany is our Problem, New York – London 1945.

ders.: Germany and the Future in Europa, Chicago 1951.

Murawski, Dr. Erich: Der Deutsche Wehrmachtbericht 1939–1945, Boppard 1967.

Nizer, Louis: What to do with Germany? New York 1944.

Overy, R. J.: The Air War, 1939–1945, London 1980.

Parliamentary Debates: House of Common, diverse Bände, London 1942–45.

Paul, Wolfgang: Zum Beispiel Dresden, Schicksal einer Stadt, Frankfurt/Main 1964.

ders.: Der Heimatkrieg, Eßlingen 1980.

ders.: Der Endkampf um Deutschland, Eßlingen 1976.

Ploetz, A. G.: Geschichte des Zweiten Weltkrieges, Würzburg 1960.

Price, Alfred: Luftschlacht über Deutschland, Stuttgart 1974.

ders.: Bomber im Zweiten Weltkrieg, Stuttgart 1980.

ders.: Blitz über England, 1939–1945, Stuttgart 1978.

ders.: Herrschaft über die Nacht, Gütersloh 1968.

Peter, Richard: Dresden: Eine Kamera klagt an, Dresden 1946.

Piekalkiewicz, Janusz: Luftkrieg 1939–1945, München 1980.

Revie, Alastair: ... war ein verlorenen Haufen – Die Geschichte des Bomber Command, Stuttgart 1974.

Richards, Denis and Saunders, George: Royal Air Force 1939–1945, Vol. I–IV, London 1954.

Rodenberger, Axel: Der Tod von Dresden, Dortmund 1951.

Rumpf, Hans: Das war der Bombenkrieg, Oldenburg 1961.

ders.: Der hochrote Hahn, Darmstadt 1952.

Saunders, Hrowe H.: Der verratene Sieg, Leoni 1983.

Schramm, Percy E. (Hrsg.): Kriegstagebuch des Oberkommandos der Wehrmacht, Band I–VIII, München 1982.

Seydewitz, Max: Die unbesiegbare Stadt (Dresden), Leipzig 1982.
Sharp, C. Martin and Boyers, Michael J. F.: Mosquitos, London 1971.
Sherwood, Robert E.: Roosevelt and Hopkins, Hamburg 1950.
Smith, Melden E.: The Bombing of Dresden, Ann Arbor, Michigan 1971.
Smith, Oerry McCoy: The Air Force Plans for Peace 1943–1945, Baltimore – London 1970.
Spaight, J. M.: Bombing Vindicated, London 1944.
ders.: Air Power and War Rights, London – New York – Toronto 1947.
Spetzler, Erhard: Luftkrieg und Menschlichkeit, Göttingen – Berlin – Frankfurt/Main 1956.
Stalin, Josef: Briefwechsel mit Churchill, Attlee, Roosevelt und Truman, Berlin-Ost 1961.
Steinhoff, Johannes: In letzter Stunde, München 1974.
Taddey, Gerhard, Hrsg.: Lexikon der Deutschen Geschichte, Stuttgart 1977.
Tedder, Arthur William: Air Power in War, London 1946.
Tippelskirch, Kurt von: Geschichte des Zweiten Weltkrieges, Bonn 1951.
United States Strategic: A detailed Study of the effects of Area Bombing on.
Bombing Survey: Lübeck, 27. 10. 1945, Washington.
dies: The effects of Strategic Bombing on Germanys Transportation from 20. 11. 1945, Washington.
Webster, Sir Charles and Frankland Noble: The strategic Air-Offensive against Germany 1939–1945, London 1961.
Weidauer, Walter: Inferno Dresden, Berlin 1983.
Wilhelm, R. J.: Les Conventions de Genève et la Guerre aérienne, Genf 1952.
Wykeham, Peter: Fighter Command, a Study of Air Defence, 1914–1960, London 1960.

ZEITUNGS-, ZEITSCHRIFTENAUSSCHNITTE UND KURZBERICHTE im Auszug:

Ander, Roland: Unvergessen ist die Brandnacht, in: Die Union vom 13. 02. 1978.

Anroldi, Dr. Karl: Tagebücher, Dresdener Zeit (an den Autor).

BBC-London: Bericht Dresden vom 14. 02. 1945, 18.00 Uhr.

Boothby Lord: Bericht in Sunday Express vom 16. 01. 1967.

Das Reich: Der Tod von Dresden von Rudolf Sparing.

O'Flanagan, Dr. Harry: Bericht über Dresden, in: Journal of the Irish College of Physicans and Surgeons, Ausgabe 12/1992.

Grotewohl, Otto: Das Dresden-Massaker, in: Neues Deutschland vom 13. 02. 1969 und Tägliche Rundschau vom 13. 02. 1969.

Grüne, Herbert: Dresden: Aus der Hölle entronnen (Bericht an Autor).

Howell, Hugh: Über die Bombardierung und die Verletzung der Regeln des Kriegsrechts (an den Autor).

Kühnemund, Gerhard: Bericht aus Dresden (siehe Irving, David: a. a. O.).

Proll, Heinz: Bericht der HJ-Gruppe Proll (an den Autor).

Public Record Office London, Air Force: Operations Record Books der Bomber Groups 1 bis 8.

Premierminister etc.: BD I und II.

Taylor, Alan: Bericht in Sunday Express über Dresden.

Scharnowski, Anton: Bericht an den Autor.

Union: Dresden vom 14. 2. 1970.

Die Welt: Diverse Beiträge 1992 und 1994.

Wood Timothy: Bericht an den Autor.

DANKSAGUNG

Der Dank des Autors gilt allen Dresdener Freunden, die ihm bereits im Jahre 1959, anlässlich seines Besuches dort, mit Unterlagen aller Art zur Seite standen.

Sie und andere (die mich um Diskretion gebeten haben), die mich bei meinem zweiten Aufenthalt in der Stadt Dresden 1992 unterstützten, haben mich in der seit Jahrzehnten getragenen Absicht bestärkt, dieses Geschehen im Februar 1945 für alle Zeit festzuhalten.

Franz Kurowski

A
B
C
D
1
2
3
4
5
6
Mickten
Leipziger
Vorstadt
Alt mickten
Kaserne
Übigau
Talgschmelze
Beseitigungs anst.
Städt. Schlacht- u. Viehhof
Schlachthofring
Das große Ostra-Gehege
Albert-Hafen
Sport Plätze
Friedrich stadt
Rangierbahnhof
Werkstätten
Neu
Alt-Stadt
Neuer Annen Frdhf.
Löbtau
Alter Annen Frdhf.
Süd Vorstadt
Plauen
Dölzschen
Elbe
Großenhainer Pl.
Erfurter Pl.
Industrie Hof
Lymphanst.
Kammergut Ostra
Wettiner Str.
Markthalle
Zwinger
Post
Bahnpost
Nürnb.
Sedan
Ausf. Freiberg
Lehrer Sem.